"经济法学系列"编辑委员会委员（按姓氏笔画为序）

邓瑞平　卢代富　刘想树　李昌麒
杨树明　吴　越　张　怡　赵学清
胡光志　钟明钊　顾沛东　曹明德

作者简介：

于朝印，山东章丘人，法学博士，山东财经大学法学院副教授，硕士生导师，主要从事经济法学、金融法学的研究。在《现代法学》、《社会科学》等期刊上发表论文20余篇，部分文章被中国人民大学复印报刊资料全文转载，主持、参与省部级课题多项。

李昌麒 张 怡 主编

特定目的信托法律规制研究

The Legal Regulation of Special Purpose Trust

于朝印 / 著

丛书总序

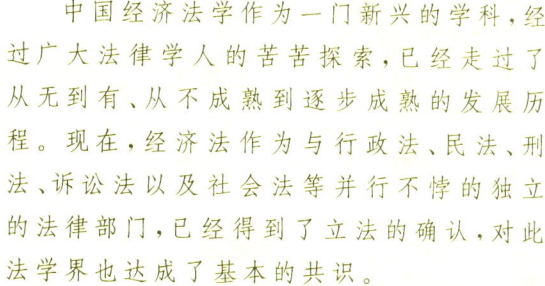

中国经济法学作为一门新兴的学科,经过广大法律学人的苦苦探索,已经走过了从无到有、从不成熟到逐步成熟的发展历程。现在,经济法作为与行政法、民法、刑法、诉讼法以及社会法等并行不悖的独立的法律部门,已经得到了立法的确认,对此法学界也达成了基本的共识。

20余年来,广大法律学人坚持改革开放路线,紧扣时代脉搏,围绕着经济建设这个中心环节,把经济法理论和实践扎根于我国现实的经济土壤之中,并借鉴其他市场经济国家在法制实践中所形成的共同的法律文化,辛勤耕耘,求实创新,不断开拓进取,使经济法学在我国法学百花丛中蓓蕾初绽,繁花似锦,硕果累累。这极大地促进了我国经济法理论和实践的发展,推动了整个中国法学的繁荣,并为世界法学界所瞩目。但是,经济法作为一门发展中的学科,仍然存在着许多不成熟的地方,还需要广大的法律学人更多地培育,才能使它更好地成长。正是怀着这样一种愿望,西南政法大学经济法学科作为教育部确立的国家级高等学校重点学科点,一方面想为广大经济法理论和实务工作者展示学术研究成果和进行学术交流提供一个平台,另一方面也想为西南政法大学经济法学科建设开辟一个新的学术阵地,为此,我们与厦门

大学出版社共同策划出版《西南政法大学经济法学系列》。

对于怎样编辑这套丛书,我们除了遵循学术性、实践性和开放性的宗旨之外,还有一个重要的思考,就是要使这套丛书能够适应经济法理论界、实务界和教学界等多方面的需要,力求使本丛书以其广泛的适应性以飨读者。因此,本丛书拟由三个部分构成,既包括学术专著,又包括教材和案例。学术专著主要来源于经济法博士论文。考虑到我国现在有七个经济法博士授权点,每年都要产出一批具有一定开拓性、前沿性和创新性的优秀博士论文,如果这些成果尘封在作者的抽屉里,无疑是对知识财产的一种浪费。这套丛书可以为这些博士论文的发表提供一个载体。对于教材,我们是这样思考的:学生知识首先来源于教材,从某种意义上讲教材是构筑学生知识大厦的基石,没有理由不重视它。我们之所以把教材也列为这套丛书的重要组成部分,也正是基于这种考虑。我们认为,教材与科研应该是彼此依赖、相辅相成的,教材的写作过程也应当是进行科学研究的过程。经济法作为一门新兴的法学学科,其教材的编写不能仅仅停留在简单地重复已有的教材内容的基础上,要力图避免编写那些没有任何新意和创见的"拼凑式"的教材。因此,本丛书将按照这个原则选择或者组织出版那些适合本科生和研究生研习的优秀教材。对于案例,我们考虑到:从总体上讲,问世的经济法案例与其他法学学科问世的案例相比,仍然嫌少,以致在教学和实践中,很难找到足够的经济法案例。为此,我们将有意识地采取教师与实际部门人员相结合的办法,将现实生活中存在的大量的、鲜活的、具有典型意义的经济法案例精选成册,其形式既可以是案例评析,也可以是案例教程,以此弥补过去运用案例进行经济法教学之不足。

需要说明的是,本《经济法学系列》含涉外经济法系列,它将以专集的形式出版;本丛书中各种类型的著述的出版并不完全按照经济法学体系结构的顺序出版,而是成熟一部,出版一部。我们热忱地欢迎全国的经济法学同仁们惠赐佳作,为经济法学的进一步发展和繁荣,携手共进!

李昌麒

2005年元月于重庆

序

特定目的信托是资产证券化特殊目的载体的主要形式之一，是当代社会经济条件下金融创新与制度创新的产物。特定目的信托属于商事信托的范畴，在信托商事应用发达的美国可以采用设立人信托、所有者信托、不动产抵押投资管道（REMIC）等多种具体的形式和途径。

我国于2005年开始的信贷资产证券化试点工作在制度层面选择了特定目的信托作为资产证券化载体的唯一形态。虽然我国的信贷资产证券化进程曾受到美国次贷危机的影响，但是作为一种重要的金融创新形式，资产证券化不会因此而止步。选择特定目的信托作为研究对象是深化我国资产证券化理论创新与促进制度创新的有益尝试。

研究特殊目的信托要面对诸多的困难与挑战。首先，特定目的信托的设计灵感既来源于传统民事信托，同时又是对传统民事信托制度的超越，因此研究特定目的信托需要扎实的信托法基础理论功底；其次，特定目的信托是信托机制在证券化商事活动中的创新型应用，在制度设计上涉及与信托法、合同法、破产法、证券法与税法等多个部门法的融合，必须进行全景式的研究；最后，资产证券化有着很强的实践性，对特定目的信托的研究离不开对证券化实践问题的长期关注与准确把握。

于朝印博士撰写的这本专著是在其博士论文的基础上反复修订、完善而成。作者在写作过程中克服了诸多困难，充分利用他的外语优势，以大量的英文文献和法律文本作为研究的第一手资料，尤其是对美国的特定目的信托制度进行了较为全面深入的研究，为我国特定目的信托制度的完善提供了有益的制度参照。此外，作者在充分研究的基础上，针对特定目的信托的规制提出了健全金融混业背景下的金融监管、构建结构金融背景下的系统监管、以特定目的信托作为法律主体的监管、强化资产信用为中心的监管等观点，是作者本人创新性的研究与思考，对于特定目的信托法律规制的完善具有较高的理论价值与较强的实践意义。

当然，著述也难免存在某些不足，这需要作者在将来的研究中继续深入，逐步完善。

于朝印是我指导的博士,在他攻读博士的三年间我见证了他的专注、坚韧、刻苦与勤奋,希望他以这本专著为开端,在金融法的领域中坚持耕耘,能够在将来出版更多更好的研究成果。同时,我愿把这本书推荐给学界与实务界的同仁,便于它服务于后续的理论研究和制度实践。

　　是为序。

西南政法大学教授、博士生导师

盛学军

2013年7月于重庆

目录 CONTENT

内容摘要 /1

引言 /1

 一、研究的目的、理论意义及实践价值 ………………………… 1
 二、国内外研究现状 ……………………………………………… 3
 三、研究方法 ……………………………………………………… 7
 四、研究创新 ……………………………………………………… 8

第一章 特定目的信托概述 /9

第一节 特定目的信托的界定 ……………………………………… 10
 一、商事信托的产生 ……………………………………………… 10
 二、商事信托的界定与种类 ……………………………………… 11
 三、特定目的信托的商事信托属性 ……………………………… 16
 四、特定目的信托的内涵 ………………………………………… 21

第二节 特定目的信托的法律主体地位 …………………………… 23
 一、美国特定目的信托的法律主体地位 ………………………… 23
 二、中国商事信托的法律主体地位 ……………………………… 26
 三、特定目的信托法律主体地位与法律规制 …………………… 27

第三节 特定目的信托在证券化中的风险隔离功能 ……………… 33
 一、特定目的信托的破产风险隔离功能 ………………………… 35
 二、特定目的信托的经营风险隔离功能 ………………………… 41

三、特定目的信托的信用风险的隔离功能……………………… 43
　　四、对特定目的信托风险隔离功能的分析……………………… 45
　本章小结 ……………………………………………………………… 53

第二章　特定目的信托设立的法律规制/54

　第一节　传统信托的设立规制 ……………………………………… 54
　　一、信托的设立形式 ……………………………………………… 54
　　二、信托的设立条件 ……………………………………………… 57
　　三、信托的生效要件 ……………………………………………… 60
　第二节　成文法商业信托设立的法律规制 ………………………… 63
　　一、作为商业组织的成文法商业信托的发展 …………………… 63
　　二、普通法商业信托与成文法商业信托 ………………………… 68
　　三、成文法商业信托的设立条件 ………………………………… 70
　　四、成文法商业信托的法律主体地位 …………………………… 78
　第三节　特定目的信托设立的法律规制 …………………………… 80
　　一、特定目的信托的法律规制类型 ……………………………… 80
　　二、特定目的信托的设立条件 …………………………………… 81
　　三、研究特定目的信托设立的理论及实践意义 ………………… 86
　本章小结 ……………………………………………………………… 88

第三章　特定目的信托证券发行的法律规制/89

　第一节　特定目的信托发行的证券 ………………………………… 90
　　一、证券的含义 …………………………………………………… 90
　　二、美国特定目的信托发行的证券种类 ………………………… 92
　　三、我国特定目的信托发行的证券 ……………………………… 99
　　四、我国台湾地区特定目的信托发行的证券 ………………… 100
　第二节　作为发行主体的特定目的信托 ………………………… 101
　　一、美国发行证券的特定目的信托 …………………………… 101
　　二、我国资产支持证券发行主体 ……………………………… 105
　　三、证券发行人法律责任 ……………………………………… 106
　第三节　特定目的信托证券发行监管制度 ……………………… 108
　　一、美国特定目的信托证券发行的监管制度 ………………… 108

二、美国资产支持证券监管制度的缺陷 …………………… 112
　　三、金融危机后资产证券化发行制度监管改革 ……………… 116
　　四、我国的资产支持证券发行监管制度 ……………………… 119
　第四节　我国特定目的信托证券发行制度的完善 ……………… 121
　　一、我国特定目的信托证券发行中存在的问题 ……………… 122
　　二、我国资产支持证券发行法律制度的完善 ………………… 126
　本章小结 ……………………………………………………………… 128

第四章　特定目的信托信息披露的法律规制 /130

　第一节　信息披露概述 …………………………………………… 130
　　一、信息披露的种类 …………………………………………… 130
　　二、信息披露的理论基础 ……………………………………… 131
　　三、资产证券化信息披露的法律监管框架 …………………… 134
　第二节　美国 AB 条例规范下的信息披露制度 ………………… 138
　　一、证券化主体的信息披露 …………………………………… 138
　　二、证券化静态资产池信息披露 ……………………………… 142
　　三、资产池资产 ………………………………………………… 143
　　四、资产池资产重要债务人 …………………………………… 148
　　五、交易结构 …………………………………………………… 148
　　六、其他披露事项 ……………………………………………… 152
　第三节　我国的特定目的信托信息披露制度 …………………… 152
　　一、信息披露的一般规定 ……………………………………… 152
　　二、信息披露的主体 …………………………………………… 153
　　三、资产支持证券与资产池的信息披露 ……………………… 154
　第四节　信息披露制度的理论反思 ……………………………… 157
　　一、美国信息披露制度的理论基础 …………………………… 157
　　二、美国信息披露制度的不足 ………………………………… 158
　　三、我国特定目的信托信息披露制度的不足 ………………… 160
　第五节　资产证券化信息披露制度改革 ………………………… 164
　　一、资产证券化交易在危机前存在的问题 …………………… 164
　　二、危机前的资产支持证券信息披露监管法律制度改革 …… 165
　　三、危机后的资产支持证券信息披露监管法律制度改革 …… 166

四、我国信息披露监管法律制度改革 ………………………………… 170

本章小结 ……………………………………………………………………… 171

第五章　特定目的信托税收法律规制/172

第一节　证券化交易中的主要税收 …………………………………… 172
　　一、与发起人相关的税收 …………………………………………… 172
　　二、与SPV相关的税收 ……………………………………………… 173
　　三、与投资者有关的税收 …………………………………………… 175

第二节　美国联邦税收规制下的特定目的信托创新 ………………… 175
　　一、不动产抵押贷款投资管道(REMIC) …………………………… 176
　　二、金融资产证券化投资信托(FASIT) …………………………… 179
　　三、设立人信托 ……………………………………………………… 182
　　四、影响特定目的信托税法待遇的两个因素 …………………… 189
　　五、美国税制与特定目的信托的创新 …………………………… 192

第三节　我国特定目的信托的税收法律规制 ………………………… 193
　　一、特定目的信托架构下的印花税政策 ………………………… 193
　　二、特定目的信托架构下的营业税政策 ………………………… 193
　　三、特定目的信托架构下的所得税政策 ………………………… 194

第四节　就我国特定目的信托税制税收中性的评价 ………………… 195
　　一、税法视野中的信托 ……………………………………………… 195
　　二、税收中性原则下的特定目的信托税制 ……………………… 196

本章小结 ……………………………………………………………………… 200

第六章　我国特定目的信托法律规制的完善/202

第一节　制度选择语境下的特定目的信托 …………………………… 202
　　一、特定目的信托降低交易成本的优势 ………………………… 202
　　二、特定目的信托保障破产隔离的功能 ………………………… 203
　　三、特定目的信托是当时法律框架下的最佳选择 ……………… 203

第二节　当前我国特定目的信托法律规制存在的问题 ……………… 204
　　一、信托法制不完备引发的特定目的信托法律规制缺陷 ……… 204
　　二、资产证券化过程中特定目的信托法律规制存在的缺陷 …… 213

第三节　特定目的信托法律规制的完善 ……………………………… 218

一、健全金融混业经营背景下的金融监管 …………………… 218
二、构建结构金融背景下的系统监管 …………………………… 223
三、以特定目的信托作为法律主体的监管 ……………………… 230
四、强化资产信用为中心的监管 ………………………………… 235

参考文献/237

后记/251

内容摘要

2005年我国开始的资产证券化实践在立法层面上选择了特定目的信托作为资产证券化特殊目的载体的唯一形式。很多国内学者结合信托理论、资产证券化理论对我国刚起步的资产证券化实践进行了分析，指出了我国资产证券化理论及实践中存在的诸多问题。

证券化法律制度是一种非常复杂的制度设计，大体会涉及信托法、合同法、破产法、证券法、税法、会计法等诸多法律制度，制度相互间的衔接与配套至关重要。实现不同法律制度在证券化过程中的衔接与协调的重要途径就是围绕证券化的特殊目的载体进行制度的建构，对于证券化这一金融创新形式的监管也应当以特定目的信托这一证券化平台为核心展开。具体到我国资产证券化所选择的特定目的信托，要实现在这一平台上的制度融合并非易事，一方面是因为证券化法律制度本身所具有的复杂特征，另一方面是我国作为大陆法国家对源自英美法系的信托制度移植过程中所存在的障碍无法克服。在此背景下对以特定目的信托为核心的资产证券化法律监管是非常具有挑战性的。本书基于这一原因，通过相关问题的研究来探索特定目的信托法律规制的完善。

第一章是对特定目的信托的概述，重点研究了特定目的信托的界定、法律主体地位与风险隔离功能。在美国，特定目的信托是商事信托的一种，既可以采取普通商事信托的形式，也可以采用成文法商业信托的形式。而成文法商业信托则明显具备商事组织有偿性、组织性以及财产独立性的特点，是与公司、合伙等形式并列的商事主体，具有确定的法律主体地位。作为资产证券化的核心，特定目的信托具有隔离信用风险、经营风险、破产风险等多种风险的作用。在资产证券化领域中，实现破产隔离主要依赖于"真实销售"（true sale）的破产防护手段和特殊目的载体的构造手段。设立特定目的信托，还要对特定目的信托的经营范围与经营能力作出限制，以隔离经营活动造成的经营风险。风险保留机制可以在一定程度上防范道德风险所带来的信用风险。

第二章主要集中于特定目的信托的设立规制。该章首先探讨了一般信托的设立方式、设立条件与生效条件，进而研究了成文法商业信托设立的法律规制。成文法商业信托的设立条件主要包括信托证书、受益人的出资与成文法商业信托的名称三个主要条件。由于成文法商业信托具备法律主体地位,法律对其存续期则无禁止性的法律规定;受托人、受益人享有有限责任;受益人对成文法商业信托财产拥有不可分割的受益权益;财产由或将由一个或多个受托人为了受益权人利益持有、经营、管理、控制、投资、再投资或运行。我国的特定目的信托设立应当具备信托当事人、信托文件与信托财产三个必备条件。作为普通信托从民事领域向商事领域延伸的成文法商业信托以及特定目的信托的设立则要比普通信托的设立条件更加具体与全面,在设立过程中增加登记程序或赋予特定目的信托一定的法律主体地位是矫正理论上的错误认识与实践中错误做法的有效方法。

第三章主要研究了特定目的信托证券发行的相关问题。美国特定目的信托发行的证券主要包括转递证券、转付证券与债券,并且证券的发行与交易是受《1933年证券法》与《1934年证券交易法》等法律规范的。美国的特定目的信托形式各异,包括设立人信托、不动产抵押投资管道、发行信托、所有者信托与总投资信托公司等多种形式,因为税法规制的原因,各种信托所具体发行的证券类型也有差异。美国证券发行实行的注册制、多项登记豁免制度以及多层次的证券场外交易市场为证券市场的繁荣奠定了基础,极大地推动了美国的金融自由化进程,但同时,其中所存在的监管漏洞与缺陷也成了导致金融危机的原因。与美国相比,我国的资产证券化特殊目的载体只采用了特定目的信托的形式,而且发行的证券也只有资产支持证券这一类型,资产支持证券同时具有权益证券与债权证券特征,是与权益证券与债权证券并列的新型证券,代表特定目的信托的信托受益权份额。我国资产支持证券发行中所出现问题的原因大体可以概括为两个方面:第一,我国在移植英美法系信托制度过程中就存在不能消化的问题,如信托财产所有权问题,这导致了受益人受益权得不到合理的法理解释;第二,作为一种商业信托形式的特定目的信托既没有实现与传统信托的合理对接,也没有实现特定目的信托作为商业信托对传统信托的突破。

第四章研究了特定目的信托信息披露法律规制。美国的资产证券化信息披露监管制度框架由《1933年证券法》、《1934年证券交易法》与《AB条例》构成。理智的投资者是经济人这一命题是美国信息披露制度的理论假设。只要拥有足够的信息,投资者就能作出明智的投资决定,因此全面披露也就成为美国证券法披露哲学与制度核心,在资产证券化的实践中,对信息披露的法律监管十分全面与详细。我国资产证券化的信息披露制度以资产支持证券与资产池的披露为核心,同时信息披露制度中也存在着不足,信息披露制度框架没有体现资产证券化的特征,没有建立真实信息传导保障机制,没有建立与之相应的法律责任制度。

第五章研究了特定目的信托税收法律规制。税收是影响交易成本的重要因素之一,总的来说,在证券化交易中主要有三个方面的税收问题。第一个是信贷资产从发起人向SPV转移时是否被视为税法目的上的销售,第二个是SPV自身受制于税收的程度(所谓的"主体层面"税收),第三个是对资产支持证券的投资者的税收待遇。从美国的经验来看,通过减少税负的方式来降低证券化成本的做法大体有两种:第一种是证券化业者在税法的规范体系下创设避税的SPV来降低证券化的成本,如设立人信托在证券化中的应用;第二种是立法机关出于推动证券化发展的目的,从立法的角度创设免税的SPV来降低证券化的成本,如REMIC与FASIT。资产证券化作为一种重要的金融创新形式,其结构性安排与运行机理在很大程度上是税负最小化的结果。《税收政策问题的通知》是直接规范我国信贷资产证券化税收问题的规范性文件。该文件就证券化过程中的印花税、营业税与所得税三个税种进行了规范。我国信托型的资产证券化税收在一定程度上体现了税收中性的思想,但是这种思想并没有体现于整个证券化过程之中,因此证券化税制所体现出的片断式的税收中性在我国整个的税收体系中也不具有普遍意义。

第六章主要集中于我国特定目的信托法律规制的完善。我国特定目的信托法制主要存在两个方面的问题:一是《信托法》本身存在的不周延所导致的特定目的信托规制的不足,如信托财产所有权归属不明确与信托公示制度缺失;二是特定目的信托法制本身存在的冲突与不协调。完善特定目的信托法律规制,应当从四个方面入手:根据证券化金融混业经营特征,实现从机构监管向功能监管的转变、从合规性监管到风险为本的监管转变;根据证券化结构金融的特征,确立系统监管的理念;根据证券化交易结构与原有法律制度契合的需要,确立特定目的信托作为法律主体的监管方式;根据证券化建立在资产信用基础上这一特征,建立以资产信用为核心的监管方式。

关键词:特定目的信托;法律规制;设立;证券发行;信息披露;税收;完善

引 言

一、研究的目的、理论意义及实践价值

在资产证券化时间不长的实践过程中,学者通过研究发现,对于投资者来说,存在着很多风险,大体可以分为系统风险与非系统风险。系统风险包括:政策风险、利率风险与通货膨胀风险;非系统风险包括:信用风险、破产风险与经营风险、资产转移的重新定性等风险。①

除了证券化本身所蕴含的风险之外,在中国目前的金融背景下资产证券化所具有的两个特征对中国的金融监管提出了新的挑战。首先,资产证券化作为一种金融创新形式,具有明显的混业经营特征,它在中国的出现实际上已打破了中国金融分业经营的模式。其次,资产证券化具有结构金融的特征,它把既存产品与技术设计成合适的产品,是一种灵活的金融工程工具。

特殊目的载体(special purpose vehicle,SPV)的构建是资产证券化的关键与核心环节。从世界范围来看,特殊目的载体大体上可采用公司、信托与有限合伙等形式,各国的取舍有所不同。特定目的信托(special purpose trust,SPT)是资产证券化中特殊目的载体的重要形式之一。我国从 2005 年开始的资产证券化试点工作从制度层面选择了特定目的信托作为资产证券化特殊目的载体的唯一形式。

与此同时,很多国内学者结合信托理论、资产证券化理论对我国刚起步的资产证券化实践进行了分析,指出了我国资产证券化实践中存在的诸多问题。具体说来,在有的证券化实践中,在证券化资产没有转移、特定目的信托还没有设立的情形下,受托人已经实际发行了资产支持证券;虽然《信托法》确立了信托登记制度,但是目前信托登记从规范到机构并没有实际建立,从法理的角度来看,资产证券化过程中设立的特定目的信托因为没有办理信托登记实际

---

① 李公科:《资产证券化的安全价值和投资风险防范》,载《西华师范大学学报(哲社版)》2005 年第 6 期。

上处于"无效"状态;在目前的证券化实践中,学者对信托财产的独立性、信托财产所有权归属、资产支持证券的发行主体等问题在理论上也存在着不少的分歧。

从比较研究的角度来看,产生如上问题的原因是多方面的。首先,如梅特兰所指出的,信托制度是英国人在法学领域取得的最伟大最杰出的成就,[①]是盎格鲁撒克逊人的守护天使,[②]是内生于普通法系的诱致性制度变迁的产物。信托在普通法系存在的法律基础是双重所有权:即受托人享有信托财产普通法上的所有权(亦称名义上的所有权),受益人享有信托财产衡平法上的所有权(亦称实质所有权)。而在大陆法系国家移植信托制度的过程中,信托制度在普通法系中运行所依赖的双重所有权架构却无法跨越大陆法系物权法"一物一权"的绝对所有权观念所形成的障碍。在我国的《信托法》中,对信托财产的所有权这一问题有意作了回避。对信托财产所有权归属的回避,在理论与实践上都导致了对信托的本质、功能等基本理论的认识模糊甚或混乱。其次,特定目的信托是传统信托在商事领域中的应用,它属于我国《信托法》中所说的营业信托,在对信托的本质与功能还没有理清楚的背景下来应用特定目的信托这一商事信托形式,在实践中难免要出问题。再次,与我国制度层面所选择的特定目的信托运行模式有直接关系。在美国的资产证券化实践中,发起人将基础资产转移给一个特定目的信托并由其发行资产证券,虽然特定目的信托只是形式意义上的发行人,但它在某些情形下是法律所承认的主体。在我国的证券化过程中,特定目的信托只是证券化的一个技术平台,立法上不承认其法律主体地位。在信托法理对信托的本质、功能没有全面厘清的情况下,在资产证券化的应用中又虚化特定目的信托的法律主体地位,这使得大众对特定目的信托的作用、功能的理解更加边缘化,淡化了证券化业者对特定目的信托应有的尊重。

为解决我国资产证券化中所出现的理论与实践问题,本书拟从比较研究的角度出发,试图厘清我国信托型资产证券化所存在的法律问题,并提出相应的法制完善建议。这也就是本书研究的理论与实践意义所在。

---

① Frederic William Maitland, *Selected Essays*, ed. by H. D. Hazeltine, G. Lapsley and P. H. The Winfield University Press, 1936, p. 129.

② [法]皮埃尔莱勃勒:《与信托有关的国内法、税法和国际法的理论和实践公约》,转引自:[英]D. J. 海顿著:《信托法》,周翼、王昊译,法律出版社 2004 年版,第 2 页。

二、国内外研究现状

总体来说,国内外学者对于资产证券化的研究是比较丰富的,国内学者对资产证券化研究多集中在经济学领域和法学领域。截至 2011 年 2 月,在中国知网上搜索,输入"资产证券化"这一主题词,搜到的文章有 5000 多篇,在这与中博士论文有 70 多篇,其中从法学角度对证券化进行研究的博士论文有 12 篇;输入"特殊目的载体"这一主题词,搜索到的文献有 84 篇,其中博士论文有 6 篇,法学领域的有 3 篇;输入"特殊目的信托"这一主题词,搜索到的文献有 28 篇,输入"特定目的信托"这一主题词,搜索到的文献有 8 篇,两个主题词对应的博士论文有 4 篇;对以"特定目的信托"或"特定目的信托"为特定研究对象的博士论文没有搜索到。从文献搜索的结果可以发现,对于以资产证券化为主题的研究,越具体的制度研究成果越少,这符合我国资产证券化的实践发展规律。但在我国已经开始进行资产证券化研究的背景下,对证券化的研究不仅要有整体上的研究,更应该有具体制度的研究,这才能使我国的资产证券化实践更加深入,资产证券化的法律制度才能更加完善。

一方面,从国外的文献来看,以英美国家为代表的学者对于资产证券化的研究则不突出信托这个特点,原因是信托制度是在其特有的法律文化背景下孕育出来的产物,信托与资产证券化过程契合得非常紧密与自然;而我国传统上属于大陆法系国家,在信托的移植上就存在实践与理论方面的许多障碍,从信托这个角度专门研究资产证券化则更显不易,从而导致研究成果较少且缺少系统化的研究。另一方面,虽然信托法的研究在英美国家非常普遍,成果也非常多,但是对商事信托研究的成果却不多见,对作为商事信托的一种具体形式的特定目的信托的研究则有点凤毛麟角的意味了。

John H. Langbein 教授在《信托的秘密活力:信托作为商事工具》(The Secret Life of the Trust: The Trust as an Instrument of Commerce)一文中梳理了美国的商事信托类型,概括了信托之所以在商事活动中广泛应用的原因,即破产保护、税收导管、信义机制与灵活的设计,并把商事信托与个人信托与公司进行了相应的辨析后指出,虽然商事信托在美国的经济生活中广泛应用,但是并没有在立法方面得到应有的重视,原因是信托的商事应用相对较新。[①]

---

① John H. Langbein, The Secret Life of the Trust: The Trust as an Instrument of Commerce, 107 *Yale L. J.* 165, October, 1997, pp. 165～189.

Steven L. Schwarcz 教授在《作为商业组织的商事信托：向比较法学者发出的邀请》(Commercial Trust as Business Organizationsa: an invitation to Comparatists)一文中，基于商事信托在英美法系与大陆法系得到广泛应用这一背景，通过主体的法律存在、主体治理与主体对环境影响三个视角组成的分析框架对商事信托与无偿信托及作为商事组织形式的公司进行比较研究，认为信托基于税收目的不被视为独立的法律主体时，如果必须避免实体层面税收而且"破产隔离"不是很重要的情形下，它们会取代公司。除此之外，信托形式主要吸引人之处取决于其治理特征。①

Steven L. Schwarcz 教授在《作为商业组织的商事信托：奥秘揭示》(Commercial Trust as Business Organizations: Unraveling the Mystery)一文中指出，信托增多的主导性应用主要是在证券化领域及其他有偿的商事交易中，而这种转变是发生在我们还没有对商事信托是不是一种比像公司等组织形式更好的商业组织形式这一问题有系统理解的情况下。文章对商事信托的形式进行类型化划分，并对商事信托提出相应的分析框架，指出信托与公司都是回应不同投资者需要的镜像实体(mirror-image entities)。②

Tamar Frankel 教授在《特拉华州商业信托法作为新的公司法的失败》(The Delaware Business Trust Act Failure as the New Corporate Law)一文中研究了商业信托法与一般信托法的关系，商业信托设立过程中与公司法、合同法的关系，指出，不管商业信托如何运营，特拉华州商业信托法是把一般信托法适用于商业信托，而且也不是一般信托法的补充适用规则(default rule)，现代的商业信托法既规制商业信托的形式，也规制它的营业。③

Thomas E. Plank 教授在《作为法人的破产信托》(The Bankruptcy Trust as a Legal Person)一文中主要对破产信托的法人地位问题进行了深入研究。

---

① Steven L. Schwarcz, Commercial Trust as Business Organizationsa: an Invitation to Comparatists, *Duke Journal of Comparative & International Law*, Vol 13. SPECIAL ISSUE 2003 p. 321.

② Steven L. Schwarcz, Commercial Trusts as Business Organizations: Unraveling the Mystery, 58 *Bus. Law.* 559, February, 2003, pp. 559~585.

③ Tamar Frankel, the Delaware Business Trust Act Failure as the New Corporate Law, 23 *Cardozo L. Rev.* 325, November, 2001, p. 325.

文章中对商事信托进行了划分,研究了商业信托的发展过程。①

Robert H. Sitkoff 教授在《作为"非公司形态"的信托:一项研究的提纲》(Trust as "Uncorporation": a Research Agenda)一文中,概括了现代商业信托,特别是作为一种商业组织形式的成文法商业信托的研究提纲。文章提出对成文法商业信托进行非公司形态的研究,并建议从五个方面对成文法商业信托进行研究。②

《欧洲私法中的商事信托》一书除了从比较法的角度对信托法的相关理论进行研究外,还使用案例研究的方式详尽地研究了欧盟各国的法律体系如何解决商事信托实践中的具体问题,并对这些体系进行了比较研究。③

国内也有越来越多的学者研究商事信托的相关法律问题。雷凌在《论受托人营业化与商事信托》一文中研究了受托人营业化与商事信托的关系,认为:一方面,商事信托是受托人营业化的内在需求;另一方面,受托人营业化对商事信托的安全保障、工具性价值的实现与外在约束存在着影响。④

何正荣的《现代商事信托的组织法基础》一文对商事信托的组织性特征进行了深入研究,认为商业信托具有商事组织的典型共有特性,在相应的制度设计和受托人信义义务标准的构建方面,出现了与商事公司制度明显的趋同;而我国现行信托立法在某些方面还达不到成熟的组织法的要求。⑤

彭插三在《商业信托的法律特征及规制》一文中对商业信托的法律特征进行了概括,列举了商业信托规制所适用的法律规则,强调商业信托具有信托制度和商业组织制度的双重特征,因而商业信托调整的法律规范体现出多层次性的特点。⑥

谢永江在《论商事信托的法律主体地位》一文中概括了商事信托的功能,

---

① Thomas E. Plank, The Bankruptcy Trust as a Legal Person, *Wake Forest Law Review*, Vol. 35, 2000, pp. 251, 251~270.

② Robert H. Sitkoff, Trust as "Uncorporation": a Research Agenda, U. Ill. L. Rev. 2005, p. 31.

③ Michele Graziadei, Ugo Mattei and Lionel Smith, *Commercial Trusts in European Private Law*, Cambridge University Press, 2005.

④ 雷凌:《论受托人营业化与商事信托》,载《中国社会科学院研究生院学报》2009年第2期。

⑤ 何正荣:《现代商事信托的组织法基础》,载《政法论坛》2006年第2期。

⑥ 彭插三:《商业信托的法律特征及规制》,载《中国商法年刊》2008年。

认为商事信托具备的独立财产和人的要素构成了商事组织的团体性特征,在立法上应当赋予商事信托法律主体地位。①

沈四宝在《商事信托制度的现代发展》一文中提炼了商事信托的制度优势,概括了商事信托的主要表现形式,在对大陆法系国家现行信托法进行介绍的基础上提出了我国商事信托制度构建的建议。②

陈雪萍在《论我国商事信托之制度创新》一文中研究了我国信托法制中的信托权利机制失衡问题,提出了构建信托权利平衡机制以消除制度障碍。③

施天涛、周勤在《商事信托:制度特性、功能实现与立法调整》一文中对商事信托与民事信托进行了区分,认为商事信托最为重要的特征是其组织性,但是我国的信托法制不健全,应当尽快制定《信托业法》以规定受托主体资格的取得、退出、信息披露、治理结构等,以维持整个行业的信用度。④

陈雪萍通过研究指出,英美法系国家的立法开始将商事信托作为法律实体予以规定,主要是商事信托具备了商事主体所必须具有的实质性要件,具体表现为独立的财产是商事信托独立人格的物质基础和前提条件,独立的责任是商事信托独立人格的突出标志,诉讼主体和征税主体地位是对商事信托主体资格的承认。⑤

笔者具体研究了商业信托的法律主体地位问题,指出商业信托具有有偿性、组织性及财产独立性等商业组织所拥有的法律特征,赋予商业信托法律主体地位实际上是国家立法政策及价值选择问题,赋予商业信托的法律主体地位,将有助于解决商业信托领域中存在的一些理论与实践问题。⑥

就国内对商事信托的研究来看,很多研究注意到了商事信托的组织性特征,并基于这一特征分析了我国商事信托法制发展中存在的不足与缺陷,并提出了相应的完善建议。就今后一段时间商事信托的研究来看,会继续商事信托组织性特征的研究,并以此为基础,从更多的法学部门角度如企业法、金融

---

① 谢永江:《论商事信托的法律主体地位》,载《江西社会科学》2007年第4期。
② 沈四宝:《商事信托制度的现代发展》,载《甘肃政法学院学报》(总第81期)2005年7月。
③ 陈雪萍:《论我国商事信托之制度创新》,载《法商研究》2006年第3期。
④ 施天涛、周勤:《商事信托:制度特性、功能实现与立法调整》,载《清华法学》2008年第2期。
⑤ 陈雪萍:《商事信托之商主体地位研究》,载《法商研究》2010年第6期。
⑥ 于朝印:《论商业信托法律主体地位的确定》,载《现代法学》2011年第5期。

监管法或交叉学科的角度研究商事信托在我国的应用以及监管的法制完善问题。

作为商事信托的一种具体类型,特定目的信托的法律主体地位存在不同的立法体例,对特定目的信托的法律规制也就可以大体上分为两种类型:第一种是以美国为代表的国家,有条件地承认特定目的信托的法律主体地位,对特定目的信托的规制集中在设立、证券发行、税收等方面,对特定目的信托的规制可以概括为法律主体型规制;第二种是以中、日等大陆法国家为代表,不承认特定目的信托的法律主体地位,特定目的信托只作为资产证券化的交易架构存在,规制则表现为特定目的信托架构下的分散规制,分别对发起人、受托人进行相应的规制。

该研究对我国资产证券化的理论与实践意义主要概括为:从法律主体的角度来看,赋予特定目的信托法律主体地位可能是解决我国资产证券化领域中出现的理论与实践问题的出路之一。在英美国家,传统信托也是没有法律主体地位的,但在商事领域中应用的包括特定目的信托在内的信托,在许多方面都获得了不同程度的法律主体地位,当然其背后的原因还有待深入的研究。一方面,如果我们借鉴美国的做法,给予特定目的信托一定的法律主体地位,那么信托财产的独立性、拟证券化资产的转移、资产支持证券的发行等问题在理论上会得到更充分的解释;另一方面,如果作为法律主体,特定目的信托在设立过程中所需要的登记等公示程序,会在很大程度上纠正大众对特定目的信托的虚化认识,在一定程度上防止在资产证券化过程中的违法行为。本书试图为我国资产证券化法律制度的完善提供理论上的支撑,使我国的资产证券化得以在健全的法律制度框架内运行,使我国的信托型资产证券化这种金融创新形式能为我国的经济发展提供新的动力。

三、研究方法

研究中将采取的研究方法主要包括:比较研究的方法,在两种法律文化背景下对特定目的信托规制的差异进行比较研究,以金融危机的发生给资产证券化带来的经验教训为参照,结合我国的信托型资产证券化的实践及法律制度的实际状况,对两种规制模式进行比较分析,论证特定目的信托制度在我国法律框架中进行完善的必要性与可行性;实证分析的方法,结合我国的资产证券化实践,以相关的资产证券化法律制度为依据,分析我国资产证券化过程中存在的问题;采用历史分析的方法,对信托型资产证券化在国外与国内两方面的实践进行归纳,从时间的维度来求证其合理性,并分析其所具有的不足,指出我国的资产证券化可以从中吸取的历史教训,为信托型资产证券化在我国的发展提供历史维度的参照;采用逻辑推理的方法,结合信托理论与资产证券化理论,对我国实践中的资产证券化具体做法进行逻辑上的推演,指出其实践与法律规定及相关理论不符合的相关环节,并以此为基础,提出我国特定目的信托规制完善的理论基础:在不同程度上赋予特定目的信托法律主体地位,建立商事信托为主体的规制模式。

四、研究创新

1. 建立混业经营特征下的功能监管与风险监管。资产证券化同时具有了金融混业经营与金融创新两方面的特征,因此金融安全与金融效率就成为我国信托型的资产证券化的监管中两个重要的命题,对于信托型资产证券化的监管应当从机构监管向功能监管转变,从合规性监管向以风险为本的监管转变。

2. 建立结构金融特征下的系统监管。信托型资产证券化是一种结构金融,体现为资产的现金流被设计成旨在分离其破产风险并赋予其相对于其原初状态更高可预测性的金融产品的法律与金融建构过程,这一过程中参与人众多,交易结构复杂,因此应当建立结构金融特征下的系统监管。

3. 建立特定目的信托作为法律主体的规制模式。确定特定目的信托法律主体地位具备充分的理论依据,确定特定目的信托法律主体地位具有重要的实践意义。

4. 根据证券化建立在资产信用基础上这一特征,对特定目的信托的监管应确立以资产信用为中心的监管模式。

第一章
特定目的信托概述

简单地说,资产证券化大体由以下几个步骤组成:先由资产证券化的发起人确定拟证券化的资产,而后设立一个特殊目的载体(special purpose vehicle,SPV),接着把拟证券化的资产转移给特殊目的载体,最后由特殊目的载体来发行证券。特殊目的载体可以采用多种法律组织形式,如公司、信托、有限责任公司、合伙等,目前采用最多的形式是公司与信托两种形式,用作特殊目的载体的公司叫做特殊目的公司(special purpose corporation,SPC),用作特殊目的载体的信托叫做特殊(定)目的信托(special purpose trust,SPT),其具体形态的确定取决于一个国家或地区的市场选择与立法选择。

资产证券化(asset securitization)作为一种结构金融,其核心与关键就是特殊目的载体的运用。之所以采用特殊目的载体,主要在于其三个方面的功能:第一,它是一个过手载体(pass-though vehicle),使得发起人的资产可以转换成可以销售给投资者的流动证券;第二,它可以防止破产以保护证券化资产的投资人;第三,它可以保护证券化资产免受发起人的债权人追及。[①]

特殊目的载体是构建资产证券化交易结构的起点,是资产证券化的一个关键环节,它作为实现资产证券化目的的工具与平台,使得企业融资的"脱媒"(disintermediation)现象愈加突出。而特殊目的载体的特殊性主要表现在以下两个方面:第一,其存在目的的特殊性,设立特定目的载体的直接目的是使证券化资产与发起人的财产实现破产隔离,以保护受益人的权益,而其间接目的则是服务于企业(发起人)直接融资的目的;第二,其经营活动的特殊性,特殊目的载体只是定位于发起人直接从社会融资的平台这一特定目的,而不负有一般企业所承载的积极经营与盈利的目标,特殊目的载体的经营活动一般会限制在与证券化相关的业务中,以防产生其他经营风险威胁受益人的权益。

---

① Thomas J. Gordon, Securitization of Executory Future Flows as Bankruptcy-Remote True Sales, 67 *U. Chi. L. Rev.* 1317,2000,pp. 1322~1323.

The Legal Regulation of Special Purpose Trust

在美国，特殊目的信托属于商事信托的范畴，具有较强的风险隔离功能。我国从 2005 年开始的资产证券化实践只采用了特殊目的信托这一唯一的特殊目的载体形式。

第一节 特定目的信托的界定

一、商事信托的产生

信托的起源是个见仁见智的问题，有学者在古罗马法、古日耳曼法和伊斯兰法中分别找到了信托的起源。[①] 但是学术界中一般认为，现代信托源于英国中世纪的用益（use）制度。起初用益制度主要是为了规避当时禁止向教会捐赠土地、长子继承制和土地继承税等方面的法律规定所创设的，到 15 世纪中期，通过衡平法院判例确认从而成为一种合法的财产处分方式。在封建时代以用益制度为原型的信托实质上是一种消极信托，受托人大多作为一种"人头"设计而存在着，财产的实际管理权和受益权都由受益人掌握，信托的功能也大多为了实现财产的转移。随着社会经济的发展，信托的功能与作用也在发生着不断的变化。由于资本主义制度的出现与发展，科学技术的进步导致了生产力的快速发展、生产方式的急剧转变和财富的迅速增长，人们的财富观念发生了变化，使得受托人无法像过去一样只是消极地保持财产，而是需要积极地以财产的增值为目的去经营管理财产，这需要受托人具备相当的专业技能。因此，信托在此背景下已经成为一种投资工具，信托也实现了从消极信托向积极信托的转变。[②]

因为现代信托制度所具有的灵活性，除了在传统民事领域中继续得到应用外，它在商事领域中也得到了越来越多的应用，一种新的信托类型——商业信托应运而生。自商业信托产生以来，其魅力已远超传统信托。在商事信托最为发达的美国，商事信托所掌握的财产占到信托财产的 90%，[③] 商事信托在

---

① ［日］砂田卓士、新井正男：《英米法讲义》，青林书院社 1976 年版，第 277～278 页；转引自赖源河、王志诚：《现代信托法》，中国政法大学出版社 2002 年版，第 1～2 页。
② 施天涛、余文然：《信托法》，人民法院出版社 1999 年版，第 43 页。
③ John H. Langbein, The Secret Life of the Trust: The Trust as an Instrument of Commerce, 107 *Yale L. J.* 165, October, 1997, p. 166.

1996年年底所持有的私人养老保险基金与州、地方的养老金计划金额多达4.6万亿美元。① 因为商事信托所独具的金融工具价值,它已与银行、证券、保险一起被列为现代金融的四大支柱之一。大陆法传统的国家也纷纷开始了对信托制度的吸收与移植。在对信托制度进行移植的日、韩、中等国家,真正的兴趣似乎在于商事信托。② 面对商事信托在经济领域,特别是金融领域中的广泛应用,有学者指出,信托法虽然可作为民事信托的法制基础,但是对于商事信托来说,应当从事商信托的特性出发,以构建其基本的理论框架和法制内容。③

二、商事信托的界定与种类

(一)商事信托的学理界定

在商事信托的属性方面,英美学者主要以无偿信托作为参照强调了其有偿性。Langbein教授认为,商事信托(commercial trust)指的是与赠与转移信托相对的实施了议定交换的信托。④ 另外一位学者Schwarcz教授指出,与无偿信托(gratuitous trust)的一方(委托人,settlor)在转移财产时不收取补偿不同,商事信托中通常作为委托人的公司或金融机构,总是在财产转移时收取对价。另外,商事信托中的委托人还会保留剩余权益,有权获得商事信托结束时的任何剩余信托财产。因此,商事信托是诉诸信托形式为其商业优势服务的议定的交换。⑤ Langbein与Schwarcz两位学者都是从与传统信托比较的角度来界定商事信托的,传统信托的无偿性与商事信托的有偿性成为两类信托重要的划分标准。

Plank教授则把商事信托(commercial trust)分成了两类:一类是用以商

---

① John H. Langbein, The Secret Life of the Trust: The Trust as an Instrument of Commerce, 107 *Yale L. J.* 165, October, 1997, p. 169.

② 施天涛、周勤:《商事信托:制度特性、功能实现与立法调整》,载《清华法学》2008年第2期。

③ 赖源河、王志诚:《现代信托法》,中国政法大学出版社2002年版,自序第1页。

④ John H. Langbein, The Secret Life of the Trust: The Trust as an Instrument of Commerce, 107 *Yale L. J.* 165, October, 1997, p. 167.

⑤ Steven L. Schwarcz, Commercial Trust as Business Organizationsa: an invitation to Comparatists, *Duke Journal of Comparative & International Law*, Vol 13:321. Special Issue 2003, p. 326.

事目的的传统信托,然而 Plank 强调该类信托与传统信托之间很难划清界限,因为传统信托的受托人也可以从事某些商事活动;另一类是以组织形式从事商业活动的商业信托(business trust)。① Plank 教授以活动目的作为商事信托的界定标准,传统信托如果从事了商业活动也属于商事信托的范畴。

Robert H. Sitkoff 教授专门对属于商事信托范畴的商业信托进行了划分。他根据设立的依据把商业信托划分成普通法商业信托(common law business trust)和成文法商业信托(statutory business trust)。普通法商业信托,也称马州信托,在 19 世纪和 20 世纪被用作与公司相竞争的商业组织形式,而成文法商业信托则是指依照成文法设立的商业实体。Sitkoff 教授认为,商事信托法的目的看来就是完善并取代普通法商业信托,并且成文法商业信托已经在实践中开始取代普通法商业信托。② 可以看出,两种商业信托的设立依据虽然不同,且后者有取代前者的趋势,但是两者共同的地方是两者都是被作为商业组织形式而加以利用的。

近年来,我国开始有学者研究商事信托的相关理论问题。对于商事信托的界定,有学者认为,商事信托是指那些具有私益性质、由商事主体担任受托人的信托。③ 还有学者认为,商事信托就是营业信托,是指商事组织以营利为目的,委托专业信托机构作为受托人根据商业活动的一般规则对资产进行收受、管理,并将信托利益交付受益人。④ 还有研究概括了在大陆法系中商事信托与民事信托区分的三种标准,即目的说、行为说和受托人身份说三种学说。⑤

本书认为,商事信托相对于传统信托而言,具备了三个突出的特征:第一,

---

① Thomas E. Plank, The Bankruptcy Trust as a Legal Person, *Wake Forest Law Review*, Volume 35, 2000, p. 256.

② Robert H. Sitkoff, Trust as "Uncorporation": a Research Agenda, *U. Ill. L. Rev.* 2005, 31, pp. 33~35.

③ 沈四宝:《商事信托制度的现代发展》,载《甘肃政法学院学报》(总第 81 期)2005 年 7 月。

④ 胡卫萍:《我国商事信托制度建构中的法理思考》,载《中国商法年刊》2008 年。

⑤ 目的说认为,为了个人或家庭目的之信托为民事信托,为企业经营等商事目的之信托为商事信托;行为说以受托人的行为是否具有营业性将信托划分成民事信托及商事信托;身份说则以受托人是否专门以信托为业作为标准将信托划分为民事信托与商事信托。可详见,施天涛、周勤:《商事信托:制度特性、功能实现与立法调整》,载《清华法学》2008 年第 2 期。

设立的商事性目的,与传统信托不同,设立商事信托的目的不再是单纯为了财产转移或管理财产,而是为了营利等商事目的;第二,信托当事人关系的商事性,传统信托中的当事人之间的关系多是建立在家庭或亲属朋友等关系上,而商事信托的当事人之间则基本不存在传统信托当事人之间的关系;第三,设立的有偿性前提,商事信托的当事人参与信托关系都以支付特定形式的对价作为前提,与传统信托具有明显的不同。

在民事信托与商事信托进行区分的语境中,目前我国经济生活中应用的信托形式绝大部分属于商事信托,民事信托由于信托文化背景的缺失,几无发育。因此,在研究过程中,应注意术语的区分使用。我国有学者认为商事信托与商业信托是可以等同使用的术语,这一观点在我国的信托研究语境中是没什么问题的,但是如果放在更大的研究背景中则会出现问题。如前所述,在美国,商事信托中包括普通法商业信托与成文法商业信托,成文法商业信托是按照州法设立的商事组织,这在我国的信托实践中是没有与之对应的信托类型的,因为在中国,在商事信托的实践中,还没有把信托作为一种商业组织形式加以利用的尝试。大体上来看,我国的商事信托基本上对应于美国的普通法商业信托。

综合来看,商事信托可以分成广义的商事信托与狭义的商事信托。广义的商事信托是指从事商事活动的信托,包括营业信托及传统信托从事商事活动的信托;狭义的商事信托是指专门从事商事活动的营业信托。

(二)商业信托在司法领域中的界定

学者对商事信托的界定与司法实践中有关商事信托界定产生的交集是商业信托。美国联邦最高法院把商业信托界定为根据信托文件把财产转移给受托人的一种安排,受托人应为持有由其发行的表明对信托财产受益权份额的可转让证书的受益人的利益而持有或管理信托财产。[①] 麻州法院在 State Street Trust Company & Others v. John L. Hall & Others 一案中对商业信托的界定则有所不同:商业信托是通过信托声明建立的商事组织,在商业信托中财产转移给受托人持有,由受托人为了受益人的利益管理信托财产,在某些情形下,受益人可能会持有由受托人所签发的证明其在信托财产上受益权可转让份额的证书。多年来,商业信托在美国已被承认为从事商事经营活动的

---

① Hecht v. Malley,265 U.S. 144,1924,pp.146~147.

普通与合法方式。①

除了对商业信托的一般界定外,法院通过其他的判例逐渐总结出商业信托界定的详尽判断标准。

首先,法院通过成文法找到了商业信托作为法律实体存在的依据。根据美国《破产法》第109条第(a)款的规定,债务人应当是破产法所说的"人(person)"。根据第101条第(41)款所界定的人,公司属于破产法所界定的"人",而商业信托则属于第101第(9)款第(A)款(v)所界定的公司。据此,大多数法院认为,联邦法院根据《破产法》的规定,认为商业信托具备债务人的适格条件,而商业信托作为适格的债务人是能够比照公司来确定的。因此,一些法院认为如果信托具有了公司的特征则为"商业信托"。

而在具体案件中对商业信托的界定却并不是件容易的事。第二巡回法院在 In re Secured Equip. Trust of Eastern Air Lines, Inc. 一案中认为,根据《破产法》的规定,在结构金融交易中创建的信托,不属于可以获得救济的"商业信托"范畴。在该案中所创建的信托主要是为了向投资者发行信托凭证并用发行所得购买东部航空公司的部分飞机,接下来,信托把购买的飞机又返租给东部航空公司,以获得租金支付信托凭证所代表的权益。据此,第二巡回法院认为,创建信托的目的不是去从事盈利性活动,而只是对凭证持有人向东部航空的贷款进行偿还担保。第二巡回法院进一步指出,其设立信托不是为了商事交易目的,而且受托人的唯一责任就是从事保护信托凭证持有者利益,受托人也只从事与这一责任相一致商业活动。②

其次,法院在具体案例中确定了商业信托具体的判断标准。

在 Morrissey v. Commissioner 一案中,法院确定了六个要素来检测一个实体是否构成《国内税法典》中的"商业信托"。如果一个信托具有下列六个特征则构成"商业信托":(1)商业功能;(2)受托人持有财产所有权;(3)集中管理;(4)持续性存续;(5)利益的可转移性;(6)有限责任。

而另有法院认为,"非商业信托"与"商业信托"的基本区别在于信托建立

---

① State Street Trust Company & Others v. John L. Hall & Others, 311 Mass. 299; 1942 Mass., pp. 303~304.

② Kenneth N. Klee, Brendt C. Butler, Asset-backed Securitizaiton, Special Purpose Vehicles and Other Securitization Issues, *UCC Law Journal*, Vol. 35, No. 2, fall, 2002, p. 18.

的目的,商业信托建立的目的是从事以盈利为目的的商业或商事活动,而"非商业信托"建立的目的则是为了保护并保持信托财产。在 In re Eagle Trust 一案中,法院结合其他法院运用的判断标准,概括了商业信托的四个主要特征:(1)进行商业或商事交易活动是建立信托的主要目的;(2)信托是由众多的投资者出资建立,投资者期望获得投资回报;(3)信托是根据州的法律创建的;(4)投资人在信托中的受益权可以自由转让。

但是针对以目的作为商业信托重要的划分标准,有法院提出,对于"商业信托"的认定,必须立足于对所涉信托特定事实的分析上,并且"探查应当集中于信托文件和所有事实,而不能只关注信托是否从事商业活动"。

通过上述案例分析,法院对商业信托的界定,实质上是以商业组织的标准来判断一个信托是不是商业信托,如判断标准中的从事商事活动、投资人权益的自由转让、集中管理等内容。

综上所述,传统信托与商事信托的根本区别在于有偿性,这是一种实质性的差别。这种差别导致了传统信托在商事领域的广泛应用,才相应地促成了信托在商事活动中形式上的变化,即组织性特征的产生。商业信托是商事信托组织性这一形式特征的集中体现,是商事信托发展到一定阶段的产物。

(三)商事信托的形式

Langbein 教授的商事信托分类:①

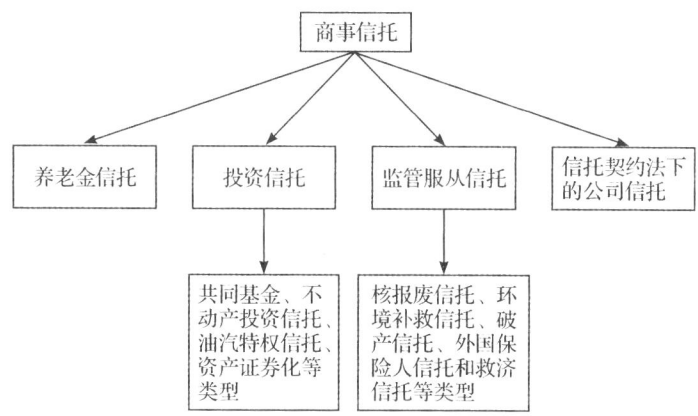

---

① John H. Langbein, The Secret Life of the Trust: The Trust as an Instrument of Commerce, 107 *Yale L. J.* 165, October, 1997, pp. 166~179.

Steven L. Schwarcz 教授对商事信托的划分：①

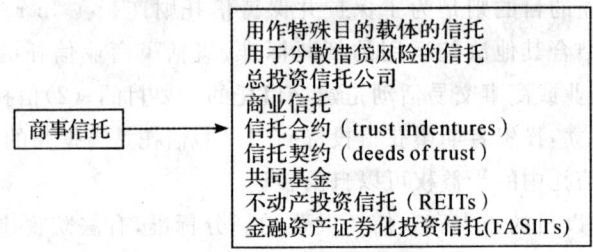

商事信托 → 用作特殊目的载体的信托
用于分散借贷风险的信托
总投资信托公司
商业信托
信托合约（trust indentures）
信托契约（deeds of trust）
共同基金
不动产投资信托（REITs）
金融资产证券化投资信托(FASITs)

三、特定目的信托的商事信托属性

（一）特定目的信托是商事信托在证券化中的应用

Schwarcz 教授曾指出，商事信托最广泛的用途之一就是在结构金融交易中用作特殊目的的载体。② 可以说，特定目的信托是商事信托在资产证券化领域中应用的具体形式。

在证券化的发源地美国，特定目的信托采用的具体信托类型大体可以用 Plank 教授对商事信托所做的分类进行概括：一类是用以商事目的的传统信托，如设立人信托、所有人信托等；另一类是商业信托（business trust），包括了普通法商业信托与成文法商业信托。

（二）特定目的信托具有商业信托的法律特征

如前所述，商事信托的范围要远大于商业信托，并且从一定意义上来说，Schwarcz 教授对商事信托的分类标准是以商事信托所应用的商事领域来界定的。Sitkoff 教授则更加具体地指出了应用于资产证券化的商事信托类型。他指出，成文法商业信托的一个常见用途是在共同基金组织的应用，另一个用途存在于结构金融交易中，特别是资产证券化。③《特拉华州成文法信托法》也明确规定，不动产投资信托或不动产抵押贷款投资管道等特殊目的信托形式也属于成文法商业信托。由此可知，在美国，部分特定目的信托是成文法商

---

① Steven L. Schwarcz, Commercial Trusts as Business Organizations: Unraveling the Mystery, *The Business Lawyer*, February 2003, pp. 563~573.

② Steven L. Schwarcz, Commercial Trusts as Business Organizations: Unraveling the Mystery, 58 *Bus. Law.* 559, February, 2003, p. 564.

③ Robert H. Sitkoff, Trust as "Uncorporation": a Research Agenda, *University of Illinois Law Review* 31, 2005, p. 38.

业信托在资产证券化领域中的应用,而成文法商业信托则具有明显的商事组织特征,因此特定目的信托的商业组织特征是其法律属性的重要组成部分,它具有商事组织所具有的法律特征。

具体来说,商事信托的法律特征具有以下三个方面:

1. 信托关系的有偿性

成文法商业信托属于商事信托的范畴,是以商事组织形式表现的商事信托类型。如前文所述,商事信托与传统信托的重要区别在于商事信托的有偿性。

在传统的民事信托中,委托人、受托人与受益人之间所形成的信托关系并不是建立在商事交易或交换的基础上,委托人向受托人转移财产是无偿的,委托人为了受益人的利益管理信托财产、处理信托事务是无偿的,受益人取得受益权是不用支付任何代价的,也是无偿的。

包括商业信托在内的商事信托保留了传统信托中的三方当事人关系架构,但是三方关系的形成基础却是建立在商事交换或交易的有偿性基础上的。

下面以结构金融中的典型例子来说明商业信托当事人之间的关系。一个公司把金融资产转移设立信托,作为回报,公司获取信托证券以及信托上议定的剩余利益。公司再通过把信托证券销售给市场投资者来募集资本,投资者购买证券是期望信托财产会产生足够的现金再加上证券上记载的约定回报率来回报其投资。剩余利益赋予公司在证券全部支付完毕时获得对信托剩余财产的权利。在有些信托中,优先信托证券(senior trust certificates)或债务证券(debt instruments)会直接向投资者发行[发行收益和剩余信托证券支付给委托人(settlor)以购买其金融资产]。①

首先,在商事信托中的委托人,通常是公司或金融机构,与无偿信托(gratuitous trust)中委托人把财产转移到受托人时不收取补偿不同,总是在财产转移时收取补偿。商事信托中的委托人还会保留剩余利益,赋予委托人在商事信托结束时获得任何剩余信托财产的权利。② 这体现为委托人转移财产设

---

① Steven L. Schwarcz, Commercial Trust as Business Organizationsa: an Invitation to Comparatists, *Duke Journal of Comparative & International Law*, Vol 13:321,326, Special Issue 2003.

② Steven L. Schwarcz, Commercial Trust as Business Organizationsa: an Invitation to Comparatists, *Duke Journal of Comparative & International Law*, Vol 13:321,326, Special Issue 2003.

立信托的有偿性。

其次，在上述的例子中，受托人多是利用其专业技能、管理技能等专长来管理信托事务、处分信托财产，受托人不再像传统信托中的受托人一样无偿地履行其职责，要为其付出的专业劳动收取报酬，因此，从受托人的角度来看，信托已与荣誉无关，受托人的劳动已成为用货币计算的商品。①

商业信托受托人收取报酬这一做法与传统信托有着非常明显的区别。在英国的传统信托中，如 Lord Hardwicke LC 所指出的，信托是"信誉上的、基于受托人的名誉和良知的一种责任，此种责任的承担与经济利益的考量无关"②。受托人的身份体现着社会对受托人公正、正直等良好品质的道德肯定，也是受托人的一种荣誉，因此，受托人履行职责多是无偿的。英国当时的衡平法院由于担心受托人收取报酬可能会损害信托财产，从而确定了受托人不收取报酬这一信托法原则。③

然而，伴随着公众持有财富形式的变化、投资活动专业化等社会现象的出现，信托制度越来越多的应用于商事领域。在商事信托中，受托人以其专业技能对信托财产进行管理、处分与投资，受托人以营利为目的的商事主体特征决定了他要为其履行的受托人职责收取报酬。作为对现实的回应，各国立法也一改传统信托法原则，承认了商事信托受托人收取报酬的权利。

再次，受益权的取得也是以有偿的交换或交易方式取得的。传统信托属于他益信托类型，受益人基于委托人的指定产生并无偿取得信托财产的受益权。但共同基金、资产证券化特定目的信托等商业信托形式属于自益信托类型。在采取自益信托结构的商业信托中，传统信托中的委托人、受托人与受益人三方当事人关系架构被简化为实质的两方当事人关系架构，投资人同时兼有委托人与受益人的身份。委托人与受益人实际上是信托型金融产品的投资者，他们通过缴纳规定的资金来获得信托凭证或基金份额，而信托凭证或基金份额所表彰的权利，在商业信托的语境中一方面代表了财产转移的对价，另一方面代表了对被转移财产所形成的信托财产上的受益权。

尽管在有些信托中，会直接向投资者发行优先信托证券（senior trust certificates）或债务证券（debt instruments），向委托人发行收益和剩余信托证券

---

① 于朝印：《论商业信托法律主体地位的确定》，载《现代法学》2011 年第 5 期。
② Ayliffe v. Murray(1740)2*Atk* 58 at 60.
③ 何宝玉：《信托法原理研究》，中国政法大学出版社 2005 年版，第 237 页。

以购买其金融资产,①自益信托的分析依然可以适用。

整体上来说,向来的信托制度已从中世纪无偿的信托,转变成有偿信托的现代性信托。② 商业信托的有偿性不仅体现在委托人向受托人转让资产时要收取对价,还体现在受益权的取得也是通过某种形式的交易实现的。

2. 组织性

美国的商业信托可以分为普通法商业信托与成文法商业信托,成文法商业信托可以依照各州的成文法注册为商业组织,享有与公司、合伙等组织形式类似的法律实体地位和权利。成文法商业信托的组织性法律特征是显而易见的。

对于普通法商业信托而言,虽然其组织性特征不如成文法商业信托那么明显,但是其实际运行也是以其组织性特点为基础的,其组织性特点主要表现为投资者的群体化特征与受托人的专业化特征两个方面。

(1) 投资者的群体化特征

股份有限公司是现代企业组织形式的典型代表,曾被誉为与蒸汽机齐名的社会发明。股份有限公司的伟大之处在于它实现了社会资本大规模的集聚,而这一点是通过向不特定的社会公众募集资本实现的,所以组织成员即受益人的群体化是其重要的组织性特征。在共同基金、资产证券化特定目的信托等普通法商业信托中,投资人即受益人也具有非常明显的群体化特点,如果仅从人数角度比较的话,商业信托的群体化特征比股份公司还要明显。根据统计的数据显示,在 2007 年年初,有 50% 的美国家庭持有共同基金的股份,在过去的 20 年间,共同基金所管理的财产从 2920 亿美元增长到 10 万亿美元。③ 在日本,截至 2007 年 3 月底,信托财产余额达 744 万亿日元。④

(2) 受托人专业化特征

一方面,人类社会进入工业社会以来,财富已从原来的土地为主要形式转

---

① Steven L. Schwarcz, Commercial Trust as Business Organizationsa: an Invitation to Comparatists, *Duke Journal of Comparative & International Law*, Vol 13: 321, 326, Special Issue 2003, note 33.

② [日] 田中实、山田昭:《信托法》,学阳书房 1989 年版,第 18 页。

③ Frederic S. Mishkin, Stanley G. Eakins, *Financial Markets and Institutions*, 6th edition, Pearson Education, Icn. 2009, p. 393.

④ [日] 三菱日联信托银行著:《信托法务与实务》,张军建译,中国财政经济出版社 2010 年版,第 203 页。

化为货币、证券等多种金融资产形式;另一方面,由于人们财富观念的转变,受托人需要积极地经营管理财产以使财产增值。① 财富形式的变化为商事信托的发展提供了客观基础,而人们财富观念的转变构成了商事信托的发展方向。就像 Langbein 所表明的,个人信托已从转移与保有祖传土地的工具发展成为允许财产所有人确保对其财产进行持续与代际专业管理的组织工具。②

根据各国信托法的规定,自然人、法人都有资格成为受托人。就商事信托而言,因为信托财产数额巨大,而个人的资金实力和管理能力都受到限制,因此受托人则多为信托公司、银行、基金管理公司等社团法人。受托人的社团性对于其履行职责所提供的制度保障主要是健全的社团治理结构、专业的投资管理技能与风险防范机制,这些制度的优势是个人受托人所不具备的。

3. 财产独立性

在英美信托法中,信托财产的独立性是通过以下两个方面的制度来保障的。

第一,信托财产的"双重所有权"的架构。在这一架构中,信托财产的所有权分成两类:一类是由受托人享有的信托财产上的普通法所有权,一类是由受益人享有的信托财产衡平法所有权。受托人享有普通法所有权,可以对信托财产进行相应的管理与处分,但受托人不享有信托财产上的受益权;受益人享有信托财产衡平法所有权,只是取得获取信托财产收益的权利,他并不能对信托财产行使管理处分的权力。信托财产的"双重所有权"的架构,在受托人与受益人之间形成了基于信托财产的制衡关系,从而保证了信托财产的独立性。

第二,信托财产的独立性法律地位。虽然在各国的信托法制中信托财产不是法律所承认的主体,但是不论是在英美法系还是大陆法系国家的信托法中,都确定了信托财产的独立性。如信托财产区别于受托人的固有财产、不同的信托财产分别管理、信托财产独立于受托人、受益人、委托人的债权人请求等制度。

在商业信托中,信托财产的独立性制度构造被全面地接受,从而保证了商业信托中信托财产的独立性。

---

① 施天涛、余文然:《信托法》,人民法院出版社 1999 年版,第 42~43 页。

② John H. Langbein, The Contractarian Basis of the Law of Trusts, 105 *YALE L. J.* 625, 1995, pp. 632~643.

四、特定目的信托的内涵

在美国的法律文献资料中几乎查不到特殊目的信托的定义,尽管对信托与商事信托有着林林总总的定义。但是从学者的文章中,可以对特定目的信托的外延进行一定的概括。Schwarcz 在 Commercial Trusts as Business Organizations: Unraveling the Mystery 一文中对商业信托的种类进行了界分,其中用于特殊目的载体的信托、不动产投资信托(REITs)、金融资产证券化投资信托(FASITs)是三个并列的商事信托类型。用于特殊目的载体的信托主要应用于结构金融交易中,结构金融交易是指资产证券化、融资租赁与合成租赁。不动产投资信托是在 1960 年根据《国内税法典》的一条规定创制的,该规定允许主要业务是拥有不动产所有权的公司、信托或组织把收入转递给投资者而不发生实体层面的税收。不动产投资信托是一种特殊目的载体,是一种可以选择适用信托形式的法律建构。金融资产证券化投资信托,是按照《1996 年小企业就业保护法》的规定,由信托或公司等这样的实体,选择符合金融资产证券化投资信托的要求以避免作为实体应纳的税收的法律构造,FASITs 只是应用于证券化交易中的特殊目的载体。[1] 从 Schwarcz 的文章可以看出,用于特殊目的载体的信托、不动产投资信托与金融资产证券化投资信托都属于特殊目的载体的范畴,若信托在这三种形式中得以应用的话,那么特殊目的载体的具体表现形式则为特殊目的信托。

对于特定目的信托法律属性的认知,通过成文法商业信托法可以获得,前文已指出,部分特定目的信托属于成文法商业信托,具有有偿性、组织性及财产独立性等法律特征。但是,特定目的信托与一般商事信托或商业信托也存在明显的差异,特定目的信托具有营业信托、集团信托的性质,创设的目的也主要用作资产证券化的导管体。[2]

从特定目的信托的实际运营来看,Schwarcz 教授指出了它的三个描述性特征。第一个特征是它们是相对的静态实体。它们通常不从事持续的经营,而是发行具有债券性质的、由特殊目的载体(SPV)所获得的资产或那些资产

---

[1] Steven L. Schwarcz, Commercial Trusts as Business Organizations: Unraveling the Mystery, 58 Bus. Law. 559, February, 2003, pp. 564~573.

[2] 王文宇:《台湾地区资产证券化法制与案例评析》,载《金融法范》2006 年总第 70 期。

的租约所产生的现金来偿付的信托证书。第二个特征是，一旦交易完成，信托财产上的任何剩余价值都返还给发起公司。发起公司通常是通过保留剩余信托证书来保有这些剩余价值的。第三个特征是避免所谓的"实体层面的税收"。独立的法律实体通常要对其收入交纳税收。然而，根据合同设立的信托如果其独立存在不为税法所承认，它们就不用在实体层面上纳税。相应的，信托形式有时用于必须避免支付实体税的 SPVs。[①] Schwarcz 教授是从特定目的信托的运行角度出发来概括这三个特征的，这利于我们从运营的角度认识特定目的信托。

综合概括特殊目的载体及特定目的信托的运营特征，可以发现证券化采用特殊目的载体或特定目的信托的两个主要原因：第一，破产隔离。特定目的信托的过手载体特性与静态实体的特性无非是说明了其在经营方面不像其他企业组织形式一样，会采取积极的经营手段，追求盈利的目标，它仅仅是企业以资产信用为基础进行融资的平台，因此，使特定目的信托具备破产隔离功能是其应当具备的首要条件。第二，避税功能。证券化通过特殊目的载体进行融资必须具备传统融资方式所不具有的优势，否则证券化这种金融创新形式就没有存在的必要了。这一优势主要是体现于融资成本的降低上。税收在降低融资成本方面的作用不可忽视。特定目的信托这种载体就具有避税的功能。因为后文对特定目的信托的这两大功能还有详细的论述，在此不作详述。

我国大陆从 2005 年开始进行资产证券化的实践，采用了特定目的信托这种载体形式，但在规范证券化的几个法律文件中，却找不到对特定目的信托的法律上的界定。

台湾地区的证券化分为不动产资产证券化与金融资产证券化。不动产资产证券化采用了不动产投资信托与不动产资产信托两种信托形式。不动产投资信托是指以公募发行或私募发行不动产投资信托受益证券，以投资不动产、不动产相关权利、不动产相关有价证券及其他投资标的所生之收益支付不动产投资信托受益证券而成立之信托；不动产资产信托是指委托人将其不动产或不动产相关权利转移给受托机构，并由受托机构向以公募方式或私募方式发行表彰受益人对信托财产或其所生利益、孳息及其他收益之权利的不动产

[①] Steven L. Schwarcz, Commercial Trusts as Business Organizations: Unraveling the Mystery, 58 *Bus. Law.* 559, February, 2003, pp. 564~565.

资产信托受益证券而成立的信托。在"金融资产证券化条例"中规定,特殊目的信托是指以资产证券化为目的而成立之信托关系。台湾地区的不动产资产证券化与金融资产证券化两个类型都使用了信托形式,但是名称并不相同,不动产资产证券化使用了不动产投资信托的名称,金融资产证券化中使用了"特殊目的信托"的名称。虽然名称不同,但是从作用与功能的角度来分析,这两种信托都属于特殊目的信托的范畴。

综合来说,本书认为,资产证券化领域中的特定目的信托是服务于发起企业直接融资目标而对证券化资产进行破产隔离、通过限定经营活动以降低税负的商事信托。

第二节 特定目的信托的法律主体地位

一、美国特定目的信托的法律主体地位

美国的特定目的信托大体包括两种类型:一种是用于商事目的的传统信托,如设立人信托或所有人信托;一种是商业信托,包括普通法商业信托与成文法商业信托。两类信托具有截然不同的法律主体地位。

(一)传统信托用作特定目的信托

在各国的信托法制中,传统意义上的信托,都不会像公司一样成为法律所承认的法律主体,这在学术界与司法界是有共识的。在美国的 Morrison v. Lennett 一案中,法院指出,在针对信托和受托人的诉讼中,除非是商业信托,信托不是可诉的法律实体。[1] 在英国,信托按照法律从来不被视为法人。[2] 在学术界,学者认为,在普通法中,信托与信托财产都不是法人。[3] 在移植信托法制的大陆法系国家也没有赋予信托法律主体地位的先例。当然,以英美为

---

[1] 616 N. E. 2d 92,(*Mass* 1993),p. 94.

[2] Steven L. Schwarcz,Commercial Trust as Business Organizationsa: an Invitation to Comparatists,*Duke Journal of Comparative & International Law*,Vol 13:321. Special Issue 2003,p. 327,see footnote 40.

[3] George Gleason Bogert et al. ,The Law of Trust and Trustee,St. Paul,Minn. ,West Pub. Co. ,2d *ed. rev.* 1984,p. 265.

代表的普通法国家不赋予传统信托法律主体地位的原因是多方面的。

但对用作特殊目的载体的设立人信托或所有人信托等传统信托形式，其法律主体地位与传统信托相比，却发生了一些变化。用作特殊目的载体的设立人信托或所有人信托可以发行信托证书等资产支持证券，是证券法上的证券发行主体；在某些特定情形下，用作特殊目的载体的设立人信托或所有人信托可能会成为税法上的纳税主体。由此可以看出，用作特殊目的载体的设立人信托或所有人信托总体上并不被视为独立的法律主体，但是在特定的情形下却以某种形式的法律主体身份出现。

（二）用作特定目的信托的商业信托

对于在资产证券化领域中得到广泛应用的商业信托而言，其法律主体资格的获得是一个渐进的过程，该过程也生动地表明了司法的价值取向取决于现实生活的需要这一规律。

商业信托是商事信托的一种重要类型，通过一个渐进的过程逐步地取得了法律主体资格。下面以马萨诸塞州信托为例说明商业信托获得法律主体地位的过程。

1885 年 Ricker v. American Loan & Trust Co. 一案涉及对一个组织起来从事买卖出租铁路机车的团体征税，马萨诸塞州最高法院把现在会被视为商业信托的团体视作合伙，并指出"在公司与合伙中间没有过渡的中间组织形式"①。在这个案例中，信托是不被法院视为一种组织形式的。

1890 年 Mayo v. Moritz 案中一个投资者创造性地把其权益转让给受托人，由受托人根据信托宣言条款来持有、管理和处分其权益。马萨诸塞州最高法院在该案中认为商业信托是一个有别于合伙的实体。② 在该案中，法院的态度已有所转变，已经承认商业信托作为一个实体存在了。

在 1913 年的 Williams v. Inhabitants of Milton 一案中，波士顿个人财产信托，是 1893 年组织起来的一个不动产信托，在信托宣言中分别授予了受托人权力和信托凭证持有人（shareholder）权利，法院在该案中面临着是按照信托还是按照合伙对其征税的问题。马萨诸塞州最高法院在该案中确认商业信托为独立的实体。③ 但是马萨诸塞州最高法院对商业信托主体地位的认可并

---

① 140 *Mass.* 348, 5 *N. E.* 284(1885).
② 151 *Mass.* 481, 24 *N. E.* 1083(1890), at p. 1083.
③ 215 *Mass.* 1, 102 *N. E.* 355(1913), at pp. 355～358.

不具有普遍意义,商业信托成文法及法院并不承认商业信托在所有目的上都是一个法律实体。①

像判例法一样,马萨诸塞州的成文法也是通过渐进的过程赋予商业信托法律主体地位的。马萨诸塞州《1909年商业信托法》规定,基于信托文件或信托宣言设立的自愿联合,如果把受益权分割成可转让的证书或股份,受托人应当向注册官提交信托证书副本,商业信托自此有了登记的商事名称;马萨诸塞州《1916年商业信托法》规定,前述之自愿联合之商业信托可以像公司一样因债务、义务与责任等被起诉,并且其财产可予以扣押、保全和执行,该法确定了商业信托作为诉讼主体的资格;现行的马萨诸塞州《商业信托成文法》规定,受托人可以以商业信托的登记名称和印鉴进行商事交易,从而确立了商业信托作为交易主体的地位。②

联邦制使得美国的立法出现"双轨制"的特点,联邦议会、各州议会都有权进行相应的立法活动,信托立法权由州议会享有。因为随着商业信托作为法律实体从事商业活动现象的增加,为了吸引投资及争夺司法管辖权,各州纷纷制定成文法以规范商业信托的应用,这在客观上有利地促进了商业信托法律主体地位的完全确立。明尼苏达州在《1961年商业信托法》中明确了商业信托作为法律责任主体的地位;特拉华州在1988年制定了《综合商业信托法》,规定可以以法人的形式来创建成文法商业信托,康涅狄格州于1996年实施了与特拉华州非常相似的成文法。至此,成文法商业信托已成为和公司一样为法律所承认的法人。在其他州,为税收及其他目的商业信托也被承认为独立的实体。

如Plank所概括的那样,"与传统信托不同,商业信托被设计成法人,就像公司、合伙或有限责任公司,并在很多情形下被视为法人。像公司和合伙一样,商业信托已经发展成为一个独立于组成人员(如商业信托的受托人和受益人)的法律存在。商业信托以自己的名义起诉,应诉,或转移财产,尽管有时它可以受托人的名义来采取这些行动。重要的是,商业信托根据《国内税法典》的规定可以成为债务人,而传统信托则不能成为债务人。因为其商业活动,商

---

① Sheldon A. Jones, Laura M. Moret, James M. Storey, The Massachusetts Business Trust and Registered Investment Companies, 13 *Del. J. Corp. L.* 421, 1988, pp. 429~430.

② 刘正峰:《美国商业信托法研究》,中国政法大学出版社2009年版,第64~65页。

业信托可为其行为承担直接责任,并且受托人可以避免为信托行为承担责任"①。

美国法律界中也有观点认为商业信托是一种商事组织形式。美国法律研究院在其通过并颁布的《公司治理原则:分析与建议》文件中,把商业组织定义为"从事商业活动的任何形式的组织(不包括政府机构或其执行机关),包括公司、合伙或者其他任何形式的联合体、独资企业或者任何形式的信托或财团"②。《信托法重述》(第3版)也以支持的确态度关注到为某些目的把传统信托看作独立实体的运动,现代普通法和成文法的概念与术语中越来越多的默默地承认信托是包括信托财产以及受托人与受益人之间信义关系的法律"实体"。③

立法对商业信托的调整,总是结合商业信托在商事活动中广泛应用的现实。成文法商业信托法律主体地位的确立是商事信托应用创新所带来的法制创新。一方面,成文法商业信托具有了像公司、合伙等商事主体一样的法律主体地位,其设立、存续、解散及破产等行为都要遵循强制法的规范;另一方面,成文法商业信托作为一个法律主体依然保留了信托机制,以信托法中的信义关系、信托财产关系等规范来调整成文法商业信托中受托人、受益人及委托人的关系。可以说,成文法商业信托法律主体地位的确立,是传统信托法制与法人制度的融合,无疑会对将来的信托法制与法人制度产生深远的影响。

二、中国商事信托的法律主体地位

美国商业信托取得法律主体地位主要是取决于两个方面的原因。第一,由于信托在商事活动中的广泛应用;第二,由于在商事活动中的广泛应用所导致的法律调整需求。相比较之下,目前虽然信托业在中国取得了长足的发展,但赋予中国的商事信托法律主体地位,则存在不少的理论障碍与

---

① Thomas E. Plank,The Bankruptcy Trust as a Legal Person,*Wake Forest Law Review*,Volume 35,2000,251,pp. 260~263.

② 美国法律研究院著:《公司治理原则:分析与建议》,楼建波、陈炜恒等译,法律出版社2006年版,第11页。

③ Restatement(Third) of Trusts §2 cmt. at 21(Tentative Draft No. 1,April 5,1996).

制度障碍。

首先,立法对信托的界定不利于商事信托向商事组织的演进。我国《信托法》的第 2 条是从"行为"这一角度来界定信托的,[①]对信托的"行为"界定使信托远离了商事组织的概念。商事组织的实质就是组织成员基于财产或财产利益所形成的成员间关系,组织成员间的关系是商事组织构建的逻辑起点。然而对信托的"行为"界定不利于信托成为商事组织的逻辑推演。美国的信托法重述的第 2 版与第 3 版都以"关系"来界定信托。信托法重述第 3 版认为信托是"与财产有关的信义关系,是由于创制这种关系的意愿表示而产生,并将持有财产所有权的人(受托人)置于为了第三方受益人利益而处置财产的义务之下"。美国信托法重述把信托界定为与财产有关的信义关系,为商事信托与商事组织划定了一个交集,进而为商事信托作为商业组织的理论推演和相应的制度建构奠定了逻辑基础。

其次,从立法及司法实践来看,大陆法系的商事组织基本上不包含信托这种形式。在企业形态法定主义原则之下,商事信托在中国当然不具有法律主体地位。然而,虽然商事信托在中国不具备法律主体地位,但是立法对商事信托在经济生活中应用的规制并不因此而减少,就规制的方式来看,没有采取把商事信托作为一个法律主体进行规制的方式,而是对商事信托机制下的三方当事人进行分别规制。

三、特定目的信托法律主体地位与法律规制

前文已指出,在美国,部分特定目的信托属于成文法商业信托,其法律主体地位已在许多州得到确立。虽然在中国等许多引进信托的大陆法国家没有确定商事信托的法律主体地位,但是对在证券化过程中应用的特定目的信托制度,却和美国一样存在着许多的法律规制。

(一)规制在法学中的确立

规制,是学者对英文"regulation"一词的翻译,当然,对该英文单词的翻译还有"监管"、"管制"和"管理"等多种译法。规制起初是在经济学领域中使用的一个术语和研究对象,后来因为学科渗透,法学领域中也开始使用"规制"一词。

[①] 《信托法》第 2 条:本法所称信托,是指委托人基于对受托人的信任,将其财产权委托给受托人,由受托人按委托人的意愿以自己的名义,为受益人的利益或者特定目的,进行管理或者处分的行为。

在经济学领域,对于规制的理解主要集中在国家对经济生活的干预上。《新帕尔格雷夫经济学大辞典》对规制给出的两种解释实际上是按经济领域把规制进行了分类,其中一种解释是国家以经济管理的名义进行干预;另一种解释是政府为控制企业的价格、销售和生产决策而采取的各种行动。① 因此,按此解释,规制可以划分成宏观经济规制与微观经济规制。安东尼将规制分为社会性规制与经济性规制。社会性规制主要是针对两种类型的市场失灵:一种是与提供商品与服务的企业存在现实或潜在合同关系的个人,能够获得的信息总是不充分的;另一种是市场交易的溢出效应(外部性)将对交易的第三方产生不利的影响。两种市场失灵主要表现在安全、健康、环保与消费等领域。经济性规制主要适用于具有垄断性倾向的产业。②

在法学领域,金泽良雄给出了规制的一般界定:对一定的行为规定了一定的秩序,而起到限制的作用。按规制方式金泽良雄把规制分为权力性强制性规制与非权力性规制。前者必须根据法律并依照行政权来行使,可以分成依据法律施行的直接规制,依据行政权进行的规制与通过立法对私法方面设置强制性的规制三个类型。后者是指国家自身以非权力性和私法手段介入经济,并对之加以规制,或由国家进行非权力性的行政指导。③

本书认为,规制在法学中主要表现为法律对社会生活的一种强制性的调整。然而,法律对于社会生活的调整是通过对社会主体的行为的规范来实现的。因此,法律规制主要表现为对法律主体的规范,并且以法律主体的存在为逻辑前提。

法律对于法律主体的规制大体上可以分为以下几个方面。第一,对主体资格的规制。对主体资格的规制主要表现为规定哪些是法律所承认的主体,主体取得法定资格所需要的条件与程序。在这一方面,法律对于非自然人法律主体的规制,如法人、商事组织等,要比对自然人法律主体的规制复杂得多。第二,主体的行为规制。法律对主体的行为规制主要表现为法律主体可以从事哪些行为,应当按什么样的条件及程序从事行为。在私法领域,主体行为的

---

① 《新帕尔格雷夫经济学大辞典》(第4卷中译本),经济科学出版社1996年版,第134页。

② [英]安东尼·奥格斯著:《规制:法律形式与经济学理论》,骆梅英译,中国人民大学出版社2008年版,第5~6页。

③ [日]金泽良雄著:《经济法概论》,满达人译,中国法制出版社2005年版,第45~63页。

空间较大,规制一般遵循法无禁止即可为的原则。但是随着技术日益提高,信息不对称的加剧,对私法领域中主体的行为规制也呈不断加强的趋势,不管是在生产领域还是在交易领域。第三,责任规制。这是主体行为不符合法律规定所承担的后果。责任规制是法律强制力的主要表现。

(二)特定目的信托在中国存在的理论与实践问题

在美国,特定目的信托可以采取具有法律实体地位的商业信托形式,也可以采用不具有法律实体地位的传统商事信托形式,以证券化要达成的具体目的作为取舍标准。从制度变迁的角度分析,特定目的信托在美国的出现与发展,属于诱致性的制度变迁的产物,是信托制度在证券化领域中的创新性的应用。从立法层面分析,信托法制与其他的法律制度结合得比较紧密与融洽,对特定目的信托的规制就表现得较为全面与具体,如特定目的信托的证券发行税收等内容。在我国,由于大陆法系的法制特征使得移植自英美法系的信托制度难以与其他法律制度实现融合,因此,在信托文化缺失的背景下,无论是在理论层面还是实践层面,特殊目的信托存在着不少的问题。

如对特定目的信托的界定上,有观点认为,特定目的信托是一个已经存在的信托公司,只不过要针对某个具体的证券化交易另行拟定信托契约。[①] 综合国内外的情况来分析,这种观点都很难成立。在美国,即使特定目的信托采用了法律实体形式的成文法商业信托,特定目的信托也不等同于信托公司,成文法商业信托是与公司相区别的两种商业组织形式。在我国规范信贷资产证券化的基础法律文件《信贷资产证券化试点管理办法》(以下简称《管理办法》)当中,并没有对特定目的信托的直接界定,但是从《管理办法》的相关规定中可以确定特定目的信托是由发起人设立的服务于资产证券化的交易机制,特定目的信托的受托人可以由信托公司来担任。一般而言,信托公司是以信托为业积极从事经营的社团法人,它在特定目的信托中也仅是三方当事人之一,信托公司是无法等同于特定目的信托的。在台湾地区的"金融资产证券化条例"中,其特殊目的信托是指条例规定以资产证券化为目的而成立之信托关系,特殊目的信托也不等同于信托公司。综合来看,把信托公司等同于特定目的信托,是错误理解了作为特定目的信托受托人的信托公司与特定目的信托之间的关系。

在实践层面,特定目的信托的运行已突破了传统的法律规制模式,导致原

---

① 张泽平:《资产证券化法律制度的比较与借鉴》,法律出版社2008年版,第174页。

有法律制度不足以应对,而新的制度还没有完全建立起来。以资产支持证券的发行为例。首先,证券发行是指发行人以集资或调整股权结构为目的做成证券并交付相对人的单独法律行为。① 按照证券发行的概念来看,发行人应以集资或调整股权结构为目的发行证券,但在资产证券化中,受托人是资产支持证券的发行者,但是受托人并无集资或调整股权结构的目的,而真正有融资目的与需求的发起人却不是证券发起人。其次,受托人作为资产支持证券的发行人,是否应当承担证券发行人的法律责任,如果承担责任,受托人却不是实际的融资者;如果不承担责任,受托人却又是资产支持证券的发行人。由受托人作为资产支持证券发起人,用通俗的话来说,有些"名不正,言不顺"的意味。

有学者研究了"建元 2005—1"案个人住房抵押贷款证券化后指出,建元案例中资产支持证券的实际发行时间要早于发行说明书所披露的特定目的信托的设立时间,也就是说特定目的信托还没有设立,就发行了资产支持证券,之所以产生这种错误,是因为对特定目的信托的性质、设立原则缺乏正确认识,没有贯彻特定目的信托的设立区分原则。② 我国《2005 建元证券化方案》与《2006 开元证券化方案》中都要求受托人向发起人支付转让信托财产的对价。有研究认为,若要求受托人向发起人支付信托财产移转的对价,一方面有违基础资产转给受托人之目的,另一方面也缺乏等价交换之商事交易基础。③

从上述分析可以发现,在我国资产证券化特定目的信托的制度构建与实践应用方面还存在着不少的问题,其中最为明显的问题是没有使信托制度与其他相关的法律制度实现完全的对接与融合,因此,在信托型资产证券化的制度构建中应当更加注重信托法律特征的应用。

(三)特定目的信托的法律主体地位与法律规制

王泽鉴先生曾指出,创设法人制度的理由主要有两个:第一,使多数人及一定财产得成为权利义务主体,便于从事法律交易;第二,将法律的责任限定于法人的财产,免使个人财产因此而受到影响。④ 特定目的信托在资产证券

---

① 杨志华:《证券法律制度研究》,中国政法大学出版社 1995 年版,第 53 页。
② 伍治良:《论特定目的信托的性质及设立原则——兼评"建元 2005—1 个人住房抵押贷款证券化方案"之缺陷》,载《法商研究》2006 年第 5 期。
③ 伍治良:《我国信托型资产证券化理论和实践之两大误区——兼评我国信贷资产证券化试点》,载《现代法学》2007 年第 3 期。
④ 王泽鉴:《民法总则》,中国政法大学出版社 2001 年版,第 147~148 页。

化中如果像美国的做法一样作为法律主体的话,那它无疑将具有王泽鉴先生所说的法人的优势。在美国,虽然特定目的信托在很多州具有法律主体资格,但是对它的规制在很多情形下也是通过信托关系的当事人如委托人、受托人与受益人等进行的。但是,作为法律主体的特定目的信托,可以实施不同于信托关系主体的行为并以自己的名义承担法律责任。

而在中国,因为不承认特定目的信托的法律主体地位,对其进行规制是以类似于对合同关系进行调整的方式进行的,也就是对于信托法律关系的主体分别进行规制。确定特定目的信托的法律主体地位,将有利于解决特定目的信托规制过程中的理论及实践问题。

首先,确定特定目的信托的法律主体地位是实现资产证券化法律规制的有效手段。商事组织通过集合人的智力要素与资本要素从而能长期从事较为稳定和较大规模的商事经济活动,基本上属于内生的诱致性的制度变迁的产物。商事组织的形式也从合伙、公司到成文法商业信托不断地演变与发展,并且"传统商业组织如合伙、有限合伙和公司等形式之间的区别只能通过历史而不是通过逻辑来解释"①。在各国企业形态法定的语境下,赋予商事组织法律实体地位可以实现对商事组织有效的法律规制,如企业登记制度和企业治理结构等规范就直接体现了法律对企业的规制。就商事信托来说,随着我国经济的发展,资本市场的作用会日渐突出,商事信托在证券投资基金、资产证券化、各种理财产品等领域应用得越来越多,社会保险事业如养老保险、医疗保险也将更多地采用信托形式。在这一背景下,研究商事信托法律主体地位的理论与实践问题对于商事信托规制有着重要的意义。

其次,确定特定目的信托的法律主体地位有助于解决规制中信托财产所有权难题。信托财产所有权问题是任何移植信托制度的大陆法系国家都要面对的问题。英美法系信托财产双重所有权这种精致的制度设计在大陆法系中因物权法"一物一权"绝对所有权观念制约已神采不再。包括中国在内的很多大陆法国家的信托法对信托财产所有权归属问题上显得有些顾左右而言他,无法确定信托财产的所有权人。具体到资产证券化等商事交易中,因为财产转移与管理的需要,就必须确定信托财产的所有人,然而因为双重所有权不能适用,适用绝对所有权又不尽合理,相应规范一直没有明确其态度,而是交给

---

① Robert W. Hamilton, *The Law of Corporations*, 4th ed, West Publishing Co. 1996, pp. 29~30.

了实践去解决。赋予特定目的信托法律主体地位，能较为合理地解决信托财产的所有权问题。由特定目的信托作为一个法律实体享有信托财产所有权，受托人根据信托文件享有信托财产的经营管理权，受益人享有受益权。结合公司的财产制度来分配信托架构下受托人与受益人权利，从而解决信托财产的所有权问题。

再次，特定目的信托的法律主体地位的确定为受托人、受益人的有限责任提供了制度保障。商事组织成员的有限责任是通过企业法人制度得以确立的。在传统信托中，如马萨诸塞州最高法院在1935年的Dolben v. Gleason案判决中指出的那样，"信托是以可证明的信托宣言创立的，它不能自己行事……受托人不能作为信托的代理人，只能作为信托的具体表现，这样缔结的合同是他的个人合同，并且负有个人责任，除非特别约定他不承担个人责任"[①]。虽然受托人的个人责任可以通过特别约定排除，但是并不是法定排除。受托人、受益人的有限责任最终是通过成文法商业信托法律主体地位的确立才得以法律上的确认的。如明尼苏达州《1961年商业信托法》第2条规定："受益权益股份所有人、受益人、股东，或受托人对此前此后组建的商业信托的债务，不承担个人责任。"《特拉华州法定信托法》第3条第(b)款规定："除非信托文件另有规定，受托人对以该身份行事的行为对法定信托和受益人以外的任何人不承担个人责任。"

反观我国《信托法》，受托人的有限责任是以信托财产进行了隐性担保，受托人因处理信托事务所支出的费用、对第三人所负之债务，以信托财产承担。我国台湾地区的"信托法"第39条也作了大致相同的规定，受托人就信托财产或处理信托事务所支付之税捐、费用或负担之债务，得以信托财产充之。以信托财产作为受托人有限责任的根据是没有多少合理性的。第一，信托财产并不是被法律所认可的法人，不是一个独立的法律主体和责任主体，受托人在此情形下承担有限责任并没有法理依据；第二，受托人以信托财产为限承担有限责任不利于相对人的债权保护，有违交易公平原则。

复次，确立特定目的信托的法律主体地位有利于信托在经济生活上的合理利用。信托在英美国家的应用多少会与规避法律的某些强制性规定存在关联，即学者所说的"脱法嫌疑"。确定特定目的信托的法律主体地位，也就是通

[①] Dolben v. Gleason,292 Mass. 511. 转引自刘正峰：《美国商业信托法研究》，中国政法大学出版社2009年版，第64页。

过企业形态法定化的路径,把信托机制所具有的灵活性以组织的形式固定下来,使信托的灵活性既能服务于商事经营活动的需要,又不至于成为规避法律的一种工具。

最后,确立特定目的信托的法律主体地位有利于降低商事交易成本。科斯早在1937年就指出,企业是对市场的部分替代,这种替代在一定程度上可以降低包括信息费用在内的交易费用。①

总之,在法律上确认商业信托的法律主体地位就会使商业信托的作用更加显性化和固定化。② 确定特定目的信托的法律主体地位,宏观地说,可以丰富我国的商业组织理论,完善商业组织体系;微观地看,它有助于解决我国信托移植过程中的许多理论与实践难题。

第三节 特定目的信托在证券化中的风险隔离功能

资产证券化作为一种结构金融形式,主要是将缺乏流动性的债权资产转换为可以流通的金融工具以进行融资,在此过程中,涉及了多个交易环节,如贷款的打包出售、信用增级、资产支持证券的发行等,在每个交易环节都会产生相应的税费支出;除此之外,对贷款服务机构、资金保管机构、受托人等资产证券化服务机构提供的服务也要支付相应的报酬,所有这些都构成了资产证券化的成本。因此,在证券化过程中,应当尽可能地降低交易成本,以便于证券化得以顺利进行。

相对于公司、合伙等企业形式,信托的设立简易便捷。按我国《信托法》的规定,只要有合法目的、明确的信托财产以及采取了书面形式就可以设立信托。信托的设立无须字号,也不必登记;信托内部治理结构简单;成立后亦无年审、年检的要求;信托终止,信托财产有约定或法定归属的,无须清算。因此,将信托作为一种特殊目的载体用于资产证券化,可以充分利用信托在设立、存续、终止方面的法律规定,达到节约交易成本的目的。

---

① [英]科斯:《论企业的性质》,载刘易斯普特曼、兰德尔克罗茨纳主编:《企业的经济性质》,孙经纬译,上海财经大学出版社2000年版,第75～98页。

② 于朝印:《论商业信托法律主体地位的确定》,载《现代法学》2011年第5期。

除了信托可以降低交易成本以外，选择信托还因为当时的法律环境限制。证券化特定目的载体通常采用公司、信托与合伙三种主要形式，但是我国在构建资产证券化制度框架时的法律环境决定了只能采用信托的形式。

我国的《公司法》只调整有限责任公司与股份有限公司两种公司形式。在2005年底公司法修改以前，有限责任公司设立的最低注册资本为人民币10万元，股份有限公司的最低注册资本为人民币1000万元，除此之外，公司设立时还有股东会、董事会与监事会等组织机构的要求。显然，公司法中的公司是一种动态的、积极的经营实体，注册资本与组织机构的要求都会无形中增加资产证券化的交易成本，它显然不符合特定目的载体作为静态、消极实体的要求。

我国的《合伙企业法》在2006年修改以前只调整普通合伙企业，并不调整有限合伙企业。在美国的资产证券化实践中，作为特定目的载体的合伙多为有限合伙形式。另外，在2008年以前我国的合伙企业还是企业所得税的纳税人，从税收的角度来看它并不能提供避免"双重征税"的机会。

其实，选择信托作为特定目的载体的形式，最主要的原因在于它的风险隔离功能。

在资产证券化的语境中，一个标准的证券化可能会产生的风险可以分成两类：资产风险与实体分险。"资产风险"是指将来还款中的固有风险，如债务人不能按时还款或不能全额还款。"实体风险"是指源自借款人的经济前景，如其一般信用评级以及借款人可能会破产。[1] 简单地说，这是存在于基础资产之上的风险，对于这种风险的防范主要依赖于贷款人在贷款过程中尽到勤勉谨慎的义务，次贷危机发生的根源就在于没有对基础资产的风险进行合规防范。

对资产证券化而言，其制度设计中的风险隔离却不在于对基础资产风险的隔离。资产证券化中的风险隔离有广义与狭义的区分，狭义的风险隔离亦有不同的理解。有学者把风险隔离理解为资产的风险隔离，是指在资产证券化过程中，将能够产生现金流的资产与发起人的财务风险相隔离，以确保资产产生的现金流，按证券化的结构设计向投资者偿付证券权益，实现资产信用的这种过程。[2] 还有学者把风险隔离主要理解成破产风险的隔离，是指特殊目

---

[1] Yuliya A. Dvorak, Trnasplanting Asset Securitization: is the Grass Green Enough on the Other Side? 38 Huston Law Review, 541, 2001, p. 550.

[2] 李公科：《论资产证券化的法学定义》，载《天府新论》2005年第11期。

的实体采取什么样的结构隔离发起人并使自己远离主要表现为破产风险的风险。① 广义的风险隔离是指特殊目的载体作为资产证券化的一种媒介所具有的隔离信用风险、经营风险与破产风险等多种风险的机制。

一、特定目的信托的破产风险隔离功能

破产隔离,是一种旨在把资产或实体与金融风险相分离的策略或商业结构。有学者从企业与投资人的角度来界定破产隔离功能,认为破产风险隔离功能是指将企业与企业的投资者的破产风险隔离开,也就是当企业破产时,风险不至于波及企业投资者,当投资者破产时,其破产风险也不至于波及企业。② 有观点指出,资产证券化实质上是围绕着破产隔离这一核心进行的交易设计,通过破产隔离而进行了风险与利益的重组。③

理解特殊目的载体发行载体所具有的媒介价值是理解资产支持证券独特性的关键。把基础资产转移给一个独立的法律实体可使企业同时实现特殊目的载体和被转移资产的破产隔离,④这是特殊目的载体这一媒介所发挥的重要功能之一。因此构建有破产隔离功能的 SPV（特殊目的载体,Special Purpose Vehcile）就成为证券化的关键。破产隔离的 SPV 是一个不可能因为其行为而破产的实体,并且是与另一个实体的破产结果适当隔离的实体。⑤

在创立破产隔离的 SPV 时主要关注以下两点:第一,作为融资基础的资产转移必须是"真实销售";第二,SPV 的活动以及它与其资产转让人的关系必须是 SPV 不可能成为自愿破产或非自愿破产的对象,在资产转让人成为自愿破产或非自愿破产的对象时,SPV 以及其资产不会与资产转让人的资产发

---

① 彭冰:《资产证券化的法律解释》,北京大学出版社 2001 年版,第 75 页。

② 胡鹏翔:《资产证券化投资者利益保护机制研究》,法律出版社 2007 年版,第 15 页。

③ 黄嵩、魏恩遒、刘勇:《资产证券化理论与案例》,中国发展出版社 2007 年版,第 17 页。

④ Kenneth M. Ayotte, Stav Gaon, Asset-Backed Securities: Costs and Benefits of "Bankruptcy Remoteness", http://www.utexas.edu/law/wp/wp-content/uploads/centers/clbe/ayotte_asset_backed_securities.pdf, visited on 2011-3-21.

⑤ Standard & Poor's, S&P's Real Estate Finance: Special Purpose Bankruptcy Remote Entities. http://www.standardandpoors.com/prot/ratings/articles/en/us/? articleType=HTML&assetID=1245338669759, visited on 2011-3-11.

生实质合并。①

可见,在资产证券化这一领域中破产隔离风险主要是指通过特殊目的载体这一机制能够使投资者免受发起人的破产风险与特殊目的载体本身破产风险的波及。要在资产证券化过程中实现此目的,主要是通过"真实销售"(true sale)的破产防护手段和特殊目的载体的构造手段实现。不过也有学者指出,把特定目的信托视为资产证券化一种当然的破产隔离方式,可能是我国当前对证券化的认识中一个最大的误区。② 当然,在存在破产法制的前提下,任何的破产隔离手段也只能从相对意义上去理解,而不能作一种绝对化的解释与构建。

(一)"真实销售"的破产防护

美国的财务准则(公告)(Statement of Financial Accounting Standard)140号有一个三步测试法来确定资产证券化交易中一项财产转移是否应当被视为销售。FASB 140号的主旨是要达到"真实销售"的标准,转让人必须放弃对被转移财产的控制,或者,换句话说,交易的安排可以使被转移的财产与转移人分离。具体来说,这个三步测试主要包括:第一,被转移财产已与转让人分离,也就是已置于转让人及其债权人的权利要求之外,甚至在转让人破产的时候亦如此;第二,受让人,或者即使受让人是公司或信托,公司或其他法律实体持有对被转移财产的所有权,每一个受益权或债权利益的持有人都可以对其所获得的受益权或债权利益等财产进行质押或交换的权利,并且没有条件限制受让人或持有人利用其权利进行质押或交换,他们不用向转让人提供任何的利益;第三,通过合同赋予转让人在财产到期前回购的权利或者回购或赎回不能容易获得的财产的权利,但是转让人并没有对被转移财产的有效控制。③

在资产证券化交易中,如果财产转移是"真实销售",财产与责任就可以从发起人的资产负债表中移出。在我国的资产证券化的实践中,没有对"真实销

---

① Sheryl A. Gussett, Bankruptcy Remote Entities in Structured Financings, 15-2 *ABIJ* (*American Bankruptcy Institute Journal*), March 1996, p. 14.

② 楼建波、刘燕:《信托型资产证券化中的破产隔离——真理还是幻象》, 载《金融法苑》总第70辑2006年。

③ Kenneth N. Klee & Brendt C. Butler, Asset-backed Securitizaiton, Special Purpose Vehicles and Other Securitization Issues, *UCC Law Journal*, Vol. 35, No. 2, fall, 2002.

售"的直接界定,但相关的法律规定也可以理解成是对真实销售的规范。财政部发布的《信贷资产证券化试点会计处理规定》(以下简称《会计处理规定》)规定,如果发起机构已将信贷资产所有权95%或者以上的风险与报酬转移,信贷资产就从发起机构的资产负债表内转出,发起机构终止确认资产。发起机构对所转让信贷资产不再具有控制权应通过两个标准来判断:第一,发起机构与被转让的信贷资产实现了破产隔离;第二,受托机构能够按信托合同约定,在没有额外限制条件下能够单独将该信贷资产出售给予其不存在关联关系的第三方。

比较之下,我国在资产转移的会计确认方面与美国的"真实销售"方面的规定大致相同,主要表现在发起人与财产的分离以及发起人放弃对财产的控制等方面。但是我国的《会计处理规定》中在确定发起人放弃对被转让信贷资产的控制方面有一个条件是发起机构与该信贷资产实现了破产隔离,对于这一规定就有些让人摸不着头脑。在美国的证券化理论研究文献中,一般的思路是通过论证"真实销售"的成立来确定应收账款或信贷资产是否达到破产隔离的标准,而《会计处理规定》却成了用破产隔离去确认发起人放弃了对信贷资产的控制,进而证成达到了真实销售的标准,这一反其道而行的规定实际上违背了正常的论证逻辑,在将来应该进行修改。

"真实销售"一旦在司法中得以确认,也就意味着特殊目的实体在其资产与相关的实体的破产实现了充分的分离,也就是就实现了破产隔离,因此特殊目的实体就不会因为相关实体的破产而成为债务人。[1]

(二)特殊目的载体构造的破产隔离功能

证券化的破产隔离功能不仅依赖于证券化资产"真实交易"这一法律手段,而且证券化的特殊目的载体的构造也是实现破产隔离的重要方面。在此所说的特殊目的载体的构造主要是指从交易结构的角度出发所作的交易结构安排,而不是指特殊目的载体自身的组织结构与形式。

在美国的证券化实践中,特殊目的载体构造的破产隔离功能主要是通过两种方式实现的。[2]

---

[1] Baxter Dunaway, *Law of Distressed Real Estate*, Thomson Reuters, 2011, Vol. 4, ch. 56.

[2] Kenneth N. Klee & Brendt C. Butler, Asset-backed Securitizaiton, Special Purpose Vehicles and Other Securitization Issues, *UCC Law Journal*, Vol. 35, No. 2, fall, 2002.

第一种就是所谓的"多层结构"。发起人通过"真实销售"把资产转移给第一层 SPV,第一层的 SPV 随后把资产转移给第二层 SPV。第二层的 SPV 接下来发行证券或债券。两次转移都可以以"真实销售"来构造以避免发起人的破产风险。但是或许没有必要把第二次转移以"真实销售"方式来实施。第二次销售可以仅为会计目的而实施销售。向第一层 SPV 的第一次转移自身就可以把资产与发起人的破产隔离,向第二层 SPV 的转移使得第一层 SPV 向第二层 SPV 的投资者提供内部信用增级。

第二种结构是所谓的"多卖方证券化管道(multiseller securitization conduit,MSC)"。MSC 使得不同的发起人通过把应收账款销售给一个已经单独存在的 SPV 以降低其交易成本。MSC 可以减少参与发起人的成本。除了低成本的优势以外,MSC 可以有效降低因为实质合并发起人出现破产的可能。然而,这一结构与把 SPV 作为破产隔离的程序正相对。它增加了针对 SPV 提起非自愿破产申请的风险,因为 MSC 与多家发起人进行交易,而发起人就可能成为针对 SPV 提起非自愿破产申请的债权人。

(三)破产司法实践对破产隔离的影响

在美国,特殊目的载体可以采取公司、信托与有限合伙等多种形式,设立特殊目的载体的目的主要在于实现证券化的破产隔离,而这一作用的实现最终还要依赖"真实销售"这一交易手段。如果没有"真实销售"的存在,特殊目的载体在证券化过程中破产隔离功能也就无从实现。

从破产法的角度看,信托并不成为一个天然的破产隔离实体。根据美国《破产法》第 109 条第(a)款的规定,只有"人(person)"才能成为破产案件的债务人。因为信托形式的 SPV 经常在证券化交易中应用,所以确定信托是否一个能合法获得破产救济的"人"就至关重要。破产法的立法史表明,"'人'不包括财产与信托"。然而,该法第 101 条第(41)款所界定的人包括"公司",第 101 条第(9)款第(A)项(v)所界定的公司包括"商业信托"。破产法没有界定"商业信托"。但是,判例法却给出了这一术语的昂贵解释,在很多情形下,商业信托包括信托型的 SPV(即 SPT)。还有许多案例表明,在确定特定目的信托是否构成破产法目的的商业信托时,基本考量是该信托是否实事上从事经营,或至少有经营或营利的目标。另外一些法院在确定特定信托是否构成破产法目的的商业信托时考虑了信托是否为了投资人或受益人的利益与营利。① 司法实践中法院通过把特殊目的信托纳入属于"公司"范畴的商业信托这一方式把特定目的信托含摄到《破产法》的规制中来,所以采用具有法律主体地位的商业信托形式作为特定目的载体的形式是不能规避破产法的规制的。

采用无法律主体地位的信托形式能否规避破产法的管辖？根据美国《破产法》的规定,如果根据破产法提起诉讼就会创立一个明确界定为财产利益(corpus or property interests)的破产财产(bankruptcy estate)。虽然破产法很少明确指出破产财产是法人,但是很多法院或学者都把破产财产看作是独立的法律实体。② 由此可以看出,特定目的载体即使采取无法律主体资格的信托等形式,但由于财产的存在,它依然会成为破产法管辖的对象。

综上所述,在资产证券化过程中,特殊目的载体是否具有法律主体地位,采用何种形式对破产隔离的影响不大,而关键在于破产隔离机制的运用。

(四)中国特定目的信托的破产隔离功能评析

在中国大陆,资产证券化的特殊目的载体只能采用信托的形式,同时相关的法律法规又不承认特定目的信托的法律主体地位。在这种情形下,特定目的信托这一构造所承载的部分破产隔离功能也就无从实现,因为不是法律主体,不管独立与否,是不可能成为破产主体的,从而它也就不可能承担一个主体所承担的破产隔离功能。因此,在我国目前的信贷资产证券化实践中,对于决定证券化成败关键的"破产隔离"制度只是通过信托财产的独立性来实现的,并没有构建特定目的载体作为实体的破产隔离制度框架。

因此,在美国证券化实践中以"真实销售"与特殊目的载体的构造所实现的破产隔离功能与我国的资产证券化流程中的破产隔离存在着较大差异。

首先,特定目的信托在不具有法律主体地位情形下的"真实销售"的实现。"销售"这一行为是发生在两个或两个以上交易主体间的行为,如果特定目的信托不具有法律主体地位,发起人转移拟证券化资产的行为也就不能使用"销售"一词了。事实上,我国的《信贷资产证券化试点管理办法》(以下简称《试点管理办法》)也确实没有使用"销售"一词来表达发起人转移资产的行为,而是

---

① Jason H. P. Kravitt, *Securitization of Financial Assets*, 2nd edition, Aspen Publisher, 2004, pp. 5~20, 1~3.

② Thomas E. Plank, The Bankruptcy Trust as a Legal Person, *Wake Forest Law Review*, Volume 35, 2000, p. 251.

使用"信托"一词来表述发起人转移资产这一行为。① 然而,银监会2008年发布的《关于进一步加强信贷资产证券化业务管理工作的通知》要求发起行要切实落实证券化资产的"出表"要求,做到真实出售,降低银行信贷风险。立法上的模糊最终被实践进行了明晰,在信贷资产证券化过程中,发起行把信贷资产转移给受托人持有,由受托人支付转让对价,成为信托资产所有人,从而完成"真实销售"。

其次,在中国资产证券化中避免破产风险的机制是什么呢?结合相关法律规定来看,主要是通过两种途径来实现的。第一,特定目的信托的非法律主体性。因为特定目的信托不是法律主体,那么它本身也就不能成为破产主体,由此来避免法律主体可能会产生的破产风险。第二,信托财产的独立性。《试点管理办法》明确规定,受托机构因承诺信托而取得的信贷资产是信托财产,信托财产独立于发起机构以及证券化各服务机构的固有财产,不管前述机构因何种原因破产,信托财产不属于其破产财产。对于信托财产独立性所起到的破产隔离功能在法理方面还需要寻找更多的法理支撑。主要原因在于:一方面,特定目的信托不是我国法律所承认的法律主体,它对信托财产不可能享有所有权;另一方面,在信贷资产证券化过程中,发起行把信贷资产转移给受托人持有,由受托人支付转让对价,成为信托资产所有人,同时《试点管理办法》规定,信托财产独立于受托机构的固有财产,受托机构依法解散、被依法撤销或者被依法宣告破产等原因进行清算的,信托财产不属于其清算财产。简单地说,中国大陆的避免破产风险的机制就是一个不可能破产的特定目的信托加上不能成为破产财产的信托财产。在这样的信托财产保护机制下,基本上可以确定地说,资产证券化的投资者是不会面临破产风险的。"即使资产支持证券要求的破产隔离在我国现有信托法律框架下不能得到明确的支持"②,投资者在中国的资产证券化领域中所面临的破产风险几乎等于零。

综上所述,我国信托资产的破产隔离并没有完善的制度支持,而是建立在不完善的法律环境中,通过一种近似"武断"的保护来实现的。

---

① 《信贷资产证券化试点管理办法》第2条对资产证券化的定义是:在中国境内,银行业金融机构作为发起机构,将信贷资产信托给受托机构,由受托机构以资产支持证券的形式向投资机构发行受益证券,以该财产所产生的现金支付资产支持证券收益的结构性融资活动。

② 韩良:《资产支持证券的流通性法律问题研究》,载《天津师范大学学报》(社会科学版)2010年第2期。

二、特定目的信托的经营风险隔离功能

设立特定目的载体,不仅要通过"真实出售"的交易技术与特定目的信托的结构设计来实现破产风险的隔离,而且还要对特定目的信托的经营范围与经营能力作出限制,以防止特定目的信托的经营活动造成收益减少或破产给投资者带来利益损害。

(一)组织文件对经营风险的隔离

在美国的资产证券化过程中,一般是通过组织文件对特殊目的载体的经营活动和范围进行限定的。为限制 SPV 从事导致另外信用风险的活动,组织文件通常把 SPV 限制在特定的目的与活动中,如购买担保财产、证券的发行,以及与这些活动有关的行为。组织文件一般会限制 SPV 承担债务的能力,以达到降低非自愿申请破产风险的目的。为了把隔离结构被 SPV 与发起人实质合并破坏的风险最小化,通常禁止 SPV 贷款与担保,保持独立的商业账册,保持独立的会计,准备独立的财务报表,避免其财产与其他任何人的财产混合,通过自己的管理人员或机构以自己企业的名义独立从事经营活动,只与关联企业从事清晰的交易(arms-length transactions)。[①]

在我国的资产证券化中,因为不承认特殊目的载体的法律主体地位,对它经营活动的规范主要表现为对特定目的信托的受托人行为规制。按照《试点管理办法》的规定,受托机构依照信托合同约定履行的职责主要有:管理信托财产,发行资产支持证券,对信托财产和资产支持证券相关信息进行披露,依照合同约定对信托利益进行分配。

(二)组织形式对经营风险的隔离

特殊目的载体通常采用的形式是公司与信托,因为都是特殊目的载体的形式,公司与信托在某些方面存在着一定程度的相似性。

商事信托拥有公司的许多特征。在财产的所有权方面,公司财产归公司所有,在信托中财产所有权由受托人享有;在集中管理方面,公司由董事会实施,信托是由受托人实施;二者的存续不被股东或权益持有人的死亡所影响;二者的受益权转让都是通过股份的转让而实现的,并且转让人都寻求个人有

---

① Kenneth N. Klee & Brendt C. Butler, Asset-backed Securitizaiton, Special Purpose Vehicles and Other Securitization Issues, *UCC Law Journal*, Vol. 35, No. 2, fall, 2002.

限责任。商事信托这些突出的特征使信托与公司非常相似,以致经常把信托看成公司,有时通过成文的规定,有时没有成文的规定。①

但是信托毕竟不是公司,特殊目的信托在隔离经营风险方面有着特殊目的公司所不具有的优势。

首先,信托法有一个基础原则:隔离要求。隔离机制把信托财产与受托人的非信托财产分开而不用把信托财产的所有权归属于一个具有法人人格的独立实体,如公司。②通过要求受托人对其自有财产与信托财产作明确区分而强化了破产机制。

其次,从治理的角度来看,商事信托被视为管理人(信托的受托人)消极的静态实体,这一点与商业公司对比鲜明,公司的经理人员则具有进攻性及利用商机的机会主义倾向,这是信托与公司之间最基本的区别。股东期待一定比率的回报来补偿他们自愿置于风险下的金钱,否则他们就不会投资,因此,对于从事商业经营的公司来说最基本的就是尽可能增加其盈利。但是,允许有破产可能的公司从事商业经营来增加其盈利不会给债权人带来好处,相反经营失败可能会带来破产风险及损失。因此,公司股东(剩余请求权人)与债权人(优先请求权人)的基本目标是相互对立的。但是对信托来说则是不同的。从历史的角度来看,信托是从无偿信托发展起来的。在公司中所看到的优先权人与剩余请求权人之间的冲突程度在无偿信托中是不可能出现的,因为在实践中,请求权的期待倾向于一致:保持信托财产的价值。另外,信托法规定了公正义务:在有两个或两个以上的信托受益人时,受托人应当公正地对待他们。实践中,商事信托同样避免在优先请求权人与剩余请求权人之间的冲突。尽管委托人的利益即剩余请求权,在理论上与受益人的利益即优先请求权是反向的(因为用以向优先请求权支付的每一个美元都会减少向剩余请求权支付的数额),但这一冲突很少成为问题。委托人——剩余请求权人,不像公司股东,一般对于其请求并不期待风险加权回报;相反,其商业目标只是保留信托财产上的任何剩余价值。只要没有第三方剩余投资人,商事信托就不会有像公司一样必须盈利的经济压力。但是,公司的优先请求权人与剩余请求权

---

① State Street Trust Company & Others v. John L. Hall & Others ,311 *Mass.* 299; 1942 *Mass.* ,pp. 302~303.

② John H. Langbein,The Secret Life of the Trust:The Trust as an Instrument of Commerce,107 *Yale L. J.* 165,October,1997,pp. 179~180.

人就存在重大的分歧:股东要求增加盈利,而不是仅仅保持公司的价值;但债权人关注的是为实现盈利所冒的风险可能会导致公司的破产。这一分歧会使公司的公正义务难以实施。作为公正义务的替代,公司法要求,在不破产的情况下,经理人对剩余请求权人即股东负有义务。这就意味着,在商业组织的剩余请求人不期望管理层在面对优先请求权时优待其请求的情形下,信托形式是有助益的。证券化交易例证了表面看来信托与公司作为商业组织的互换性。但是,从上述框架的角度来看,信托与公司并不总是能互换的,而是与交易的基础商业目的相关的。①

对经营风险的隔离不仅是对破产风险的隔离,也包括对其他经营风险如经营亏损、经营负债等风险的隔离。

三、特定目的信托的信用风险的隔离功能

在资产证券化领域中,信用风险主要是作为证券化基础资产所面临的借款人不能按时或全额偿还贷款的风险。这种风险的威力在刚刚发生的金融危机中已经得到空前绝后的验证,并被很多学者认为是引发金融危机的主要原因之一。从证券化的交易结构和金融危机的成因来分析,包括特定目的信托在内特定目的载体的信用风险隔离功能存在着明显的缺陷。

美国次贷危机的发生存在宏观、微观多方面的原因。仅从证券化角度来分析,作为证券化发起机构发起人的贷款机构在贷款过程中,没有对贷款对象进行严格审查,甚至向"三无"人员贷款。贷款机构在贷款时之所以不进行严格审查,主要原因是在资产证券化这一结构金融交易中,贷款机构在把贷款打包销售以后也把贷款上的信用风险转移了。没有利益制约下的风险转移最终引发了道德风险的产生。② Holden Lewis 指出,道德风险是指当人们在以某种方式得到保护或保障时会如何轻率行事。房屋抵押贷款标准变得不严格是因为抵押贷款的每个环节在获取利益的同时都会认为它会把风险传给下一个

---

① Steven L. Schwarcz,Commercial Trust as Business Organizationsa: an Invitation to Comparatists,*Duke Journal of Comparative & International Law*,Vol. 13:321. Special Issue 2003,pp. 328~333.

② 于朝印:《金融危机后的资产证券化法律监管》,载《金融发展研究》2011 年第 9 期。

环节。① Nouriel Roubini 则指出，危机发生的原因是很多泡沫破裂的结果，其中把房屋抵押贷款及其他贷款转化成复杂的、有毒的和破坏性的金融工具的证券化产品就是其中的泡沫之一。②

在资产证券化这一结构化金融交易中，其交易结构中对破产风险的隔离比较健全，然而信用风险的隔离就成为一个薄弱环节。并且在某种程度上说，危机前的证券化交易结构加剧了贷款中的道德风险，因为信贷资产上存在的信用风险在没有制约机制的情形下，贷款机构作为发起人可以通过证券化交易把借款人不能如约还款的风险转移给投资者，贷款机构在贷款时对借款人的还款能力已不再关心了。

针对证券化领域中的道德风险，有关国际组织提出了针对性的治理建议。国际证监会组织（International Organisation of Securities Commissions，IOSCO）发布《对证券化市场与CDS市场的最终监管建议》，指出为了使证券化价值链条中各方的利益适当一致，建议考虑发起人与/或保证人（sponsor）长期保留证券化的风险。③ 2009年10月国际货币基金组织（International Monetary Fund，IMF）发布《全球金融稳定报告》，也提出建议要求更多的证券化主体受到利益制衡，以确保有主体对勤勉的贷款承销与监管承担责任。④

在金融危机的发生地美国，2010年7月通过了《金融改革法》。其中规定，如果企业把按揭抵押贷款打包成投资工具，那么企业在其账册上至少应保留这些投资工具5%的风险。

上述国际组织与美国立法中所采用的风险保留机制是应对证券化领域中道德风险的有效手段，它可以在一定程度上维护证券化的交易安全。因为风

---

① Holden Lewis，Moral Hazard Helps Shape Mortgage Mess，http://www.bankrate.com/brm/news/mortgages/20070418_subprime_mortgage_morality_a1.asp?caret=3c，visited on 2011-6-7.

② Nouriel Roubini，Warning：More Doom Ahead，http://www.foreignpolicy.com/articles/2009/01/05/warning_more_doom_ahead，visited on 2010-03-24.

③ IOSCO/MR/17/2009 Madrid，4 September 2009，IOSCO Issues Final Regulatory Recommendations on Securitization and CDS Market，http://www.iosco.org/news/pdf/IOSCONEWS165.pdf，visited on 2011-3-3.

④ International Monetary Fund，Global Financial Stability Report：Navigating the Financial Challenge Ahead，Oct，2009，pp.93～101，http://www.imf.org/external/pubs/ft/gfsr/2009/02/pdf/text.pdf，visited on 2011-2-28.

险保留，贷款机构在发放贷款时就会更加注重贷款人的信用历史和还款能力的审查，保证贷款的质量，从而实现了证券化贷款机构、发起人与投资者的利益一致，实现了权益制衡，可以在一定程度上防止道德风险的发生。

相对于风险保留机制，我国《试点管理办法》第14条规定的隐性合同担保机制可以更有效地防范道德风险的发生。该条规定，在信托合同有效期内，受托机构若发现作为信托财产的信贷资产在入库起算日不符合信托合同的约定，应当要求发起机构予以赎回或置换。

对于特定目的信托而言，防范证券化交易中的道德风险是建立信用风险隔离机制的核心。

四、对特定目的信托风险隔离功能的分析

在资产证券化中通过设立特殊目的信托所实现的风险隔离功能，因为其隔离的风险类型不同，所起到的作用与社会效益也不尽一致。对于特殊目的信托通过组织文件或组织形式来规范、限制经营活动所起到的风险隔离功能，对于证券化的相关各方，特别是对于投资人来说，因其有力地保障了投资人的权益，具有重要意义。但是对于特殊目的信托所起到的风险隔离功能却应当辩证地看，并不是特殊目的信托的风险隔离功能越发挥到极致越好。

（一）风险隔离是分散了分险而不是消灭了风险

对于对特殊目的信托风险隔离的作用，学者之间有不同的看法。有学者认为，资产证券化交易可以"构造成减少或重新分配内含于基础资产或以基础资产为抵押进行贷款的风险"。通过证券化，抵押贷款的发起人可以迅速地将其资产卖掉并将所得款项用作新贷款的资金，由此减少或消除了应收账款所产生的不能回款的风险。[①] 这种观点只是单纯地从发起人的角度出发，可以概括为"风险的减少与消除"说。有学者从其他的角度对破产隔离的作用进行了分析。证券化把发起人将来的现金流转化成当前的现金支付，它可以把小额资产汇集起来组成大规模的基金，并把风险分散到大规模的组合贷款消费者身上。[②] 这种观点实际上是种"风险转移"说，也就是说，从更大的范围来

---

① Joseph C. Shenker & Anthony J. Colletta, Asset Securitization: Evolution, Current Issues and New Frontier, 69 *Tex. L. Rev.*, 1991, 1369, pp. 1374~1375.

② Greg Zipes, Securitization: Challenges in the Age of LTV Steel Company, Inc., 2002 *Ann. Surv. Banker. Law.* 105, p. 100, 2002.

看,风险只是时空上发生了位移,并没消除或减少。其实两种观点并没有实质上的冲突,只不过是对风险分析的角度有所区别而已。还有一种观点更值得我们关注。该观点认为,分配风险是资产证券化的另外一个优势。资产向SPV"真实销售"使这些财产与发起人的一般风险相隔离,包括破产。不过,发起人所内存的风险可能没变,资产证券化可能只是单纯地重新分配对发起人一般债权的风险,而不是减少或消除风险。资产证券化可能会减少SPV投资人的不获偿付的风险,但是它可能会增加发起人一般债权人不获偿付的风险。[1] 这种观点可以概括为"风险零和"说,可以理解为,从投资者与发起人一般债权人角度来看,一方的风险减少了,可另一方的风险增加了,实际上,风险的总量并没有变,是一个风险的零和游戏。

综合三种观点来看,可以看出,对于基础资产来说,证券化的风险隔离只不过是对基础资产上的风险的再分配而已。

同时,世界货币基金组织的报告指出,证券化设计中的风险隔离没有预期的那样好。在世界各地,银行自身依然大额持有这些基础资产的信用风险,不管是直接的还是间接的。例如,在2006年末的高峰期,在次贷市场上,银行占据所有金融机构(金融机构包括银行、对冲基金、保险公司、金融公司、共同基金和养老基金)市场参与度的51%。一种情况是银行持有它们认为风险最小、建立在高度多样化的贷款池的运营上的(优先)证券,另一种情况是银行购买了其他银行发起的证券化产品。银行还间接暴露在它们证券化的贷款风险下,这些贷款是通过ABCP管道的支持和结构化投资载体(structured investment vehicles,SIVs)进行证券化的,伴随贷款的风险也随之转移了出去。在SIVs中,银行在某些情况下,根据风险已经广泛分散的假定,直接持有这些载体却没有应有的谨慎。对这些管道和载体来说,透明的市场条件和低利率,在短期批发资本市场中为其长期资产融资看起来是有利可图和安全的。然而,当这些融资资源耗尽时,发起银行就必须介入,提供援助资金,通常是高成本的,来弥合到期的错配。[2] 可以确定地说,如果银行业不仅作为证券化的发起人,同时还是证券化的投资人的话,那么证券化的风险分散假定实质上是在银

---

[1] Kenneth N. Klee,Brendt C. Butler,Asset-backed Securitizaiton,Special Purpose Vehicles and Other Securitization Issues,*UCC Law Journal*, Vol. 35,No. 2,fall,2002.

[2] *Global Financial Stability Report*,Oct. 2009,p. 85,http://www.imf.org/external/pubs/ft/gfsr/2009/02/pdf/text.pdf,visited on 2011-3-3.

行间的风险的重新分配而已。

如前文所述,以特殊目的载体为中心环节的证券化结构并没有能够隔离贷款中的道德风险,相反而是把原本由贷款经纪人或贷款人承担的风险转移到了证券化中的投资者,虽然相关的国际组织和美国采取了相关的风险保留机制,但是诚如有学者指出的,风险保留的规模与方式对于勤勉的激励是关键的,这表明已采取的风险保留机制可能过于简单了。事实表明,最适宜的风险保留机制,主要取决于资产池质量与证券化期间对经济条件合理预期等基本因素,以此决定保留哪些证券及应当保留多少。在贷款质量高或经济形势好的情况下保留权益证券是个有用的激励机制,但在衰退的环境中贷款资产组合质量低的情况下,则另当别论。因为权益证券是资产组合运行不良时第一个吸收损失的,但如果资产组合运行得的确太差,权益证券就起不到激励作用。因此,在经济很可能衰退时,一个被迫保留暴露在低质量贷款组合风险下的权益证券主体,就不存在勤勉地检查和监督基础贷款的激励,因为不管怎样勤勉地检查和监督,权益证券的持有人利益都不可能实现。因此,证券化主体检查和监督的激励就需要通过持有另一个高层级的证券来实现,如中间级证券。[1]

(二)特殊目的信托应当从利益平衡的角度进行构造

前文已指出,对于特殊目的信托所起的破产隔离的功能,只不过减少了投资人的风险,但同时增加了发起人、债权人不获偿付的风险。在这个意义上来说,应当从更宽的视野对破产隔离的作用进行审视,对破产隔离的利益保护功能不能仅仅局限于对特殊目的信托的投资人的角度,发起人的一般债权人利益同样是构造证券化特殊目的信托结构时应当平衡兼顾的。只有这样,证券化制度的合理性与公正性才能在更大范围内得到承认。

在美国的证券化司法实践中,这种利益平衡是通过《破产法》中的重新定性与实质合并来实现的。

1. 重新定性(recharacterization)

在证券化的语境中,"真实销售"一直被界定为"一项当事人表明意欲买卖的金融资产转让,伴随所有权的所有利益与风险都以公平的价值进行转

---

[1] Global Financial Stability Report, Oct. 2009, p. 101, http://www.imf.org/external/pubs/ft/gfsr/2009/02/pdf/text.pdf, visited on 2011-3-3.

移"①。如果发起人与特殊目的信托之间的金融资产转移被法院认定为真实销售,那么投资人就不会再面临发起人破产的风险了。然而,对于真实销售,如有些学者感叹的一样,"真实销售,就像真爱,多被追求但可悲的是难以捉摸。(True sale,like true love,is much pursued but sadly elusive.)"②"界定真实销售就是证券化市场的圣杯"③。在司法中,几十年来涉及真实销售问题的案例就很少,而且那些案例还明显的不一致,以至于有些法官举手认输,并说先例处于这种状态,他们可以抛硬币来作判决了。④

因为在证券化过程中,发起人向特殊目的载体转移基础资产的过程一般都是以销售的形式进行的,如果法院认为基础资产的转移不是销售,而是有担保的贷款,那么法院就要对发起人向特殊目的载体进行的"销售"进行重新定性。

有学者曾经从历史的角度对重新定性的源起及功能作过详细的考察。重新定性的起源与不动产抵押的起源密切相连。在中世纪的英格兰,在抵押的概念出现以前,如果土地的主人想用土地作担保来筹款,他会与买方就土地订立合同以换取议定数目的金钱。如果卖方能在议定的法定还款日(law day)向买方支付特定数目的金钱,所有权会回复给卖方。有时出现的结果是,如果因为任何原因卖方不能在法定还款日支付款项,他会失去在土地上的所有权益。普通法法院按合同的条款强制执行,但是衡平法院开始参与进来改善对债务人的惩罚性后果。随着时间的流逝,衡平干预变得越来越广泛,最后的结果是以抵押的后决条件来承认合同。开始,衡平干预采取的形式是允许债务人延后支付,只要他未按约履行有充分的理由。然而,到16世纪末,债务人事实上可以在法定付款日后的合理时间内通过偿付债务与利息来赎回土地。这项权利后来演变为债务人的"衡平赎回权",经过一段时间之后,这项权利不仅意味着可以迟延支付的人身权利,还意味着卖方在土地上拥有相当于所有权

---

① Peter V. Pnataleo et al. ,Rethinking the Role of Recourse in the Sale of Financial Assets,52 Bus. Law. 159,p. 1996,159.

② Kenneth C. Kettering:True Sale of receivables:a purposive Analysis,16 Am. Bankr. Inst. L. Rev. 511,p. 515.

③ Peter V. Pantaleo et al. ,Rethinking the Role of Recourse in the Sale of Financial Assets,52 BUS. LAW. ,1996 pp. 159,p. 161.

④ Kenneth C. Kettering:True Sale of Receivables:a Purposive Analysis,16 Am. Bankr. Inst. L. Rev. ,pp. 511~512.

权益的持续财产权,直到赎回的权利终止才灭失。①

但是,重新定性在美国却是一个颇具挑战性的问题。

首先,在立法的角度上并没有对重新定性作出明确的规定。对于特定的应收账款的转移是销售还是有担保的贷款,《统一商法典》(UCC)第9条并没有对此进行区分而是把这一任务交给了法院。然而这一区分对于证券化来说是关键性的。如果交易具有担保融资的特征,也就是发起人从SPV借到款项并把证券化资产作为担保物抵押给SPV,但依然保有对该资产的权益,发起人的债权人根据《破产法》第541条的规定,主张这部分财产是发起人的破产财产,以寻求重新获得这部分财产。因为发起人的破产财产是由法定和衡平利益来界定的,法院对于销售与担保贷款问题的裁定影响到破产发起人财产的多少。如果法院确定交易为"真实销售",那么SPV就会保留在资产上的所有法定和衡平利益,法院就不会把证券化资产包括进发起人的破产财产。相反,如果法院认为财产转移构成担保贷款并导致一项从未实现的担保利益,受托人就可以避免根据《破产法》第544条第(a)款所规定的担保利益。这基本上避免了财产转移,并且把财产上的法定与衡平利益重归于发起人的破产财产。相应地,SPV就成为发起人的在证券化资产上有担保利益的债权人。如果担保是正当形成的,那么担保利益的优先权在破产中是得到尊重的,但是有担保的债权人取回财产则要受破产程序的拖延。②

其次,在学术研究领域中,有学者指出,重新定性的几个原则几个世纪来能存在并发展的原因是有一般共识的,那就是衡平法院非常不情愿去遵守一个惩罚不能按约履行的没收约定。在这种背景下,没收或可能的没收就会产生对交易的强制履行,该交易允许融资人可以保留其价值可能会超过基础债务的财产的全部价值。因此,在UCC第9条的结构中并没有提供很充分的理由说明应收账款销售的重新定性应由一个与从反没收原则(antiforfeiture)发展起来的原理不同的标准来调整。如果把应收账款的销售重新定性为担保贷款理解为反没收原则的实现,那么它的适用就比它在许多现代案例中应用的范围要窄得多。此外,对重新定性目的的这种理解,揭穿了卖方对已出售的应收账款采取救助就是重新定性的原因这种观点。对卖方的救助与重新定性

---

① George E. Osborne, *Handbood on the Law of Mortgages*, West 2d ed.,1970.

② Kenneth N. Klee, Brendt C. Butler, Asset-backed Securitization, Special Purpose Vehicles and Other Securitization Issues, *UCC Law Journal*, Vol. 35, No. 2, fall, 2002.

无关，因为救助的存在与在卖方不能按约履行所存在的潜在没收没有关系，并且后者才是重新定性原则所要关注的。据此认为，在应收账款销售重新定性方面作为先例援引的案例 Major's Furniture Mart, Inc. v. Castle Credit Corp. 案①的判决是错误的。鉴于法院在重新定性应用方面的无原则性，有理由对重新定性的合理性提出质疑，认为把销售重新定性为担保贷款可以合理地理解为这是对债务人对担保贷款不可放弃的衡平赎回权这一原则的辩护。若问重新定性在规范意义上是否合理，就是等于在问债务人在担保贷款上不可放弃的赎回权是否在规范意义上合理一样。②

再次，重新定性在证券化的司法实践中的应用饱受学界质疑。在美国，证券化中"真实销售"的不确定性的原因主要在于法院对重新定性应用的不统一。

由于重新定性在司法适用中存在着许多的不确定性，因此美国有 9 个州已经制定了排除对销售重新定性的有更广泛适用性的成文法。这些立法分成两类。最早的是由德克萨斯州于 1997 年制定并很快被路易斯安那州所效仿的立法，它是对排除应收账款销售重新定性的统一商法典的修改，不管销售是否与证券化交易有关，只要没有欺诈或故意误述，就不对应收账款进行重新定性。另一种类型则表现在其他 7 个州的立法中，最早由俄亥俄州于 2001 年制

---

① Major's Furniture Mart 涉及一个家具零售商 Major's，它把一系列包括应由零售的消费者向 Major 分期付款的销售合同的应收账款卖给了金融机构 Castle。卖给 Castle 的每一笔应收账款的价格是未支付的面值，减去未取得的利息，15% 的折扣，还有 10% 由 Castle 不计利息地在公积金账户里持有。除非 Castle 愿意，它没有义务购买任何的应收账款。销售中，对 Major 有完全的追索权，追索是通过购买合同中几个交错的条款实现的：Major 担保每一笔应收账款按时收取，Castle 有权从储备账户中提取还款人没有支付的款额，Major 还应当根据合同回购违约的应收账款，应收账款的利率比折扣要高，但是双方的合同却没有规定由 Castle 收取的超过折扣部分退还给 Major。如果没有回购，收取的所有款项都归 Castle 所有。根据这一合同，按月销售两年后，Major 不再向 Castle 销售应收账款，而是采用了起诉 Castle 这一更有利的策略，根据的理论是每一次销售都应当被重新定性为 Castle 向 Major 以应收账款为担保的贷款，本金数额等于 Castle 为应收账款向 Major 支付的购买价格，加上利息，因此，Major 就获得了要求 Castle 归还收取的超过这一数额的款项的权利。第三巡回法院维持了一审法院支持 Major 请求的简易判决，认为应收账款的销售应当被重新定性为担保贷款。

② Kenneth C. Kettering: True Sale of Receivables: a Purposive Analysis, 16 *Am. Bankr. Inst. L. Rev.* , pp. 526~527, 2008.

定的,但是一般认为特拉华州的立法是该类型的代表。它们是单独的成文法,排除了对任何财产销售的重新定性(而不像德克萨斯州仅限于应收账款),销售仅限于证券化交易中。两部特拉华州型的成文法甚至进一步限定于由被保险的存款机构进行的销售。

但是,一个融资者在构造证券化交易时如果对这些州的反重新定性立法太过相信的话就错了。首先,起草一般适用的反重新定性成文法至少是漏洞百出。例如,德克萨斯州型的成文法规定反重新定性在"误述"的情况下不适用,法院可以轻易地得出结论,如果没有成文法,以销售命名的特定交易就会被重新定性,那么把交易命名为销售就是误述,因此使得成文法不能适用。这些州的反重新定性的成文法对于证券化业者的作用被对交易规范定性的法律选择规则所损害,这些规则是根本没有确定并且是错综复杂的。证券化的当事人同意交易中的应收账款的销售适用 X 州的法律,该州可以适用反重新定性的成文法,如果该交易在诉讼中法院裁决适用没有反重新定性的成文法的 Y 州的法律,那么双方对于反重新定性的规则选择就等于零。① 因此,州制定的反重新定性的成文法并没有排除重新定性对证券化"真实销售"的不确定影响。

虽然重新定性在司法适用中会得到不正确的运用,甚至误用,增加了证券化交易的不确定性,但是从发起人的债权人与证券化投资者的利益平衡角度来看,重新定性就像药物,虽然有副作用,但依然是治疗疾病的选择。

2. 实质合并

实质合并是破产法中非常有力的工具,借此,一个或多个实体的财产与责任为破产目的被联合起来视为属于一个实体。这是由《破产法》的第 105 条第(a)款授予破产法院在追求公正与衡平的结果方面非常大的自由裁量权。②

实质合并主要是针对实质上已经偏离公平借贷的行为,因为破产法院是衡平法院,它可采取的有效救济措施包括"使破产前的欺骗性或优先性的财产转移无效;如果子公司只是母公司的'另一个自我'时'刺破公司面纱'的能力;以及在不当行为中对权利主张或权益进行重新排序的权力"③。

---

① Kenneth C. Kettering: True Sale of receivables: a Purposive Analysis, 16 *Am. Bankr. Inst. L. Rev.* 511, pp. 517~522.

② J. Stephen Gilbert, Substantive Consolidation in Bankruptcy: A Primer, 43 *VAND. L. REV.* 1990, 207, p. 208.

③ Ross S. Barr & Mark G. Douglas, When is it Too Late for Substantive Consolidation? http://www.jonesday.com/pubs_detail.aspx?pubID=S3756, visited on 2011-4-13.

因为实质合并原则是种极端的救济,"这种权力应当谨慎的行使,并且必须根据具体情况以满足每个特定案件的需求"①。

具体到证券化领域,实质合并主要适用于发起人存在掠夺性贷款的情况下。掠夺性贷款人,他们的行为是"真实的、无处不在的和破坏性的……在破产的边缘运营,不管什么时候,只要压力足够大,它很快就会打理一下并继续进行。这是可能的,因为在今天的市场中,抵押贷款的发起人和经纪人很快就会通过复杂的晦涩的系列交易转移出去……"②

因为掠夺性的贷款的大量出现,破产法院结合对破产抵押贷款发起人所提起诉讼的管理,可以实施它们的衡平权力,并使很少一部分经过选择的与特定类型的掠夺性次级贷款的发起人对他们的掠夺性贷款发起负责。通过实质合并掠夺性的次级贷款发起人与他们附属的 SPE,主张衡平的法院要提升社会所需要的政策辩护,以约束不公平的掠夺性的借贷行为。结果是,承受了合并损失的投资人就不再可能把投向持有掠夺性非法情形下发放贷款的 SPE。如果两个实体间存在足够的"利益一致"应当合并时,基于衡平的平衡,法院认定抵押贷款公司已经从事发起非法的掠夺性贷款,这些贷款由知情的或应当知情的投资人进行证券化并投资于此,而且恶意地从非法的掠夺性发起行为中谋利,破产法院就应当把次级贷款的发起人与其附属的 SPE 进行实质性合并。③

因此,在美国,无论证券化业者如何进行破产风险隔离的设计,像有学者所说的一样,创设一个真正完全防止破产的实体是不可能的。④

对照美国在证券化领域中重新定性与实质合并等破产法上的原则的适用,如前文所述,我国的证券化法律架构中已基本上排除了破产的可能性。这样虽然有利于证券化投资者的利益保护,但它并没有实现相关权利人利益的平衡保护。另外,有学者结合我国《信托法》《破产法》进行分析后,指出以信托

---

① Nickless V. avnet,Inc. ,310 B.R. 485,p.490.

② Christopher L. Peterson, Predatory Structured Finance, 28 *Cardozo L. Rev.* 2007,2185,p. 2189.

③ Ryan E. Scharar, The Limits of Securitization: Why Bankruptcy Courts Should Substantively Consolidate Predatory Sub-Prime Mortgage Originators and Their Special Purpose Entities, 2008 *MICH. ST. L. REV.* ,2008,913,pp. 916~918.

④ Greg Zipes, Securitization: Challenges in the Age of LTV Steel Company, Inc. , 2002 *Ann. Surv. Banker. Law.* ,2002,p. 105,p. 109.

方式进行资产证券化被视为一种当然的破产隔离方式,可能是我国当前对证券化的认识中一个最大的误区。① 也就是说,依据《信托法》的理论构建的特定目的信托并不能绝对地隔离破产风险。因此,证券化不应当、也不可能构造成一个绝对隔离风险的领域。

还需要指出的是,风险隔离的过度宣传更容易导致该市场的非理性发展,因为风险没有消除与减少,只是从一方转移到了另一方,进入市场的投资者越多,承担风险的主体就会越庞大,市场的潜在危险就会越多。

本章小结

1. 在美国,特定目的信托属于商事信托的范围,可以采取设立人信托、所有人信托或成文法商业信托等形式。其中,成文法商业信托在美国许多州是具有独立法律主体地位的法律实体(legal entity)。在中国大陆,特定目的信托不具有法律主体地位,只是作为证券化的一种交易结构存在。因此,就"商业信托"与"特定目的信托"两个术语而言,在中、美两国的法制语境中是存在很大差异的。

2. 在美国,对于特定目的信托的规制,存在以其作为法律主体进行规制以及以其为非法律主体进行规制两种方式。而在中国,因为不承认特定目的信托的法律主体地位,对其规制是以类似于对合同关系进行调整的方式进行的,也就是对于信托法律关系的主体分别进行规制。从长远来看,赋予特定目的信托法律主体地位并以此为基础进行规制是证券化健康发展的必然选择。

3. 特定目的信托能较好地实现破产风险、经营风险与道德风险的隔离。但是它的风险隔离功能是相对的。对于基础资产来说,证券化的风险隔离只不过是对基础资产上的风险的再分配,并没有消除或减少风险;以特殊目的载体为中心环节的证券化结构并没能隔离贷款中的道德风险,相反,而是把原本由贷款经纪人或贷款人承担的风险转移到了证券化中的投资者。因此,应当从更宽的视野来审视特定目的信托的风险隔离功能。对于中国大陆的特定目的信托来说,基于利益平衡的需要,不能把它构造成一个不能破产的机制。

---

① 楼建波、刘燕:《信托型资产证券化中的破产隔离——真理还是幻象》,载《金融法苑》总第 70 期。

The Legal Regulation of Special Purpose Trust

第二章
特定目的信托设立的法律规制

信托因类型不同而导致其设立的法律规制有所差异。对于传统信托而言,设立是普通的民事法律行为,大多只要满足"三个确定性"的要求即可;美国的商业信托设立,实际上更像一个普通商事组织的设立;对特定目的信托的设立进行单独的法律规制,则多出现于移植了英美国家的信托制度并以信托来建构特殊目的载体的国家中。

信托制度从民事领域向商事领域的延伸导致了法律对信托规制的变化。当信托作为一种商事工具应用于经济生活时,法律对它进行规制的一个主要原因就是出于对经济安全与交易安全的考虑。

第一节 传统信托的设立规制

一、信托的设立形式

对于信托的设立,英美法系基本上采取不要式原则,即对信托的设立没有特别的形式要求。虽然在大多数情况下当事人是以书面形式设立信托的,但是从理论上说,委托人可以通过遗嘱、契据、合同(包括书面与口头合同)、行为等方式设立信托,甚至委托人的一句话、一个便条、一个行为都可以有效地设立信托。① 信托在英美国家是受衡平法调整的,然而"衡平法注重的是实质而不是形式,只需要委托人清楚地表明了设立信托的意图"②。因此信托设立方

---

① 何宝玉:《信托法原理研究》,中国政法大学出版社 2005 年版,第 83 页。
② Richard Edwards & Nigel Stockwell, *Trust and Equity*, 5th Edition, Pearson Education Limited, 2002, p. 81.

面并不注重采用了哪种形式。

我国《信托法》规定,设立信托,应当采取信托合同、遗嘱或者法律、行政法规规定的其他书面文件等书面形式。对于设立信托的书面要求,是符合信托在我国民事领域的实践状况的。在普通民众还不清楚信托是何物的情况下,像英美法院那样倾向性地承认信托的设立并不符合中国的实际。英美法系国家的民众对于从 13 世纪开始发育起来的信托制度的熟悉,远非移植信托制度的中国人能比,通过书面形式的要求来确定其设立信托意图的真实性是有效而符合实际的选择。

一般而言,信托主要可以通过合同、遗嘱与信托宣言三种方式来设立。①

(一)合同

合同是主体设立、变更、终止民事权利和义务的协议。虽然对于信托的本质有着"合同说"与"财产说"的争议②,但是在当前社会以合同作为设立信托的一种方式则是争议不大的一个问题。

Langbein 在文章中曾明确指出,信托在起源于 14、15 世纪作为财产转移工具,而到现代作为管理金融资产的机构,其优势与作用已经发生了根本性的变化。从 17 世纪末期开始到 20 世纪初期,由于对不动产转移的封建限制逐步消失,财产转移型信托亦逐步减少。伴随着信托功能的变化,信托已经成为金融财产的一种管理工具。管理信托是家庭不动产作为财富主要形式发生巨

---

① 有学者认为,信托的设立方式可分为:因法律行为而设立、基于信托宣言而设立、基于法律规定而设立与基于法院推定而设立。(参见施天涛、余文然:《信托法》,人民法院出版社,1999 年版,第 66~71 页。)本书认为,信托的设立是委托人基于一个目的而使信托产生的积极主动的法律行为,是其真实内心意思的外在表示,而基于法律规定而设立与基于法院推定而设立很多情形下根本不是委托人的真实意愿,因此,本书认为这两种情形所导致的信托产生不属于信托设立的范畴。

② Frederic W. Maitland 是最伟大的普通法学者,他认为信托是一个"交易"(bargain),尽管信托出现在向受托人转移财产时,但是它却源于一项协议。"对于我们来说,界定一个合同的定义却不包括 99%的信托据以产生的行为,那是完全不可能的。"而 Scott 于 1917 年在《哥伦比亚法律评论》上发表文章反对信托的合同说,他认为,尽管在设立用益或信托时经常会发现设立合同时的所有要素,但是用益或信托的设立……作为一种法律事务,它与合同的设立是截然不同的。同时,Scott 的观点为美国《信托法重述》(第 2 版)所采纳。参见 John H. Langbein, The Contractarian Basis of the Law of Trusts, 105 *Yale L. J.*, 1995, pp. 644~645.

大变化背景下的回应。① 可以看出,财产形式的变化是引起信托功能改变的主要原因之一。

合同作为设立合同的方式一般适用于生前合同。移植信托制度的大陆法国家,如日本、韩国都普遍承认合同是设立信托的方式,但我国《信托法》明确规定只能采用书面合同的方式设立信托。如果以合同方式设立信托,当然适用《合同法》的相关规定,但是,信托合同与普通的合同也有些明显差异的地方。一般的合同,要求当事人之间应当支付对价,即合同都是有偿的。而信托合同在未作约定的情况下,是委托人单方面交付信托财产,并不要求受托人支付对价;受托人履行对信托财产的管理义务,属于单务的和无偿的。②

(二)遗嘱

遗嘱是立遗嘱人在生前依法处分其遗产并在其死亡时发生法律效力的单方法律行为。遗嘱可以采取书面方式也可以采用口头方式,大多数国家的法律都允许以上述两种方式设立信托。但是我国《信托法》明确规定,以遗嘱方式设立信托必须采取书面方式。

不同于契约信托,遗嘱信托是一种因死亡的发生才会生效的信托。在立遗嘱人死亡前,遗嘱信托处于成立而未生效的状态,立遗嘱人可以变更、撤销遗嘱,因此,遗嘱信托也可以为立遗嘱人变更或撤销。但在契约信托中,除非委托人在合同中明确保留了变更权或撤销权,否则不能变更或撤销信托。

(三)信托宣言

信托宣言是指委托人公开对外宣布,以自己的部分或全部财产作为信托财产,由其作为受托人而为他人利益持有、管理信托财产。以信托宣言的方式设立信托与遗嘱信托一样也是一种单方法律行为,但是宣言信托与契约信托、遗嘱信托不同的是,前者是一种两方当事人信托,因为委托人与受托人身份合一,而后两者产生的是三方当事人信托;另外,在宣言信托中,不发生财产的转移,而在契约信托与遗嘱信托会发生财产的转移。

基于上述原因,包括我国在内的大陆法系国家普遍不承认以宣言方式设

---

① John H. Langbein, The Contractarian Basis of the Law of Trusts, 105 *Yale L. J.*, 1995, pp. 632~636.

② 《中华人民共和国信托法释义》, http://www.npc.gov.cn/npc/flsyywd/jingji/2003-11/14/content_324176.htm, 下载日期:2011 年 4 月 11 日。

立信托。① 但是我国台湾地区则有限制地承认了以宣言方式设立信托的方式。台湾地区"信托法"第71条规定,经目的事业主管机关许可,法人为增进公共利益,得经决议对外宣言自为委托人及受托人,并邀公众加入为委托人。

另外,在我国《信托法》中还规定可以以其他书面文件设立信托,其他书面文件可以是人民法院的判决,或者信件、电报、电传等有形载体。

二、信托的设立条件

信托的设立需要具备一定的条件,英美法的学者一般把设立条件概括为"三个确定性":委托人设立信托意图的确定性、信托财产的确定性与受益人的确定性。

(一)委托人设立信托的确定意图

对于意定信托而言,委托人设立信托的确定意图是必须具备的条件。而对于法定信托(statutory trust)②而言,则无须委托人的意图。

在意定信托中,委托人必须清晰地表明设立信托的意图。但是在确立委托人的意图方面各国的做法却不尽一致。在英美国家,确定一个人设立信托的意图的标准是非常宽松的,即使一个人没有使用信托的字眼,法院也会通过行为等其他标准来确立他设立信托的意图。Megarry J's法官在 Re Kayford [(1975)1 All ER 604]一案中指出:"很明确,信托可以在不使用'信托'、'信任'或相似词汇的情形下设立,问题是实质上一个充分设立信托的意愿是否已经表达出来。但是,如果表明其他意愿的字眼使用了,如赠与的意愿,那么这种意愿就不能解释成信托。"在 Paul v. Constance[(1977)1 All ER 195]案

---

① 何宝玉:《信托法原理研究》,中国政法大学出版社2005年版,第86页。

② 法定信托(statutory trust)在英、美两国的含义差异是很大的。在英国,statutory trust是指议会为了公共政策需要,为应对某些常见情形而创立的信托,常见情形包括:破产、未留遗嘱而死亡、土地共有、限制处分土地信托和销售安排信托。在这些情形下,法律上认为信托存在,并以信托关系为标准处理当事人间的权益关系。[参见:D. J. Hayton. *The Law of Trust* (4th edition), Sweet & Maxwell Ltd., London, 1944, pp. 44~47.]在美国,statutory trust 也叫 statutory business trust,中文中有时译作"法定信托"或"制定法信托",但美国的 statutory trust 一般是指按照各州名为 *statutory business trust law* 的成文法典设立的信托,其多是作为一种商业组织形式存在。因此,英国与美国的 statutory trust 所指并不相同。为示区别,本书将美国按照 *statutory business trust law* 设立的信托一律译为"成文法商业信托"。

中,Constance 先生以其个人名义持有一个银行存款账户,但他对 Paul 女士说,就存款账户里的钱而言,"钱是你的也是我的"。他这句话被法院理解为 Constance 将其自己视为自己和 Paul 女士持有账户的受托人的充分证据,据此 Paul 女士作为受益人可以要求 Constance 财产的一半份额。①

美国《信托法重述》(第 2 版)(以下简称《信托法重述》)第 23 条规定,只有委托人适当地明示了设立信托的意图,才能设立信托。同时,该法第 24 条规定,除非议会制定法另有规定,设立信托的意图可以通过书面形式、言辞或行为表示,并且无须采取任何特定形式的言辞或行为。

在我国,对于委托人设立信托的意思则采取了非常严格的标准。一方面,我国《信托法》要求信托必须采取书面的方式设立,并且该法第 9 条规定了信托书面文件的法定记载事项,包括:信托目的,委托人、受托人的姓名或者名称、住所,受益人或者受益人范围,信托财产的范围、种类及状况,受益人取得信托利益的形式、方法。其中信托目的就是委托人表达的设立信托的意图。一如前述,采取严格的标准确定委托人设立信托的意图,符合信托在中国的实际实践状况。

(二)信托财产的确定性

信托财产是信托存在的物质基础。信托财产是确定信托当事人权利、义务关系的前提,若没有信托财产,则信托无从建立,信托权利义务无从确定。美国《信托法重述》第 74 条规定,除非有信托财产,否则不能有效设立信托。

信托财产的确定性主要表现为三个方面:

1. 信托财产存在的确定性

信托财产必须是现实存在的财产,如果财产不存在,则信托无从设立。美国《信托法重述》第 75 条规定,尚不存在或已不存在的权益,不能纳入信托财产。

2. 信托财产可处分的确定性

信托财产应当是委托人可以自由转让、处分的财产。委托人不能在权益有争议的财产上设立信托;如果是共有财产,应当取得共有人的同意;需要委托人之外的人同意才能处分的其他财产,应取得其他人的同意。美国《信托法

---

① Richard Edwards & Nigel Stockwell, *Trust and Equity*, 5th Edition, Pearson Education Limited, 2002, p. 91.

重述》规定,可由所有者自愿转让的任何财产,均可为信托财产,所有者不能转让的财产,不得作为信托财产。

3. 信托财产范围的确定性

范围的确定性就是指委托人想把哪些财产作为信托财产是可以确定的。美国《信托法重述》第 76 条规定,除非标的物是确定的或者可以确定的,否则不能有效设立信托。"确定"实际上指的是财产范围的确定性。

委托人如果使用了模糊的表达,则会使信托财产的范围难以确定。如在 Palmer v. Simmons[(1854)2 Drew 221]一案中,"我的大部分财产"这种表达就不能确定财产的范围。在 Boyce v. Boyce[(1849)16 Sim 476]案中,两套房子留给了姐妹俩 Maria 和 Charlotte,Maria 有权先选择房子,Charlotte 则接受选剩的房子。但是 Maria 至死也没有选择房子。能使 Charlotte 财产利益确定的唯一一个人是 Maria,但她却逝去了,没有人能确定她活着时会做什么选择。Charlotte 的利益因缺少确定性而不能实现,因为不确定她该收哪座房子。①

两个案例表明,信托财产相对于委托人而言应当是确定的,就是哪些财产是信托财产;对受益人来说,使其受益的信托财产也应当是确定的,否则,信托就难以强制执行。

我国《信托法》也确定了信托财产范围的确定性原则,该条规定信托财产应当与委托人未设立信托的其他财产相区别。

(三)受益人的确定性

不管什么类型的信托,它都是为了受益人受益于信托财产而设立的,这是信托存在的目的。只有确定了受益人,受托人才能按照委托人的要求或信托文件的规定向受益人支付或分配信托利益。美国《信托法重述》规定,除非存在一位受益人,并且在设立信托时,该受益人是确定的或者是在禁止永久所有权规则允许的期限内可以确定,否则,信托不能有效成立。

美国《信托法重述》对于受益人的确定规定了十分详尽的规则。首先,受益人确定的原则是:委托人如果明示了一种意图,打算给予某个人受益人权益,那么,该人就是信托的受益人。其次,受益人的人数可是一人也可以是数人。再次,受益人范围包括:委托人可以是信托唯一的受益人或受益人之一;

---

① Richard Edwards & Nigel Stockwell, *Trust and Equity*, 5th Edition, Pearson Education Limited, 2002, pp. 93~95.

有数个受托人时,受托人都可以作为唯一的受益人或数位受益人之一;为已婚妇女单独采用的信托,任何已婚妇女均具有担任受益人的行为能力;未注册的非法人团体具有担任信托受益人的资格;确定的一类人的成员可以作为信托的受益人;以指定的某个人的亲属为受益人。

我国《信托法》规定:自然人、法人或者依法成立的其他组织可以成为受益人;委托人可以作为受益人之一,也可以是唯一的受益人;受托人可以是受益人之一,但不能是唯一的受益人。

三、信托的生效要件

信托在满足了"三个确定性"的要求后,只能说明信托具备了成立条件,但信托是否产生法律效力,还需看其是否具备了信托的生效要件。信托的生效条件有以下几个:

(一)合法的信托目的

学者指出,信托在产生之初都有"脱法"的嫌疑。在信托的发源地英国,为了规避当时禁止向教会捐赠土地、长子继承制和土地继承税等方面的法律规定所创设的用益制度构成了信托的前身;在商业信托的发源地美国,马州信托的产生也是为了规避当时公司不能持有不动产的法律规定。应当说,信托产生之初所规避的法律在现在看来也是些不合理的规定,其产生有着历史的必然性与合理性。当信托发展成为一种广为接受的理财工具时,它就应当服务于社会正当目的之经济活动,而不应成为非法目的之工具。

鉴于此,在司法实践以及后来的信托立法中,各国的信托法都一致要求设立信托应当有合法的目的。美国《信托法重述》第59条规定,信托可为任何合法目的而设立。我国《信托法》规定,设立信托,必须有合法的信托目的,如果信托目的违反法律、行政法规或者损害社会公共利益,或信托是专以诉讼或者讨债为目的的,则信托无效。

(二)信托当事人有相应的行为能力

信托的当事人有三方,即委托人、受托人与受益人。因为三方当事人在信托关系中地位的差异,法律对于三方当事人的行为能力有着不同的要求。

由于法律文化与法律技术的差异,英美法系国家与大陆法系国家在确定信托当事人行为能力的做法时不尽相同。

在英美法系,在确定当事人行为能力时使用了"capacity"这一表达,但其行为能力的含义与确定标准与大陆法系却大异其趣。就信托而言,当事人行为能力是由具体行为作为参照来确定的。

1. 美国《信托法重述》对信托当事人行为能力的规定

就委托人设立信托的行为能力而言,美国《信托法重述》规定,在宣言信托中,委托人的行为能力以其享有在生前转移财产的行为能力为限;在生前信托中,委托人的行为能力以其享有在生前非依信托方式转移财产的行为能力为限;在遗嘱信托中,委托人的行为能力以其享有非依信托方式进行不动产或动产遗赠的行为能力为限。

就受托人的行为能力,美国《信托法重述》规定,自然人担任受托人的行为能力分为三种,分别是取得、持有与管理信托财产的行为能力。取得信托财产的行为能力,以其有能力为自己的利益取得的财产为限;持有信托财产的行为能力,以其有能力为自己的利益持有的财产为限;管理信托财产的行为能力,以如果该项财产归他自己受益所有,他将有能力进行处分为限。已婚妇女、未成年人、外国人都具有上述这三种行为能力,可以担任受托人。精神病人、联邦或州具有取得与持有的行为能力,不具有管理能力。除非法律另有规定,法人取得和持有信托财产的行为能力与自然人相同,法人管理信托财产的行为能力,取决于法律授予该法人的权力范围。

就受益人来说,任何人只要具有取得、持有特定财产的法定所有权的行为能力,就具有担任以该财产设立信托之受益人的行为能力。

2. 我国《信托法》对信托当事人行为能力的规定

按我国《信托法》的规定,具有完全民事行为能力的自然人、法人或者依法成立的其他组织才具备委托人的资格;具有完全民事行为能力的自然人、法人才能成为受托人;受益人可以是自然人、法人或者依法成立的其他组织。由此可见,我国《信托法》对信托当事人的行为能力要求是非常严格的。委托人与受托人都应当具有完全民事行为能力;因为受益人是在信托中享有信托受益权的人,对其行为能力的要求要比对委托人与受托的要求低。

相比较之下,英美国家对于受托人的行为能力要求要比大陆法国家宽松得多。这与他们对于信托功能的定位是有关的。信托在起初是一种财产转移工具,而后才逐步成为财产管理工具,在英美信托法中,同时承认信托作为财产转移与财产管理工具的功能,因此,信托如果仅是一种财产转移工具,是不需要受托人具有管理能力的。

(三)信托的公示①

所谓信托的公示,是指通过一定方式将对有关财产已设立信托的事实向社会予以公布。② 简单地说,信托公示就是通过登记制度向社会公布某项财产为信托财产,在这一意义上,信托公示就是信托财产的公示。但也有不同观点,认为信托公示系指于一般财产权的变动等的一般公示之外,再规定一套足以表明其为信托的特别公示。③ 按此观点,信托的公示实际上与信托财产的公示是两种不同的公示。不过后一观点也强调,在实际运作中,财产权变动公示与信托公示应当合二为一,不应分别处理。④ 本书采取前一种观点,在信托不被视为法律主体的背景下,表明信托存在的公示是否可行及有无必要存在很大疑问。

对于信托公示的效力,各国有三种立法体例:第一种是以瑞士等国为代表的国家规定,设立信托后无须进行信托公示;第二种是日、韩以及我国台湾地区规定的登记对抗主义,即以应登记或注册的财产权设立信托,非经登记或注册,不得以之对抗第三人;第三种是中国大陆规定的登记生效制度,即不登记不生效。⑤

我国《信托法》规定,设立信托,有关法律、行政法规规定信托财产应当办理登记手续的,则应当依法办理信托登记。不依照规定办理信托登记的,信托不产生效力。也就是说,信托成立后,凡涉及信托财产由委托人向受托人转移的,对于作为信托财产的各种不动产、动产,如果法律规定应当办理登记手续,则应当进行相应的登记,否则信托不生效。

对于大陆所采取的登记生效制度,从法理与实践的角度来看,并不具有足够的合理性,这可以通过以下三点得到说明:第一,大陆的《信托法》之所以采取登记生效制度,原因是为了求得与不动产转让交易"不登记不生效"制度的一致性⑥,然而信托财产并不限于不动产;第二,登记生效制度以强烈的公权

---

① 有的学者亦用"信托登记"的表述。参见何宝玉:《信托法原理研究》,中国政法大学出版社 2005 年版,第 104 页。
② 周小明:《信托制度比较法研究》,法律出版社 1996 年版,第 150 页。
③ 赖源河、王志诚:《现代信托法》,中国政法大学出版社 2002 年版,第 71 页。
④ 赖源河、王志诚:《现代信托法》,中国政法大学出版社 2002 年版,第 71 页。
⑤ 何宝玉:《信托法原理研究》,中国政法大学出版社 2005 年版,第 105~106 页。
⑥ 何宝玉:《信托法原理研究》,中国政法大学出版社 2005 年版,第 106 页。

挫败私人设立信托的意图,①已经明显地违背了"私法自治"这一民法基本原则;第三,从登记生效的效果来看,它不仅不能对交易第三方提供法律保障,而且也不利于受托人与受益人的利益人保障。②

虽然,商事信托具有不同于传统信托的法律特征,在设立条件与生效要件方面与传统信托亦有不同的规定,但是,传统信托的设立条件与生效要件是构成商事信托设立条件与生效要件的基础。

第二节 成文法商业信托设立的法律规制

一、作为商业组织的成文法商业信托的发展

作为一种商业组织形式,成文法商业信托是公司有力的竞争者。从 18 世纪末到 19 世纪初,在公司形式还没有成熟之前,普通法商业信托(因为在马萨诸塞州盛行,也称为马州信托)作为商业组织形式就是公司的有力竞争者。③但是即便是在商业信托最为发达的美国,也面临着一种尴尬的境地:在现代,对于商业信托的学术研究非常少,有关"商业组织"或"商业团体"方面代表性的案例汇编根本就没有涉及商业信托。④ 所以,商业信托有点像法律学术圈中的孤儿,⑤以至于像信托是不是优于公司及合伙等商业组织这样的一些基本问题甚至没有明确的答案。⑥

Schwarcz 教授对商业信托与公司的关系作过一些探讨。Schwarcz 教授

---

① 何宝玉:《信托法原理研究》,中国政法大学出版社 2005 年版,第 107 页。
② 邹颐湘:《从中日信托法立法差异的比较看我国信托法的不足》,载《江西社会科学》2003 年第 3 期。
③ Jennifer L. Berger & Carol A. Jones, *Fletcher Cyclopedia of the Law of Private Corporations*, § 8827, rev. ed., 2003.
④ Robert H. Sitkoff, Trust as Uncorporation: A Reasearch Agenda, *University of Illinois Law Review*, Vol. 2005, p. 33.
⑤ Robert H. Sitkoff, Trust as Uncorporation: A Reasearch Agenda, *University of Illinois Law Review*, Vol. 2005, p. 34.
⑥ Steven L. Schwarcz, Commercial Trusts as Business Organizations: Unraveling the Mystery, 58 *Bus. Law.* 559, February, 2003, p. 560.

指出,商业信托与公司这两种商事组织形式可以被视为回应不同投资者需求的镜像实体(mirror-image entities)。① 也就是说,商业信托与公司是分别满足不同投资者需要的两种工具。虽然商业信托的某些特征像公司,但商业信托可以被看作是发起人自由的缩影。在遵从市场压力和判断的情况下,信托允许发起人以他们喜欢的任何方式来设计组织的形式。②

(一) 成文法商业信托出现的原因

对于成文法商业信托出现的原因,学者从不同的角度进行了分析。

Frankel 从信托契合了证券化的内在要求的角度说明了信托在证券化中应用的原因。证券化的创新与英美法系中的信托创新在六个方面是相同的。第一,这两种机制都使用了"分割"技术。信托以独特的方式把财产权利进行分拆,把财产的控制进行分离并把它们赋予不同的当事人;证券化也是以类似的方式进行分离的。第二,两种机制都把财产置于一种滞生状态。在信托期间,受托人为了未来所有人的利益管理财产,但是受托人并不受他们的控制,他也不受原所有人的控制,并且即使受托人控制了财产,他也不是完全的所有人;类似情况也发生在证券化中。金融资产的卖方不再是所有人,买方只是所有权受益人,受托人控制着财产但却不能从中受益(除了费用);这种信托机制是证券化不可或缺的组成部分。第三,信托与证券化都鼓励市场交易。为了第三方的利益,信托通过赋予受托方法律所有权来维持财产法的简明,基于受托人产生的受益人的财产权益是非常灵活并可以由委托人以多种方式来设计(在取得受托人的同意的情形下)的;相似的是,证券化分散了贷款或义务的转移,借款人根据某些条款负有义务,但是,投资人根据另外的条款享有权利。通过这个过程,借款人的全部或部分债务就可以转化成证券。第四,信托和证券化都有许可满足受益人或投资者特殊需要的条款。信托允许受益人和受托人之间的关系灵活安排并且可以在不同的商业情形下运用;证券化许可符合投资人特殊需要的条款,它在迎合借款人的需求方面也有充分的灵活性,也可以在不同的商业情形下运用。第五,信托和证券化都运用于类似的目的。从历史的角度来看,信托被用于规避禁止通过遗赠处分财产的规定和对其所征

---

① Steven L. Schwarcz,Commercial Trusts as Business Organizations:Unraveling the Mystery, 58 *Bus. Law.* 559, February,2003,p. 561.

② Tamar Frankel,The Delaware Business Trust act Failure as the New Corporate Law,23 *Cardozo L. Rev.* 325, November,2001,pp. 325~326.

收的税，现在信托依然被用于这一目的。同样，证券化也可被用于规避税收和监管。第六，信托和证券化都是媒介。信托是受益人与受托之间的媒介。同样，证券化是投资人与借款人之间的媒介。①

  Sitkoff 教授则从进化论的角度对成文法商业信托的产生进行了解读。他认为，或许提出一个信托作为与公司相竞争的商业实体进化理论是更加有效的办法。资本市场驱动了选择的进程。就经理人必须迎合资本市场的融资要求而言，他们有动机选择能使投资获得回报最大化的组织形式。他们会在相关法领域（如州公司法、州信托法、联邦税法或联邦破产法）中，采取多种变化组织形式——变异。如果一种变异能使一种组织比另一种组织获得更广的范围，或保护自己的范围，那么通过引发变异，法律的制定者（包括立法者与司法者）就会打破原来的平衡。新出现的平衡是一种修正的平衡，它反映了在相关商业环境中使用一种组织形式或其他形式相关的成本与利益。如果以这种方式来审视，信托与公司的适用范围反映了其取决于转换成本的适应性和固有特征的紧密性——它们在州法、联邦税法与破产法下的默示条款（default rule ②）——以及它们的用途。③

（二）商业信托的优势

  具体来说，共同基金与资产证券化中部分特殊目的载体会采用商业信托的形式。Langbein 教授曾指出信托工具吸引交易设计者的四大属性：(1) 在受托人破产的情况下保护受益人利益；(2) 信托有助于便利的管道型税收；(3) 信托信义法的保护体制；(4) 信托在治理问题上具有建构受益人权益的灵活性。这四大属性对于商事交易的设计者来说，其主要吸引力来自于信托法对

---

  ① Tamar Frankel, *Cross-Border Securitization: Without Law, But Not Lawless*, 8 Duke J. Comp. & Int'l L. 255, Spring,1998,pp. 263~264.

  ② In legal theory, a default rule is a rule of law that can be overridden by a contract, trust, will, or other legally effective agreement. Contract law, for example, can be divided into two kinds of rules: default rules and mandatory rules. Whereas the default rules can be modified by agreement of the parties, mandatory rules will be enforced, even if the parties to a contract attempt to override or modify them. One of the most important debates in contract theory concerns the proper role or purpose of default rules. http://en.wikipedia.org/wiki/Default_rule. visited on 2011-04-03.

  ③ Robert H. Sitkoff, Trust as Uncorporation: A Reasearch Agenda, *University of illinois Law Review*, Vol. 2005,33,p. 45.

于不常见但最令人担心的事即受托人破产这一事情的处理规定。另外,受托人对信托财产的所有权只是名义上的,真正的所有权为受益人所享有,所以,我们已经倾向于对信托收益只在受益人的层面上征税。①

Schwarcz 教授也曾列举信托在结构融资中用作 SPVs 时通常的三个特征。第一个是它们是相对的静态实体。它们通常不从事持续的经营,而是发行具有债券性质的、由 SPV 所获得的资产或那些资产的租约所产生的现金来偿付的信托证书。第二个特征是,一旦交易完成,信托财产上的任何剩余价值都返还给发起公司。发起公司通常是通过保留剩余信托证书来保有这些剩余价值的。这样,公司就不会放弃超过交易运行所需要的价值。第三个特征是避免所谓的"实体层面的税收"。独立的法律实体通常要对其收入缴纳税款。但是,如果一个 SPV 要单独纳税,其中的交易成本就会变得高得多。然而,根据合同设立的信托如果其独立的存在不为税法所承认,它们就不用在实体层面上纳税。相应的,信托形式有时用于必须避免支付实体税的 SPVs。近些年来,第三个特征变得不是很重要,因为通过采用自由选项规则(check-the-box rules)和金融资产证券化投资信托立法,联邦税法已经修改,减少了征收实体税的情形。②

(三)商业信托与公司的区别

Schwarcz 教授认为,商事信托与公司之间最基本的区别在于,从治理的角度来看,商事信托被视为管理人(信托的受托人)消极的静态实体,而商业公司的经理人员则具有进攻性及利用商业机会的机会主义倾向。③

按照 Schwarcz 教授的分析,剩余请求权的配置是理解这一区别的关键。

在公司中由股票所表明的剩余请求权出售给了第三方投资人(股东),股东因期待一定比例的回报来补偿他们自愿置于风险之下的金钱。如果该比率不会实现,他们就不会投资,那么公司的股东融资方式就会崩溃。因此,对于从事商业经营的公司来说最基本的就是尽可能增加其盈利。相比之下,如果

---

① John H. Langbein, The Secret Life of the Trust: The Trust as an Instrument of Commerce, 107 *Yale L. J.* 165, October, 1997, pp. 179~180.

② Steven L. Schwarcz, Commercial Trusts as Business Organizations: Unraveling the Mystery, 58 *Bus. Law.* 559, February, 2003, pp. 564~565。

③ Steven L. Schwarcz, Commercial Trust as Business Organizationsa: an Invitation to Comparatists, *Duke Journal of Comparative & International Law*, Vol. 13:321. Special Issue 2003, p. 328.

公司破产，公司的优先请求权人（其债权人）就会优先受偿本金与利息（利息是合同约定的回报率）。但是，允许公司从事商业经营来增加其盈利不会给债权人带来额外好处，相反经营失败可能会带来破产风险及损失。因此，公司股东（剩余请求权人）与债权人（优先请求权人）的基本目标是相互竞争的。公司法通过允许经理人——公司的董事会——为公司盈利最大化（公司股东收益亦随之增加）去冒险，只要公司不破产。基于这个原因，在不破产的情况下，董事会对股东负责而不是对债权人负责。① 在这种剩余请求权的配置下，董事会负有盈利的压力，只有通过满足股东的剩余请求权，公司的融资体制才能维持下去。

但对于商业信托而言则有所不同。从历史的角度来看，信托是从无偿信托发展起来的。在公司中所看到的优先权人与剩余请求权人之间的冲突程度在无偿信托中是不可能出现的。因为在实践中，请求权的期待倾向于一致：保持信托财产的价值。例如，没有剩余请求权人的信托因为只有优先请求权而避免了冲突。在委托人是唯一剩余请求权人时，如委托人为了第三人的利益转移在财产上的终生权益，剩余归委托人，在这种情形下很难产生重大的冲突，因为，委托人不像公司的股东，通常不期待请求权上的风险加权回报。即使在剩余请求权人是第三人的信托中，如丈夫为了妻子的利益转移了在财产上的终生权益，剩余归其子女，也不会产生如公司的债权人与股东之间的紧张程度：子女，不用支付什么就可以收到礼物，期待受托人仅为使子女的剩余回报最大化而危害妻子的终生权益就不合理了。尽管子女会使受托人确保信托财产保持其价值，但这个目标并不允许受托人去"为了较大的收入而危害本金的安全"。相反，信托法规定了公正的义务：在有两个或两个以上的信托受益人时，受托人应当公正地对待他们。实践中，商事信托同样避免在优先请求权人与剩余请求权人之间（between senior and residual claimants）的冲突。尽管委托人的利益即剩余请求权，在理论上与受益人的利益即优先请求权是反向的（因为用以向优先请求权人支付的每一个美元都会减少向剩余请求权人支付的数额），但这一冲突很少成为问题。委托人——剩余请求权人，不像公司股东，一般对于其请求并不期待风险加权回报。相反，其商业目标只是保留

---

① Steven L. Schwarcz, Commercial Trust as Business Organizationsa: an Invitation to Comparatists, *Duke Journal of Comparative & International Law*, Vol. 13:321. Special Issue 2003, pp. 328~329.

信托财产上的任何剩余价值。只要没有第三方剩余投资人,商事信托就不会像公司一样有必须盈利的经济压力。①

公司与商业信托的这一基本区别,决定了两者在组织形式、内部治理、权益关系等方面的差异。

二、普通法商业信托与成文法商业信托

美国是商业信托最为发达的国家。在美国,商业信托大体可以分为两种:一种是普通法商业信托,是依照普通法设立的以商业活动为目的的信托,它虽然以商事活动为目的,但其设立、变更及终止等事项受普通法的调整;另一种为成文法商业信托,有时亦称为"成文法信托实体"或"成文法信托",美国至少有30个州已制定成文法,认可成文法信托作为商业组织的一种形式。② 统一州法全国委员会(National Conference of Commissioners on Uniform State Laws)起草《统一成文法信托实体法》(*Uniform Statutory Trust Entity Code*),其主要动机是增加成文法信托在结构金融以及共同基金行业的适用性。

(一)普通法商业信托与成文法商业信托的区别③

普通法商业信托与成文法商业信托的区别主要表现在两个方面:

首先,两者的法律地位不同。普通法商业信托不是法律上的实体。普通法信托,不管其目的是赠与性的还是商业性的,都是产生于私人行为。因为普通法信托不是一个法律上的实体,它必须以受托人的名义与能力起诉、被诉以及办理财产事务。而成文法商业信托则是法律上的实体,成文法信托是通过向公共机构,一般是向州务卿提出申请设立的,它独立于其受托人和受益权人,可以以自己的名义起诉、被诉以及处理财产事务。

---

① Steven L. Schwarcz, Commercial Trust as Business Organizationsa: an Invitation to Comparatists, *Duke Journal of Comparative & International Law*, Vol. 13:321. Special Issue 2003, pp. 329~331.

② national Conference of Commissioners on Uniform State Laws, Uniform Statutory Trust Entity Code, Prefatory note, http://www. law. upenn. edu/bll/archives/ulc/ubta/2009final. htm[EB/OL] download date:2011-4-18.

③ National Conference of Commissioners on Uniform State Laws, Uniform Statutory Trust Entity Code, Prefatory note, http://www. law. upenn. edu/bll/archives/ulc/ubta/2009final. htm[EB/OL] download date:2011-4-18.

其次，两者适用的法律不同。成文法信托适用各州的成文信托法，普通法信托，不管是赠与性还是商业性的，都受调整私益信托及慈善信托的法律及衡平原则的调整。需要指出的是，现在的多数州的商业信托成文法不禁止以商业目的使用普通法信托。

(二) 普通法商业信托与成文法商业信托的联系[①]

1. 普通法商业信托不适用《统一成文法信托实体法》

在美国的法律文化中，普通法信托通常被视为实现赠与性转移的载体。虽然代表性的普通法信托汇编如《信托法重述》（第3版）意图把商业信托排除在外，理由是"商业信托是一种商业安排，最好按照商业组织进行对待"。但是，普通信托法适用于所有按照普通法设立的信托，即便是那些有商业目的的信托，只要普通法没有被信托文件或为特别立法排除，普通信托法依然适用。基于这个原因，尽管《统一信托法》（$Uniform\ Trust\ Code$，UTC）"主要是针对那些财产规划或其他赠与情形下的信托"，但该法也适用具有商业或商事目的的信托，只要是该法的规定没有被信托文件或为其他立法排除。然而，《统一成文法信托实体法》与《统一信托法》相比，它更像是一部一般的公司法或非公司实体法，类似于公司、有限责任公司、有限合伙；但与普通法商业信托不同的是，成文法信托是一个法律实体，可以独立于其忠信义务人或受益权人以自己的名义从事交易。因此它不适用于普通法信托，包括普通法商业信托。

2.《统一成文法信托实体法》对普通信托法既有采纳也有变通

《统一成文法信托实体法》不是适用于普通法商业信托的一般商法原则的汇编，它不排除普通信托法、《统一信托法》。该法第804条第(a)款明确了与信托有关的州法对于普通法商业信托的持续适用性。而且第105条规定普通信托法在规范成文法信托方面可以作为该法的补充，但应在非为本法或治理文件修改或排除的限度内。《统一成文法信托实体法》修改或排除了普通信托法的一些原则，包括有关行为信义标准（第402条）以及信托的变更与终止（第303条）。第804条第(b)款允许一个既存的没有慈善目的或主要目的不是赠与的普通法信托通过第201条的规定递交信托证书转变为成文法信托。

本节对商业信托设立规制的研究主要是针对成文法商业信托的，而不包

---

① National Conference of Commissioners on Uniform State Laws, Uniform Statutory Trust Entity Code, Prefatory note, http://www.law.upenn.edu/bll/archives/ulc/ubta/2009final.htm[EB/OL], download date: 2011-4-18.

括普通法商业信托。对于成文法商业信托设立的研究,主要以三部代表性的成文法商业信托法为蓝本,即:《特拉华州成文法信托法》《康涅狄格州成文法商业信托法》与《统一成文法信托实体法》。

三、成文法商业信托的设立条件

成文法商业信托是根据各州的成文法设立的。Sitkoff教授在对各州的成文法商业信托法研究之后指出,商业信托立法或许可以划分成四代:第一代包括像马萨诸塞州商业信托法那样有较长时间的成文法;第二代包括20世纪60年代制定的成文法;第三代包括在特拉华州商业信托法制定前的20世纪80年代制定的商业信托法;第四代包括1988年以来制定的特拉华州商业信托法及特拉华州式的商业信托法。① 概括地说,成文法的主要目的是承认成文法信托作为商业组织的一种替代形式。②

各州的成文法商业信托法对成文法商业信托的定义大都作了规定。仅从定义来看的话,大致也可以看出成文法商业信托与普通信托在设立条件方面的区别。

《特拉华州成文法信托法》的定义是:"'成文法信托'(statutory trust)意指一个非公司社团:(1)它是根据治理文件(governing instrument)设立,除非治理文件另有规定,按照治理文件,为了受益权人(beneficial owner)或将会成为受益权人的利益,财产由或将由一个或多个受托人持有、经营、管理、控制、投资、再投资及/或运行,或者盈利的商业活动或专业活动由一个或多个受托人实施或将由其实施,包括但不限于'商业信托'(business trust)或'马萨诸塞州信托'(Massachusetts trust),或者符合《1986年合众国国内税法典》及任何以后修改规定的不动产投资信托或不动产抵押贷款投资管道,并且(2)根据本法规定递交了信托证书。之前或之后组织起来的这种社团都是成文法信托并是独立的法律实体(legal entity)。"③《康涅狄格州成文法商业信托法》与《特

---

① Robert H. Sitkoff,Trust as Uncorporation:A Reasearch Agenda,Law and Economics Papers,*Northwestern University of Illinois Law Review*,Vol. 2005,p. 36.

② C. Porter Vaughan,III et al. ,Corporate and Business Law,37 *U. Rich. L. Rev.* 1,2002,p. 2.

③ Title 12 Decedents' Estates and Fiduciary Relations,Chapter 38. Treatment of Delaware Statutory Trusts,3801. Definitions,http://delcode.delaware.gov/title12/c038/sc01/index.shtml,visited on 2011-3-20. (下引同一出处条文,不再注明)

拉华州成文法信托法》的定义大体相同。《统一成文法信托实体法》给出的定义则相对简单,它只规定"成文法信托是按本法设立的实体"①。

因此,可以看出,成文法信托不同于普通信托的关键之处在于,前者是作为一种商业组织形式存在的。从本质来看,它的设立与公司、合伙等商业组织形式并无实质差异,都要具备一定的条件、经过一定的程序向社会公示后才能设立。因此,对成文法商业信托的设立条件的研究应着重于它作为商业组织的特点。虽然在成文法商业信托的设立中也必须有受托人与受益人,但是受托人与受益人是任何类型信托都必须具备的条件。本书中对成文法商业信托的设立条件主要集中在它作为商业组织所必须具备的条件,而对于普通信托设立所应具备的条件在此不再予以重复。

综合来看,设立成文法商业信托,应当大体具备下列条件:

(一)信托证书

信托证书是申请设立成文法商业信托时必须向登记机关(一般是州务卿)递交的申请文件。信托证书是设立成文法商业信托必须提交的法律文件,就像公司设立要提交公司章程、设立合伙企业应当有合伙协议一样,但是,就地位与作用而言,信托证书与公司章程与合伙协议却有很大的不同。

1. 信托证书的内容

《特拉华州成文法信托法》第 3810 条规定,信托证书应当记载:(1)成文法信托的名称;(2)至少一个符合本法要求的受托人的姓名(或名称)及地址;(3)如果不是在递交证书时生效,那么证书将来的生效日期及时间(日期与时间应当是确定的);(4)受托人决定包含在证书中的任何其他信息。

《康涅狄格州成文法商业信托法》规定,信托证书应当包括:(1)满足本法要求的成文法信托名称;(2)如果不是在递交证书时生效,那么证书将来的生效日、日期应当是确定的;(3)成文法信托的主营业地地址;(4)根据本法规定,为诉讼送达所指定的代理人;(5)受托人决定包含在证书中的任何其他信息。

《统一成文法信托实体法》第 102 条规定,"信托证书"是指根据第 201 条递交给(州务卿)用于申请的档案。第 201 条规定,信托证书必须载明:(1)表明符合第 209 条规定的成文法信托名称;(2)提供当前指定办公地点的街道和

---

① National Conference of Commissioners on Uniform State Laws, Uniform Statutory Trust Entity Code, Section 102(16), http://www.law.upenn.edu/bll/archives/ulc/ubta/2009final.htm, visited on 2011-4-18.(下引同一出处条文,不再注明)

邮寄地址;(3)提供首个送达程序代理人的街道和邮寄地址;(4)信托证书还必须包括任何与本法规定不一致的任何其他信息。

从内容来看,上述三部法律中对信托证书规定的记载事项有所差异,不过基本上可分为两类:法定必要记载事项与任意记载事项。从记载的内容来看,要远比公司章程与合伙协议简单得多。

2 信托证书的作用

《特拉华州成文法信托法》第3810条规定:成文法信托成立于向州务卿办公室递交首份信托证书的时间,或者成立于信托证书中确定的时间。在两种情形下,都应当实质遵循本法的规定。根据本法成立的成文法信托是独立的法律实体,其作为独立法律实体的存在直到成文法信托证书的注销。《康涅狄格州成文法商业信托法》第34—505条规定,成文法信托成立于向州务卿办公室递交信托证书的时间,或者成立于信托证书中确定的时间。

在《统一成文法信托实体法》中,规定了档案的递交与(州务卿)签发档案、生效时间与日期,第205条第(c)款规定,除非在第206条与第214条中另有规定,向(州务卿)递交的档案可以明确生效的时间与一个延迟的生效日期。除非本法另有规定,由(州务卿)签发档案的生效:(1)如果档案没有明确生效或延迟的生效日期,为由证据证明的(州务卿)在档案上签注的日期与时间。(2)如果档案明确了生效时间但没有延迟的生效日期,档案于签发之日并于档案中确定的时间生效。(3)如果档案明确了延迟的生效日期但没有生效的时间,在下列日期的凌晨12点生效:(A)确定的日期;或(B)档案签发90天之后。或(4)如果档案明确了生效或延迟的生效日期,档案则于下列日期规定的时间生效:(A)确定的日期;或(B)档案签发90天之后。虽然该条规定了信托证书等档案的生效日期,但信托证书的生效日期是不是成文法商业信托的成立日期则不甚明确。

对成文法商业信托的存续证明,《统一成文法信托实体法》则采取了实体存在证明书或登记(certificate of existence or registration)这一办法。第207条规定,如果向(州务卿办公室)提交的档案表明(州务卿)已签发了信托证书并且没有递交撤销声明,(州务卿)根据要求并在申请人支付了所需费用之后,应当为成文法信托提供实体存在证明书。实体存在证明书必须表明:(1)成文法信托名称;(2)它是根据本州的法律合格设立以及设立日期;(3)已向(州务卿)支付了根据本法或其他法律所有应付费用或其他罚款;(4)不管成文法信托根据第211条的规定最近的年度报告是否已提交(州务卿);并(5)撤销声明没有被(州务卿)签发。根据证书中表明的任何条件(qualification),由(州务卿)签发的实体存在证明书或登记可以作为成文法信托或外国成文法信托存在或被授权在本州从事交易的确定证据。

比较来看,信托证书起到的作用大体可以分为两个方面:一方面,确定成文法商业信托的成立时间;另一方面,可以成为成文法商业信托作为独立的法律实体的证明。

3. 信托证书与治理文件

信托证书与治理文件是什么关系?《统一成文法信托实体法》的第102条给出了明确的回答。在第102条给出的定义中,"治理文件"是指信托文件与信托证书;"信托证书"是指根据第201条递交给(州务卿)用于申请的档案;"信托文件"是指任何不是信托证书的文件,不管是否叫信托协议,信托文件,信托宣言,规章制度,或其他名称,它规定了成文法信托的治理事务以及其商业行为。

由定义可以看出,在成文法商业信托中,信托证书是治理文件的组成部分,对其内部治理与经营活动起到根本性规范作用的是信托文件。

对于治理文件的内容,《统一成文法信托实体法》第103条作了详细的规定:

(1)根据(2)项规定或第104条的规定,治理文件调整以下事项:(A)成文法信托的管理、事务与商事活动的实施;(B)受托人、受益所有权人、成文法信托以及其他人之间的权利,利益,责任,义务及权力。

(2)对于(1)项规定之事项,如果治理文件未作其他规定,由本法调整。

(3)治理文件或以包括一项或多项文件,协议,宣言,规章,或其他文献及指向或包含于其他文献的内容。

(4)治理文件可以在获得所有受益所有权人同意的情形下修改。

(5)根据第104条的规定,对包含于治理文件中的条款没有限制的情形下,治理文件可以:(A)规定受益所有权确定与证明的方式。(B)限制受益所有权人转移受益利益的权利。(C)根据第D条规定一个或更多的系列。(D)就治理文件所赋予的表决权而言,包括与下列有关的条件:(a)对于任何需要表决的事项的会议日期、时间、地点或目的之通知。(b)通知弃权声明(waiver of notice)。(c)未经会议一致同意的行动。(d)确定登记日期。(e)法定人数的要求(quorum requirements)。(f)表决(i)亲自表决(in person);(ii)代理表决(by proxy);(iii)通过任何产生记录的通讯手段,电话或视频会议,或(iv)任何其他方式。或(g)与表决权行使有关任何其他事项。(E)规定一类或以上受托人、受益所有权人或受益权益,或拥有独立权益,权力或义务的受益权益的产生。(F)规定在未经任何特定的受托人或受益所有权人或特定类型、范围或系列的受托人或受益权人表决或批准的情况下采取的行动,包括(a)治理文件的修改;(b)进行合并、形式变更或重组;(c)任命受托人;(d)对成文法信托财产的全部或部分财产或任何系列信托的财产进行销售、出租、交换、转移、质押或其他处分;(e)成文法信托的解散。(G)规定一个成文法信托的设立,包括设立一个成文法信托,会将任何一个成文法信托的全部或部分财产、责任、利润或损失转移给它或与之交换,或为了一个成文法信托受益权益,或者成文法信托系列受益权益转变成新的成文法信托权益或系列成文法信托权益。(H)规定下列人员的任命、选举或雇佣:代理人,或成文法信托的独立承包商(contractors),或受托人的代表,或代理人、管理人员、雇员、经理、委员会(committees),或可以经营成文法信托营业与事务的其他人,指定其头衔,明确其权利、权力以及义务。(I)规定任何人的权利,包括不是治理文件中一方当事人的权利。(J)根据(K)段的规定,明确治理文件进行修改的方式,除非受益于条件或需要的所有人都放弃,包括:(a)一个不是文件一方当事人批准修改以使其生效,及(b)一个治理文件允许对其修改的必要条件,或者为法律所允许。并且就治理文件规定的修改方式而言,可以规定它只能以哪种方式修改,或另外由法律允许,但是由某个人批准的情形下,这个人可弃权,并且所有这些条件也可以为因这些条件而由受益的人所放弃。(K)规定一个人可以通过口头的,有记录的,或通过行为授权一个代表服从第(J)段的规定。(L)规定如果一个人符合治理文件中规定的成为受益所有权人的条件,如向成文法信托或以前受益所有人的支付,那么一个人成为受益所有权人,获得受益权益,并受治理文件约束。(M)规定成文法信托或受托人,为成文法信托行事,对由任何组织实体所发行的证券所获得的收益享有受益所有权,不论该组织实体是根据任何司法区的法律组建,组织或存在的。(N)规定登记的日期。以及(O)对一个受托人或受益所有权人,或一类受托人或受益所有权人单独地或者与其他或任何其他受托人或受益所有权人一起,赋予或保留对任何事项的表决权利。

如果要作比较的话,在成文法信托中治理文件的作用与地位与公司的章程与合伙企业协议才可以比较,单就信托证书与公司章程与合伙协议是无法进行比较的。

(二)受益权人的出资

《特拉华州成文法信托法》第3802条规定了受益权人的出资(contributions by beneficial owners),受益权人向成文法信托的出资形式可以是现金、财产或提供的服务,或本票或其他应当提供现金或财产的义务或提供服务的义务,除非另有规定,一个人可以在不向成文法信托缴纳出资或不必向成文法信托缴纳出资的情况下成为受益人并可以获得成文法信托的收益。

《康涅狄格州成文法商业信托法》第34条至第515条、《统一成文法信托实体法》第603条做了与《特拉华州成文法信托法》大体相同的规定。

虽然一个人可以在不向成文法信托缴纳出资或不必向成文法信托缴纳出资的情况下成为受益人,并可以获得成文法信托的收益,但是,受益人的出资实际上是成文法商业信托与普通信托最主要的区别之一。在普通信托中,受益人取得受益权是不必支付任何代价的,包括任何形式的出资。

(三)成文法商业信托的名称

1. 名称的确定

《特拉华州成文法信托法》第3814条对成文法商业信托的名称作了规定。该法要求:(1)每个成文法信托在其证书中所确定之名称应当与州务卿办公室保留的、登记的公司、合伙、有限合伙、成文法信托或有限责任公司名称相区别,与根据本州的法律设立,或可以在本州从事经营或登记为外国的公司、合伙、有限合伙、成文法信托或有限责任公司的公司名称相区别,除非法律另有规定;(2)在信托证书中确定的成文法信托的名称可以包含一个受益权人、一个受托人或任何其他人的名称;(3)在信托证书中确定的成文法信托的名称可以包含下列词汇:"公司"、"社团"、"俱乐部"、"基金会"、"基金"、"机构"、"团体"、"有限"或"信托"。

《康涅狄格州成文法商业信托法》第34条至第506条在成文法商业信托的名称规定方面与《特拉华州成文法信托法》基本相同。

《统一成文法信托实体法》除了与《特拉华州成文法信托法》作类似规定以外,它另外还规定了一些名称的使用规范。第209条第(c)款规定,成文法信托可以向(州务卿)申请使用下列名称,(州务卿)应当授权使用该名称,只要一个冲突的名称:(1)目前冲突名称的使用人,登记人或所有人,以签署文件的形式同意使用,并以满足(州务卿)要求的方式提交保证,放弃或改变冲突名称,使其符合相关的规定,并且与(州务卿)档案中的名称相区别;(2)申请人向(州务卿)提交一份确认的适格管辖法院的最终判决文本,确定申请人在本州使用申请名称的权利;或(3)申请人向(州务卿)提交合适的证据表明冲突名称的前使用人,或所有人——(A)与申请人已经合并,(B)已经成为申请人,或(C)已经实际上将包括冲突名称在内的大部分资产转移给申请人。

2. 名称的保留

《特拉华州成文法信托法》第3814条规定,名称的排他性的使用权可以由下列方式保留:(1)任何人意欲设立成文法信托并采用那一名称;(2)任何在本州设立的意欲改变名称的成文法信托。

特定名称的保留应当由申请人向州务卿提交申请,申请由申请人实施,同时提供副本,副本可以是一个签字或确认的文本,申请应当说明欲保留的名称以及申请的地址。如果州务卿发现可供申请人使用,州务卿应当为申请人保留名称120天的专用期。名称一旦保留,同一申请人可以另外保留同一名称120天。保留名称的专用权可以向其他任何人转让,转让由申请人向州务卿办公室提交转让通知,通知由申请保留名称的申请人实施,同时提供副本,副本可以是一个签字或确认的文本,申请应当说明欲转让的名称以及受让人的名称(姓名)与地址。

《康涅狄格州成文法商业信托法》第34条至第506条在名称保留方式方面的规定与《特拉华州成文法信托法》基本一致,此外,它把名称保留扩展到了外国成文法信托:任何欲在本州登记并采用那一名称的外国成文法信托;任何人意欲设立外国成文法信托并在本州注册并采用那一名称。另外还规定,名称保留应当通过向州务卿提出申请的方式进行,并由申请人签名,并缴纳申请费。

《统一成文法信托实体法》在第210条中对名称保留作了比前部法律更加详尽的规定。该法对名称专有权的保留方式有六种:(1)一个人意欲根据该法设立成文法信托并采用这个名称;(2)被授权在本州从事交易的成文法信托或外国成文法信托意欲采用该名称;(3)外国成文法信托意欲获得授权证书在本州从事交易并采用该名称;(4)一个人意欲组建外国成文法信托并使其获得授权证书在本州从事交易并采用该名称;(5)外国成文法信托根据该名称组建;或(6)根据一个不符合第209条规定的名称组建的外国成文法信托,但是根据本段保留的名称可以与外国成文法信托的名称就与第209条的规定一致的必要程度内相区别。在名称的专用期的规定上除了与前两部法律有相同的规定外,还规定了申请人根据相关规定,可以另外保留同一名称120天。一个人当前名称保留期在未过90天之前,不能申请当前名称保留的120天续期。同时,它还规定了名称保留的转移,在转移保留的名称时,应向(州务卿)提交申请:(1)转移通知,说明保留的名称,意欲受让保留名称的人的名称、街道与邮寄地址,以及适用受让人的规定;或(2)名称保留的终止通知。根据第205条第(c)款,转移或终止在向(州务卿)提交申请时生效。

(四)送达程序代理人

《康涅狄格州成文法商业信托法》第34条至第507条对送达程序代理人作了较为细致的规定。首先,对于程序代理人的资格作了规定。每个成文法信托都应当为诉讼目的拥有并保持在本州的法定代理人。法定代理人应当是:作为本州居民的自然人;州内公司;没按本州法律设立但获得许可在本州从事交易与经营的公司;州内有限责任公司;没按本州法律设立但获得许可在本州从事交易与经营的有限责任公司;注册的有限责任合伙;没按本州法律设立但获得许可在本州从事交易与经营的有限责任合伙;成文法信托;没按本州法律设立但获得许可在本州从事交易与经营的成文法信托。其次,成文法信托的文书送达法定代理人应当向州务卿提交州务卿规定的书面任命书。任命书应当包括:(1)成文法信托的名称;(2)法定代理人的名称;(3)如果法定代理人是自然人,其商业及居住地址,如果是按本州法律设立的组织,其主要营业所在地地址,如果不是按本州法律设立的组织,其在本州主要营业所在地地址(如果有的话)。再次,如果文书的法定代理人死亡、解散、迁出本州或辞职,成文法信托应当另行指定文书的法定代理人。

《统一成文法信托实体法》第212条对送达程序的代理人作了规定。但是其对程序代理人的资格限制要严格得多。该条规定,获得授权证书的每个成文法信托或外国成文法信托必须在本州指定并且持续拥有送达程序代理人,成文法信托或外国成文法信托的送达程序代理人必须是一个本州居民,或如果是法人的话,应当得到授权在本州从事交易并在本州拥有办公地点。

成文法信托与普通信托最大的区别在于它的商业组织特点。因此,对成文法商业信托的设立条件的研究应着重于它作为商业组织的特点。虽然在成文法商业信托的设立中也必须有受托人与受益人,但是受托人与受益人是任何类型信托都必须具备的条件,而非其专有的条件。本书中对成文法商业信托的设立条件主要集中在它作为商业组织所必须具备的条件,而对于普通信托设立所应具备的条件在此不再予以重复。

四、成文法商业信托的法律主体地位

(一)成文法商业信托的存续

成文法商业信托作为一种商业组织形式,它与普通信托的不同之处还表现在它们的存续时间上。在英国,根据信托政策,在普通信托领域中确立了"反永续原则或反累积原则"①,以防信托的长期存在与规模膨胀对社会利益造成不必要的损害。而成文法商业信托作为一种商业组织形式,法律对其存续期则无禁止性的法律规定。

《特拉华州成文法信托法》的第 3808 条对成文法商业信托的存续作出了规定。其中一款规定,除非成文法商业信托的治理文件另有规定,成文法商业信托可以永久存在,成文法商业信托不能为受益人或其他人所终止或撤销,除非根据治理文件的规定他有权这样做。另一款规定,除非成文法商业信托的治理文件另有规定,受益人或受托人的死亡、失去行为能力、解散、终止或破产不会导致成文法商业信托的终止与解散。《康涅狄格州成文法商业信托法》第 34—518 条对此作了基本相同的规定。《统一成文法信托实体法》第 306 条对成文法商业信托的存续也作了基本相同的规定,不过该法另外规定,成文法商业信托或系列信托并不因为同一个人既是唯一的受托人与唯一的受益人而终止。

从成文法商业信托的永久存续可以看出,成文法商业信托的存在不取决于受益人或受托人的存在,这是确定成文法商业信托法律主体地位的一个重要方面。

(二)受托人、受益人的责任

《特拉华州成文法信托法》的第 3803 条规定了受益人与受托人的责任。该条第 1 款规定,除非成文法商业信托的治理文件另有规定,受益人享有根据州的一般公司法设立的以盈利为目的的私人公司的股东所享有的个人责任的同样权利;第 2 款规定,除非成文法商业信托的治理文件另有规定,受托人在其能力范围内行事时,除了对成文法商业信托或受益人外,他不因其任何行为、不作为或成文法商业信托或任何受托人的义务而对任何人负有个人责任;第 3 款规定,除非成文法商业信托的治理文件另有规定,成文法商业信托的高级职员、雇员经理或其他人在其行为能力范围内行事时,除了对成文法商业

---

① [英]D.J. 海顿著:《信托法》,周翼、王昊译,法律出版社 2004 年版,第 107 页。

托或受益人外，他不因其任何行为、不作为或成文法商业信托或任何受托人的义务而对任何人负有个人责任。

《康涅狄格州成文法商业信托法》第34条至第523条对此作了基本相同的规定。

《统一成文法信托实体法》第304条规定了成文法商业信托对其债务、义务或其他责任独自承担责任。其第1款规定，成文法商业信托或系列信托的债务、义务或其他责任只是成文法商业信托或系列信托的债务、义务或其他责任。受益人、受托人、信托的代理人、受托人的代理人不会因为出资或其他方式，因为其是受托人、受益人、信托的代理人、受托人的代理人或以受托人、信托的代理人、受托人的代理人身份行事而直接或间接对成文法商业信托或系列信托的债务、义务或其他责任承担个人责任。

从上述的规定来看，受益人、受托人或雇员、代理人对成文法商业信托的债务、义务或其他责任不承担个人责任，也就是说由成文法商业信托对其债务、义务或其他责任来承担责任，从而表明了成文法商业信托作为一个独立责任主体的地位。

(三)成文法商业信托财产

《特拉华州成文法信托法》在第3801条中对成文法商业信托的定义中指出，除非治理文件另有规定，财产由或将由一个或多个受托人为了受益权人或将会成为受益权人的利益，持有、经营、管理、控制、投资、再投资及/或运行。在第3805条中规定，除非治理文件另有规定，受益人将对成文法商业信托财产拥有不可分割的受益权益，并且对受益人拥有的成文法商业信托未分配的受益权益按比例分享利润或承担损失。

《康涅狄格州成文法商业信托法》第34条至第516条对此作了基本相同的规定。

《统一成文法信托实体法》第307条对持有财产的权力与对财产的权利作了规定。该条规定，成文法商业信托可以以自己的名义持有财产或对财产拥有所有权，或以受托人的名义就其作为受托人的能力范围内持有财产或对财产拥有所有权，不管是以积极的、消极的还是监护的权限。如同该条的评论所指出的，通过规定成文法信托可以以自己的名义交易并持有财产，该条完善了成文法信托是一个独立于其受托人或受益人的实体这一概念。

(四)成文法商业信托是独立的法律主体

成文法商业信托可以永久存续，它的存在不再依赖于受益人与受托人的存续,它有自己独立的存续时间;成文法商业信托可以以自己的名义承担责任,受益人、受托人、代理人等对成文法商业信托的债务、义务等不承担个人责任,也就是说,它是一个独立的责任主体;成文法商业信托有独立的财产,不管是以其自身名义还是以受托人的名义持有财产或对财产拥有所有权。以上三点已经从法律主体的角度对成文法商业信托作为独立法律主体进行了诠释。

在美国许多州,成文法商业信托是独立的法律主体。《特拉华州成文法信托法》在第 3801 条中对成文法商业信托的定义中指出,成文法商业信托是独立的法律实体,在第 3804 条中规定,成文法商业信托可以起诉也可以被诉。

《统一成文法信托实体法》在第 302 条中直接规定,成文法商业信托是独立于其受托人与受益人的法律实体。第 308 条规定,成文法商业信托可以以其名义起诉及被诉。

第三节 特定目的信托设立的法律规制

一、特定目的信托的法律规制类型

特殊目的载体是资产证券化的关键环节。信托与公司、合伙是资产证券化中特殊目的载体的三种重要形式。除成文法商业信托外,信托是证券化交易组织实体的便利模式。信托非常容易设立,只要将财产转移给信托持有或宣布财产将由信托持有便可设立信托。它们也很容易终止,信托目的一旦实现,信托就终止。因为信托不是法律的产物,它的设立与终止就不需要特定的形式。① 我国从 2005 年开始的资产证券化实践也从立法层面选择了特定目的信托这种形式作为资产证券化特殊目的载体的唯一形式。

就特定目的信托法律规制而言,有两种不同的立法体例。一种以美国为代表的国家综合型规制:包括主体型规制与非主体型规制。主体型规制是指承认某些特定目的信托(如成文法商业信托)的法律主体地位,对特定目的信托的规制集中在设立、证券发行、税收等方面。本章的第二节对成文法商业信托设立的法律规制内容,就涵盖了对特定目的信托设立的法律规制,因为学者

---

① Vinod Kothari,*Securitization:the Financial Instrument of the Future*,John Wiley & Sons(Asia)Pte Ltd.,2006,p.635.

已经指出,成文法商业信托的一个重要用途就是在资产证券化中用作特殊目的载体。因此,在此不再对美国用作特定目的信托的成文法商业信托的设立规制进行研究。非主体型规制是指对于如设立人信托或所有人信托等用作特殊目的载体的信托形式,并不承认其独立的法律主体地位,而是以证券化的交易架构进行规制。

第二种是中、日等大陆法国家为代表所采取的单一规制类型,不承认特定目的信托的法律主体地位,特定目的信托只作为资产证券化的交易架构存在,规制则表现为特定目的信托架构下的分散规制,分别对发起人、受托人进行相应规制。不仅在引进信托制度的大陆法国家,就连在美国之外的普通法国家,承认商业信托独立的法律主体地位的也少之又少。但是随着金融创新在全球的扩展,包括大陆法系在内的很多国家也开始引进以特殊目的载体为平台的资产证券化。但是在商业信托没有作为独立商业组织、不具有独立法律主体地位的背景下,要使信托成为特殊目的载体的形式,只能选择单一规制模式进行法律规制了。

二、特定目的信托的设立条件

在对特定目的信托进行单独规制的国家,特定目的信托作为资产证券化的工具是不具有法律主体地位的。台湾地区的"金融资产证券化条例"明确了特定目的信托的定义,特殊目的信托是指以资产证券化为目的而成立之信托关系。[①] 而祖国大陆的相关资产证券化法规规章却未见对特定目的信托的定义,不知是无意遗忘还是刻意回避。但就目前的法律规定来看,特定目的信托基本上是不作为一种法律主体存在的。

特定目的信托的设立像许多普通信托一样是合同的产物,但是特定目的信托的设立却与普通信托有许多不同之处。

(一)特定目的信托当事人

1. 发起人

信贷资产证券化发起人是通过设立特定目的信托转让信贷资产的金融机构。可见,发起人只能是符合条件的金融机构。《金融机构信贷资产证券化监督管理办法》(以下简称《监督管理办法》)明确规定,金融机构应当是在我国境内依法设立的银行、信托投资公司、财务公司、信用社以及银监会依法监督管

---

① 台湾地区"金融资产证券化条例"第4条。

理的其他金融机构。

《监督管理办法》对发起人应当具备的条件作了规定。如果银行业金融机构作为信贷资产证券化发起机构,应当具备的条件大致可以分为以下几个方面:

第一,金融机构作为发起人的资格条件,只有社会信誉和经营业绩良好并且最近三年内没有重大违法、违规行为以及公司治理、风险管理体系和内部控制良好的金融机构才具备发起人的资格。

第二,金融机构作为发起人的能力条件,金融机构从其总体经营目标和发展战略角度出发制定了信贷资产证券化业务的合理目标定位和明确的战略规划,制定了合理的受托机构选任标准和程序,具备从事信贷资产证券化业务所需要的专业人员及相应的风险管控制度。

第三,金融机构在最近三年内无从事信贷资产证券化业务的不良记录。

第四,应当满足银监会规定的其他审慎性条件。

2. 受托人

受托人是负责管理信托财产并发行资产支持证券的人,《试点管理办法》概括规定了受托人应当具备的条件,只有依法设立的信托投资公司或银监会批准的其他机构才具备担任受托人的条件。

《监督管理办法》则具体规定了信托投资公司担任受托机构应当具备的条件。

第一,受托机构应当是根据《国务院办公厅转发中国人民银行整顿信托投资公司方案的通知》等有关文件整顿后进行重新登记3年以上的信托投资公司;信托投资公司已经清理完原有的存款性负债业务并且没有发生新的存款性负债或变相负债业务。

第二,信托公司的规模条件。信托公司应当拥有5亿元以上的注册资本,并且信托公司最近3年的净资产不低于其注册资本。

第三,信托公司的经营能力条件。信托公司应当具有良好的公司治理、信托和完善的风险管理和内部控制制度;自营业务与受托业务符合有关监管要求,按合同约定完成信托项目;无挪用信托财产的不良记录;按照规定披露公司年度报告;最近3年内没有发生重大违法、违规行为。

第四,具备作为特定目的信托受托机构的条件。信托投资公司具备履行职责的专业人员与业务系统,健全的风险管理和内部控制制度。

第五,银监会规定的其他审慎性条件。

3. 对特定目的信托当事人应具备条件的评价

首先,就特定目的信托发起人与受托人应当具备的条件来分析,两个"办法"的规定并没有顺应资产证券化所出现的新特点。发行股票与债券作为传统的融资方式是以企事业的整体信用为基础进行担保的,要求融资企业具有良好的信誉与经营业绩是合理的,然而与此不同的是,信贷资产证券化业务已经实现了从传统融资方式下的企业整体信用担保转向证券化资产的信用担保。资产证券化作为一种金融创新形式,它通过破产隔离技术的使用,不仅为整体信用良好的企业,而且为整体信用一般甚至整体信用不良但拥有优质资产的企业提供了融资的渠道。换句话说,资产证券化是建立在资产的信用基础上,而不是建立在企业整体信用基础上的。整体信用差的企业的优质资产可以成为证券化资产,但是整体信用好的企业的非优质资产却未必能成为证券化资产。因此,要求发起人具备良好信誉与经营业绩是传统融资监管思维的延续。

其次,两个办法对发起人与受托人规定了良好的社会信誉和经营业绩的资格条件,但是综合分析,该规定的主观性、概括性与不可操作性是其主要特征。一方面,良好的社会信誉和经营业绩没有具体的判断标准;另一方面,发起人与受托人具有良好的社会信誉和经营业绩这一要求,通常与发起人与受托人最近3年内没有发生重大违法、违规行为规定在一起,好像最近3年内没有发生重大违法、违规行为就是判断社会信誉和经营业绩的标准。

比较地看,我国台湾地区"金融资产证券化条例"、新加坡《证券化规定》、菲律宾《证券化法》、韩国《证券化法》等法律法规对发起人与受托人的市场准入在没有明确规定的情况下,我国大陆对发起人的市场准入规定如此严格的条件就显得较为特殊,或许我们谨慎开展、适度发展证券化的国情是一个合理的借口。要想正常发挥资产证券化的作用,就应当以资产信用为逻辑起点构建资产证券化的法律规制框架,而不应把发起人的整体企业信用作为市场准入的重要条件。

另外,台湾地区的"金融资产证券化条例"在设立特定目的信托时,要求设立信托监察人。按其界定,信托监察人是指由受托机构依特殊目的信托契约之约定或经受益人会议决议所选任,而为受益人之利益,行使本条例所定权限之人。由此可见,在台湾地区的特定目的信托架构中对受益人的保护多了一个利益保障机制。

(二)信托文件

1. 信托合同

信托合同是发起机构应与受托机构就设立特定目的信托签订的书面文

件。按照《试点管理办法》的规定,信托合同应载明下列事项:

第一,信托目的。

第二,对信托关系的三方当事人的权利义务作出约定,包括发起机构、受托机构的名称、住所,发起机构、受托机构的权利与义务,受托机构的报酬,受益人范围和产生办法,受益人取得信托利益的形式、方法。

第三,信托合同的标的,主要包括信托目的,信托财产的范围、种类、标准和状况。

第四,信托财产的管理方法;信托财产赎回或置换条款。

第五,信托期限与信托终止事由。

台湾地区"金融资产证券化条例"对信托契约的记载事项与祖国大陆的《试点管理办法》规定的信托合同的记载事项有一致的地方,但也有不同。①

比较祖国大陆与台湾地区的相关规定,可以看出,台湾地区的信托合同的记载事项突出了对受托人义务规制与受益人权益的保护,更具合理性与全面性。祖国大陆的规定则显得过于概括,对于实践的指导性不强,同时把一些不属于合同的内容也规定进了信托合同,如资产支持证券持有人大会的组织形式、权力与新受托机构的选任方式等内容。

2. 资产证券化计划书

《监督管理办法》规定,资产证券化业务计划书的内容大体包括:

第一,参与证券化的各方当事人。首先,参与证券化业务的各方当事人的名称、住所;其次,说明各方当事人之间的关联关系;再次,各方当事人在以往的证券化交易中的经验及违约记录;复次,描述证券化的交易结构,说明参与方的主要权利与义务。

第二,信托财产。信托财产是由发起人转让的信贷资产组成的,因此应当

---

① 台湾地区"金融资产证券化条例"台湾地区"金融资产证券化条例"第13条规定,特殊目的信托契约,应记载下列事项:(1)信托目的;(2)委托人之义务及应告知受托机构之事项;(3)受托机构支出费用之偿还及损害赔偿之事项;(4)受托机构之报酬、种类、计算方法、支付时期及方法;(5)信托财产之管理及处分方法,受托机构如将该财产委任服务机构管理及处分者,该机构之名称;(6)信托财产本金或其所生利益、孳息及其他收益分配之方法;(7)各种种类或期间之受益证券,其本金持分、收益持分、受偿顺位及期间;(8)受益证券之发行方式及其转让限制;(9)受托机构于处理信托事务时,关于借入款项、费用负担及闲置资金之运用方法;(10)受托机构应召集受益人会议之事由;(11)受托机构应选任信托监察人之事由及其专门学识或经验;(12)信托业法及主管机关规定之其他事项。

说明发起人发放贷款的程序、审核、担保等相关内容;说明资产池选择入池贷款的标准;提供资产池的相关统计信息。

第三,资产支持证券的发行与担保。证券的发行安排;证券的分档及各档的偿付顺序;证券化资产的信用增级方式;选择性或强制性的清仓或赎回条款;提供控制交易风险的措施。

第四,现金流支付的税费。说明支付各种税费的来源、环节和顺序。

第五,在发行说明书的显著位置对投资机构进行风险提示。

台湾地区的"金融资产证券化条例"也作了大致相同的规定。

(三)信托财产

信托财产是受托机构因承诺信托而取得的信贷资产,它是设立信托必须具备的要素之一。信托财产大体可以包括两部分:第一部分是受托机构因承诺信托而取得的信贷资产,第二部分包括因服务机构对信托财产的管理和运用而获得的财产增值。

基于证券化资产应当产生可靠与稳定的现金流的要求,《监督管理办法》对信托财产应具备的条件作了明确的规定。首先,从性质上来说,拟证券化的信贷资产应具有同一性;其次,信贷资产的借款人应当具备可靠的还款能力,信贷资产能保证稳定的现金流;再次,拟证券化资产符合法律法规与监管部门的要求。

基于证券化破产隔离的要求,《试点管理办法》对信托财产的独立性作出了规定。第一,财产区分制度,信托财产与证券化发起机构、服务机构的固有财产相互独立;第二,清算隔离制度,在发起机构与服务机构发生破产的情形下,信托财产不属于该机构的清算财产;第三,债权债务抵销的限制性。抵销是指双方互负债务时,双方各以其债权充当债务之清偿,而使其债务与对方的债务在对等额内相互消灭。[1] 在证券化业务中债权债务的抵销也应当遵循合同法有关抵销的规定。[2]

---

[1] 王利明、崔建远:《合同法新论·总则》,中国政法大学出版社2000年版,第551页。
[2] 《试点管理办法》第7条规定:受托机构管理、处分信托财产所产生的债权,不得与发起机构、受托机构、贷款服务机构、资金保管机构、证券登记托管机构及其他为证券化交易提供服务机构的固有财产产生的债务相抵销;受托机构管理、处分不同信托财产所产生的债权债务,不得相互抵销。

三、研究特定目的信托设立的理论及实践意义

部分特定目的信托在美国具有法律主体地位，是作为一种商业组织形式存在的，即使它实质上是作为一种纸上工具存在的。因此，在美国，特定目的信托的设立是一个应当从多角度研究的问题。在不承认信托及特定目的信托法律主体地位的大陆法系国家，特定目的信托或作为一种理财制度存在，或作为一种法律关系存在，在特定目的信托法律主体地位缺失的背景下，理论界与实务界对特定目的信托的设立则存在不少的争议。

（一）特定目的信托是一个包含了三方当事人的交易架构

在不同的国家和地区，信托的定位存在不小的差异：如韩国将信托界定为信托法律关系，日本将信托定性为一种财产管理制度，台湾地区的"金融资产证券化条例"将特定目的信托定位于为资产证券化目的而成立之信托关系。但是不管对信托作何种理解，信托的设立基本上包括委托人、受托人及受益人三方当事人的结构。特定目的信托作为一种特殊的信托形式，它的架构也是包含了三方当事人的。但是在不少专门研究资产证券化的专著中却忽视了这一点。有学者在谈到 SPV 的设立时指出，由信托方式设立 SPV，是指发起人将证券化的资产转移于 SPV，SPV 发行对证券化资产享有权利的信托受益证书，委托人就是原始权益人，SPV 是受托人。① 还有学者认为，SPT（特定目的信托）是一个已经存在的信托公司，只不过是要针对具体的证券化交易另行拟定信托契约。②

对于第一种观点，关键是它没有指出特定目的载体所适用的国度。其所述的特殊目的载体构造在美国的资产证券化中有所适用，这是证券化发展到一定阶段后、较为复杂的证券化结构；但该结构在中、日、韩等国家并无适用，可以说这并不是特定目的载体常见的设立方式。以信托方式设立的 SPV 也就是 SPT（特定目的信托），其本身的架构中就存在着委托人、受托人及受益人三方当事人，如果 SPT 是受托人，还应当存在另一个信托，否则，它做受托人就是无中生有。第二种观点是对特定目的信托与信托公司的双重错误定位。一般而言，特定目的信托设立时，发起人会找专门的信托公司做受托人，

---

① 熊进光、巫文勇：《金融资产证券化法律制度研究》，江西人民出版社 2006 年版，第 100 页。

② 张泽平：《资产证券化法律制度的比较与借鉴》，法律出版社 2008 年版，第 174 页。

对证券化资产进行管理与处分,而信托公司是一种专门以信托为业的商事组织,也就是在信托中专职做受托人。因此,信托公司不等于特定目的信托,它只是特定目的信托的受托人。还应当指出,在为数不少的硕士研究生毕业论文中也持有类似的观点。

之所以产生上述的错误看法,主要是因为其忽视了信托是由当事人通过一系列的法律行为设立的包括三方当事人在内的一种架构这一基本事实。

(二)特定目的信托是一系列设立行为的结果

伍治良先生曾著文指出,特定目的信托的有效设立需要两个步骤:首先,应当以信托合同的有效成立为前提;其次,实现证券化资产从委托人向受托人的移转。在此基础上他提出了特定目的信托的区分设立原则,也就是应当区别特定目的信托合同的成立与特定目的信托法律关系的设立两个不同的法律事实,两者各具不同的成立要件。①

在伍治良先生提出的区分原则中也表明了特定目的信托的设立不是单一行为的结果。伍治良先生主要是区分了特定目的信托的设立原因与设立结果,从我国的特定目的信托设立的过程来看,包括了一系列的设立行为。第一,是发起人与受托机构订立信托合同,就相关事项作出约定;第二,申请,金融机构作为发起人以及要成为特定目的信托的受托机构的金融机构,应当向银监会提出申请,提交规定的法律文件;第三,资产转移,发起人依照信托合同的约定向受托机构转移拟证券化资产,并依照有关法律规定办理信托登记手续。

(三)特定目的信托的设立是确定当事人权利义务的基准

经过一系列的设立行为之后,特定目的信托设立成功,受托人开始履行信托合同中管理、经营证券化资产、发行资产支持证券、信息披露等职责,受益人开始享有受益权。因此,特定目的信托的设立是确定相关当事人权利义务的基准。

如果像有些学者认为的那样,特定目的信托是一个早已存在的信托公司,因此不需要在证券化交易中讨论其设立问题,只需要讨论信托公司的设立问题就可以了,而信托公司的设立问题可以通过公司法的相关规定确定,是一个不需要再进行讨论的问题。但事实上,特定目的信托并不等同于一个已经存

---

① 伍治良:《论特定目的信托的性质及设立原则——兼评"建元2005—1个人住房抵押贷款证券化方案"之缺陷》,载《法商研究》2006年第5期。

在的信托公司,所以才会存在特定目的信托的设立时间怎么确定、相关当事人的权利义务产生时间如何确定等理论问题。

在实践中,伍治良先生也曾在文章中指出,"建元 2005—1 个人住房抵押贷款证券"案例中,特定目的信托还没有设立,资产支持证券已经实际发行,发起机构在受托机构将发行收入交给发起机构后,才转让信托财产,特定目的信托才最终设立。[①] 严格来说,在"建元 2005 证券化"案例中,在特定目的信托还未设立的情况下,受托人发行资产支持证券并不是一种合法行为;在特定目的信托成立之前,投资人购买资产支持证券的行为并没有使其成为真正的受益人。假设特定目的信托最终未能合法设立,受益人的权益保护将会成为一个巨大的难题。

本章小结

1. 普通信托设立应当具备的条件,包括委托人确定的设立信托的意图、确定的信托财产和确定的受益人,也是成文法商业信托以及特定目的信托应当满足的条件,但是作为普通信托从民事领域向商事领域延伸的成文法商业信托以及特定目的信托的设立则要比普通信托的设立条件要更加具体与全面。

2. 特定目的信托设立法律规制主要包括主体型规制与非主体型规制。主体型规制是指承认某些特定目的信托(如成文法商业信托)的法律主体地位,以对商业组织规制的类似方式进行规制,非主体型规制是指对于如设立人信托或所有人信托等用作特殊目的载体的信托形式,并不承认其独立的法律主体地位,而是以证券化的交易架构进行规制。

3. 在我国,虽然特定目的信托的设立不同于普通信托,但是其在设立过程中公示程序的缺失,导致了对特定目的信托的设立的错误认识,甚至影响到了对特定目的信托性质、作用等的定性,因此,在设立过程中增加登记程序,或赋予特定目的信托一定的法律主体地位是矫正对其错误认识的有效方法。

---

① 伍治良:《论特定目的信托的性质及设立原则——兼评"建元 2005—1 个人住房抵押贷款证券化方案"之缺陷》,载《法商研究》2006 年第 5 期。

第三章
特定目的信托证券发行的法律规制

证券发行是指符合发行条件的商业组织或政府组织，以筹集资金为直接目的，依照法律规定的程序向社会投资人要约出售代表一定权利的资本证券的行为。① 在传统的证券法视野中，证券发行是一个研究比较成熟的问题。

一般说来，证券发行会关注的问题大体上有以下几个方面：

第一，证券的发行方式。依据投资者的身份可将发行分为，公募发行和私募发行；依据是否通过证券公司承销发行可分为，直接发行和间接发行；依据所发行证券的种类可分为，股票发行、债券发行和基金单位发行；依据所发行的时间可分为，设立发行与新股发行。

第二，证券发行的价格。证券发行的价格大体来说有四种方式，即：平价发行、溢价发行、中间价发行与折价发行。

第三，发行监管制度。发行监管制度大体可以分为注册制与核准制两种制度。

第四，发行的条件。不管理采用什么监管制度，发行人发行证券一般都应当满足证券发行所规定的条件。

在美国，特定目的信托的证券发行是受其证券法规制的，但就中国及其他引进特定目的信托制度的国家及地区而言，其能否纳入证券法的管理还有不少理论上的问题值得探讨。在本章中，在内容选择上不再依照传统证券法视野中常见的问题对特定目的信托证券发行进行梳理，而是主要集中于特定目的信托证券发行的几个有特殊性问题。

---

① 董安生等：《证券发行与交易》，中国人民大学出版社1998年版，第1页。

The Legal Regulation of Special Purpose Trust

第一节 特定目的信托发行的证券

一、证券的含义

证券有广义和狭义之分。广义的证券是指为证明或设定权利所做成的各种形式的凭证,记载并代表了一定权益的法律凭证。狭义的证券是指以一定书面形式或其他形式,记载并表彰特定民事权利的书证。

证券的本质是权利,它以标准化的格式形式促进了财产性权利的流通,是民事权利证券化的重要载体。

(一)美国《1933年证券法》上的证券

在美国《1933年证券法》第2条①中定义的"证券"种类和形式十分广泛,除了典型的股票与债券之外,像票据、投资合同、认购书以及某些权利都被认为是证券法上的证券。立法者之所以作出这样宽泛的定义,其目的主要是留出足够的灵活性,使那些日新月异、花样翻新的金融交易和工具不致逃避法律的规范管理。② 除了定义中明确列举的各种证券类型,法院在实践中也充分发挥了普通法系的灵活性特点。以 SEC v. Howey Co.案("联邦证券交易委员会诉荷威公司"案)为例,对于任何的投资活动,最高法院提出了四要素的检验法,只要符合四个要素,投资活动也构成证券法上的证券:第一,用他人的钱进行投资;第二,投资于一个普通企业;第三,希望获得利润;第四,完全归因于推销或第三方的努力。最高法院还指出,证券的定义包含着一条灵活的原则,它能应付那些利用他人钱财,允诺获得利润的人制造无数的、各种各样的计谋。③

---

① 证券系指任何票据、股票、库存股票、债券、公司信用债券、债务凭证、盈利分享协议下的权益证书或参与证书,以证券作抵押的信用证书,组建前证书或认购书,可转让股票、投资契约、股权信托证,证券存款单、石油、煤气或其他矿产小额利息滚存权,或一般来说,被普遍认为是"证券"的任何权益和票据,或上述任一种证券的权益或参与证书,暂时或临时证书、收据、担保证书,或认股证书或订购权或购买权。

② 高如星、王敏祥:《美国证券法》,法律出版社2000年版,第56页。

③ SEC v. Howey Co.,328 U. S. 293(1946),http://supreme.justia.com/us/328/293/case.html,visited on 2011-05-12.

在这样一个宽泛的定义中,把特定目的信托发行的证券纳入证券法所规定的证券范畴,从理论到实践都不会存在困难。美国证券交易委员会(SEC)认为抵押工具是投资合同,进而证明了资产支持证券是《1933年证券法》所说的证券,因而对资产支持证券按证券法的规定进行管理。然而,法院的态度并不统一,有的法院认为资产支持证券是《1933年证券法》中的证券,有的法院则并不认可。

(二)我国证券法上的证券

我国《证券法》对证券并没有给出明确的定义,只是在第2条规定了证券法的调整范围。目前我国证券市场流通的主要证券,包括股票、债券、证券投资基金以及证券衍生品,其中证券衍生品主要是股票权证和股指期货。

从学理上来说,证券是借助文字或图形以专用的纸单或其他载体表明特定民事权利的书证。[①] 对于我国资产证券化特定目的信托所发行的信托受益凭证是不是证券,在理论上来讲,这不应当是个问题。信托受益凭证或资产支持证券,属于学理上的证券,但根据我国《证券法》的规定,它又是不受《证券法》调整的证券。我国《证券法》并不像美国的《1933年证券法》那样对证券采取了宽泛的界定,实质上是一种狭义的证券界定,并且只针对传统融资方式下的股票、债券等证券类型。资产支持证券能否算作《证券法》中的证券,关键在于它是不是"国务院依法认定的其他证券"。我国进行资产证券化的实践,肯定是得到了国务院批准的,但是信托受益凭证或资产支持证券是不是国务院依法认定的可以适用《证券法》的证券,从现有的法律法规来看,还得不出这样的结论。原因大致有二:第一,我国资产证券化的有关规定都是规章或以下层次的,没有以国务院名义发布的法规;第二,信托受益凭证或资产支持证券的发行及交易等事项规制根本没有援引适用《证券法》的规定。

从证券的定义可以看出,对证券的规制模式可以大致分为两个类型:一是以美国为代表的统一规制立法模式,即对所有被认为是"证券"的对象进行统一的规制;二是像中国这样的国家,分别对不同的证券类型进行不同的规制。本书认为,统一规制模式要优于分别规制模式,在统一规制模式下,可以实现立法资源与执法资源的节约,有利于资本市场的整合与统一发展,但是在这种模式中,对监管部门的监管能力与执法水平有着较高的要求。对于中国金融与资本市场并不发达与完善的现状来讲,分别规制可能是最现实的选择,但是

---

① 叶林:《证券法》,中国人民大学出版社2000年版,第1~2页。

从长远来看,统一规制模式将是最终的发展方向。

二、美国特定目的信托发行的证券种类

有学者认为,在美国,SPV(特殊目的载体)发行的三种最主要的证券是:转递证券、债券与转付证券,并且每种证券都可能有变种。① 还有学者认为,资产支持证券主要采取三种主要形式:第一,债券(不同种类);第二,优先股;第三,受益权凭证(certificates of beneficial interest)。一种结构的资产支持证券可以提供不同的优先权,到期日和对投资者的回报率。② 有学者指出,当信托作为 SPV 时,它发行的证券通常是信托证书。③ 而信托证书的作用也只是证明持有人对信托财产所享有的不能分离利益的书面文件,其利益范围是由该文件确定的。④ 下面按照第一种观点对 SPV 发行的证券进行分析。

(一)转递证券(pass-through security)

对于转递证券,国内也有译作转手证券或过手证券的。转递证券是一种把债务人的偿付转递给投资人的证券,因为借款人每个月利息与本金的偿付在减掉服务费后进行了转交,证券因此得名。私人贷款人把贷款集中并出售给投资者,尽管转递证券有确定的到期日,但是证券的实际期限要短,特别是在利率下降借款人提前偿还贷款时。⑤

转递证券表明对抵押贷款池的直接的所有者权益,⑥这种证券的持有人有权按比例获得本息的偿付。换句话说,转递架构下的投资者对资产池中组合资产及其所产生的利息享有所有权,并且偿付也依赖于资产池的本息。在设

---

① [美]塔玛·弗兰科著:《证券化:美国结构融资的法律制度》,潘攀译,法律出版社2009年版,第259页。

② Kenneth N. Klee, Brendt C. Butler, Asset-backed Securitizaiton, Special Purpose Vehicles and Other Securitization Issues, *UCC Law Journal*, Vol. 35, No. 2, (Fall, 2002), p. 5.

③ Steven L. Schwarcz, Commercial Trusts as Business Organizations: Unraveling the Mystery, 58 *Bus. Law.* 559, February, 2003, p. 564.

④ Thomas S. Harman, Emerging Alternatives to Mutual Funds: Unit Investment Trusts and Other Fixed Portfolio Investment Vehicles, 1987 *Duke L. J.*, 1045, p. 1053.

⑤ David L. Scott, *Wall Street Words: An A to Z Guide to Investment Terms for Today's Investor*, Houghton Mifflin Company, 2003, p. 270.

⑥ Asset Backed Securities, p. 5, http://www.egx.com.eg/pdf/Asset_Backed_Securities.pdf, visited on 2012-1-26.

立人信托结构中基础资产池的组合不能随着时间的推移而改变,信托也不能再投资于资产池所产生的偿付。因此,作为设立人信托结构下合格的担保物一般应当限定于固定的抵押贷款池(对 MBS)或中期或长期债券(对 ABS)。①

在美国,转递证券或参与证书(participation certificates,PCs)是抵押证券最普遍的形式。抵押证券代表着对金融机构向购买住房或其他不动产的借款人所发放抵押贷款的所有者权益。转递证券的期限通常是 30 年。多数转递证券是由固定利率的贷款支撑的,但现在可调整利率贷款(adjustable-rate mortgage loans,ARMs)也汇集成资产池作为发行转递证券的支撑。转递证券主要由联邦政府的代理机构与私营机构发行。联邦代理机构主要有政府全国抵押贷款协会(GNMA)、联邦住宅抵押贷款协会(FHLMC)、联邦国家抵押贷款协会(FNMA)等三家,GNMA 所发行的转递证券是由联邦住宅管理局(FHA)或退伍军人管理局(VA)等政府机构所担保的抵押贷款作为基础资产,而 FNMA 与 FHLMC 发行的转递证券则以私营保险机构提供担保的贷款为基础资产。②

有工具书认为,转递证券是代表对一些债务应收款的衍生证券,转递证券的持有人有权获得债的一部分收入。一般而言,转递证券有很多的债权支撑。最普通的转递证券是抵押贷款支持证券(mortgage-backed security,MBS)。③另有观点认为,抵押贷款支持证券(MBS)就等于转递证券。按证券化资产的种类,可以把抵押贷款证券分为两类:一类是以住宅房地产为基础资产的住宅抵押支持证券(residential mortgage-backed security,RMBS),一类是以商业房地产为基础资产的商业抵押支持证券(commercial mortgage-backed security,CMBS)。

MBS 最新的形式是可赎回转递证券(callable pass-throughs)。可赎回转递证券是通过把转递证券划分成"可赎回"与"赎回"两个种类而创制:可赎回

---

① April K. Rinne,An Analys of the Treatment of Asset Securitization Under the Proposed Basel Ii Accord and the U. S. Banking Agencies' Advance Notice of Proposed Rulemaking,Master of Arts in Law and Diplomcy Thesis,pp. 8～9. http://repository01. lib. tufts. edu:8080/fedora/get/tufts:UA015. 012. DO. 00042/bdef:TuftsPDF/getPDF,visited on 2011-06-07.

② An Investor's Guide To Pass-Through And Collateralized Mortgage Securities,http://www. freddiemac. com/mbs/docs/about_MBS. pdf,visited on 2012-1-29.

③ Farlex Financial Dictionary,Farlex,Inc. ,2009.

证券收取担保物上所有的本金与利息,赎回证券不取得任何本金与利息。赎回证券的持有人有权以确定的价格赎回基础转递证券(即可赎回证券)。①

转递证券与普通债券的区别主要表现为三个方面:发行主体、发行目的与偿付。普通债券的发行主体多为公司或政府;发行主体多是了特定目的发行债券;在债券到期前只偿付利息,本金在到期时一次性偿付。但对转递证券来说,转递证券多是由 SPV 发行;发行证券并没有特定的目的;转递证券多是按月支付本金与利息。②

其实,转递证券最本质的特点就是借款的偿付通过 SPV 这个平台支付给了投资者,而不是由借款人直接向原贷款人偿付。即使有约定的偿付期限,反映了 SPV 资产的预期履约范围,当 SPV 仅发行一种转递证券时,这些证券可以视为股票。③ SPV 资产的利益与风险都通过 SPV 转递给了证券持有人。

(二)转付证券(pay-through security)

转付证券是由一组抵押贷款担保的抵押支持证券,也叫现金流证券(cash flow bond)。这些证券完全是分期偿付证券,像修正了的转递证券,按规定的期限支付利息,按月或按季支付。证券的分期支付是由抵押贷款借款人偿付的现金流来实现的。贷款的提前偿付加速证券的兑现。④

发行机构用于偿还转付证券本息的资金来源于相应抵押贷款组合所产生的现金流量,这与转递证券相同。转付证券是发行机构发行的债券,购买者是债权人。基于所得税的目的,对于转付证券来说,被归类为债券是非常重要的。

转付证券类型很多,担保抵押证券(Collateralized Mortgage Obligation, CMO)是出现较早的典型转付证券。CMO 是一种多种类的转付证券。⑤ 它

---

① An Investor's Guide To Pass-Through And Collateralized Mortgage Securities, http://www.freddiemac.com/mbs/docs/about_MBS.pdf,visited on 2012-1-29.

② Collateralized Mortgage Obligations(CMOs), Real Estate Mortgage Investment Conduits(REMICs), http://thismatter.com/money/bonds/types/collateralized-mortgage-obligations.htm,visited on 2012-1-26.

③ [美]塔玛·弗兰科著:《证券化:美国结构融资的法律制度》,潘攀译,法律出版社2009年版,第259页。

④ http://www.allbusiness.com/glossaries/pay-through-security/4946262-1.html, visited on 2011-5-31.

⑤ Jason H. P. Kravitt, *Securitization of Financial Assets*, 2nd Edition, 2004-2 Supplement, Aspen Publisher, pp. 6~18.

通常会发行包括 A、B、C、Z 四个等级的证券，偿付期限由短到长。四级交易结构中不同级别的预定期限一般是 2 年、5 年、7 年以及 20 年。有些已发行的 CMO 会多达 50 个级别。

CMO 与转递证券存在着密切的联系。有观点认为，CMO 与 REMIC 所发行的证券属于转递证券的变种。① 有研究认为，CMO 是一种转付证券，是比转递证券更复杂的证券，其担保物就是抵押贷款转递证券组成的资产池。② 随着 CMO 的发展，出现了预定偿付债券（planned amortization class，PAC）与目标偿付债券（targeted amortization class，TAC），以更加确定的偿付日来减少投资者提前偿付的风险。③

除 CMO 之外，常见的其他转付证券还有剥离抵押支持证券（stripped mortgage-backed security，SMBS）、担保债券凭证（collateralized bond obligation，CBO）、担保贷款凭证（collateralized loan obligation，CLO）、担保债务凭证（collateralized debt obligation，CDO）等类型，其中剥离抵押支持证券又分为本金证券（principal-only，PO）、利息证券（interest-only，IO）等④。

转付证券结构关注的是信用强化、借款人提前偿付的风险以及投资者需求的偿付期限与 SPV 资产的偿付期限存在差异等问题。对发起人来说，转付证券的优势是不同级别的证券依次支付本金，因而每种证券的偿付日期更为确定，使发起人能够获得高回报曲线的收益。另外，由于转付证券通常以贷款资产上的共同所有权为担保，因此更便于套利者和抵押贷款启动者发行转付证券。⑤

（三）债券

普通债券是按固定利率并在固定期限偿付本金与利息的证券。普通债

---

① John Downes and Jordan Elliot Goodman, Barron's Finance & Investment Handbook(6th ed.), Barron's Educational Series, Inc., 2003, pp. 43~44.
② Asset Backed Securities, http://www.egx.com.eg/pdf/Asset_Backed_Securities.pdf, visited on 2011-5-31.
③ An Investor's Guide To Pass-Through And Collateralized Mortgage Securities, http://www.freddiemac.com/mbs/docs/about_MBS.pdf, visited on 2012-1-29.
④ 剥离抵押支持证券的基础资产的每一抵押贷款的偿付一部分用于清偿本金，一部分用于清偿利息，这两部分的分别偿付可以创制出剥离抵押支持证券的两个子类型：仅付本金的剥离抵押支持证券与仅付利息的剥离抵押支持证券。
⑤ ［美］塔玛·弗兰科著：《证券化：美国结构融资的法律制度》，潘攀译，法律出版社 2009 年版，第 260~264 页。

是 SPV 的债务，SPV 很少发行这种债券。①

(四)转递证券与转付证券的联系与区别

转递证书与转付证书这两种证券存在一定程度的联系。首先，转递结构与转付结构的共同之处在于其利息与偿付是建立在证券化资产的利息与偿付基础之上的。② 其次，以 CMO 或 REMIC 等为基本形式的转付证券是以转递证券组成资产池的，可以说，转递证券构成了转付证券的基础。再次，剥离证券如 IO 或 PO 既可以在转递结构中应用也可以在以 CMO 为代表的转付结构中应用。③ 复次，以 MBS 为代表的转递证券与以 CMO 为代表的转付证券都属于抵押支持证券的范畴，在实践中，剩余非 REMIC 担保抵押证券（residuals CMO）可以以信托证书或合伙权益的方式出售。④

转递证书与转付证书两种证书的区别表现在四个方面：首先，在于证书持有人对于资产池所产生的现金流的请求权性质上。如果投资人对于所有的现金流拥有直接的请求权，并且证书持有人对于担保的现金流拥有比例的份额，这是转递证书（受益权益证书）。如果有规则对担保的现金流在不同的证券期间进行分配，这种资产支持证券就是转付证书。⑤ 其次，在转付证券发行前，发行人对资产池产生的现金流进行了重组，在此基础上设计出不同到期日、具有不同特征的证券，多样化的证券品种满足了投资者对风险、收益、期限等的不同偏好；而转递证券在发行前却没有对贷款的现金流进行重组。再次，资产池中的贷款所有权是否向投资者发生转移是两种证券的另外一个重要区别。转递证券的持有人获得了抵押贷款组合的所有权，而转付证券的持有人却没有获得抵押贷款组合的所有权，只是依约对抵押贷款组合享有债权。复次，从

---

① ［美］塔玛·弗兰科著：《证券化：美国结构融资的法律制度》，潘攀译，法律出版社 2009 年版，第 266 页。

② Viktor Tielmann, Finanzkrise—Analysis and Reasons for the Subprime Crisis, Grin Verlag, 2009, p. 6.

③ An Investor's Guide To Pass-Through And Collateralized Mortgage Securities, http://www. freddiemac. com/mbs/docs/about_MBS. pdf, visited on 2012-1-29.

④ Collateralized Mortgage Obligations（CMOs），http://thismatter. com/money/bonds/types/collateralized-mortgage-obligations. htm，visited on 2011-6-23. http://thismatter. com/money/bonds/types/collateralized-mortgage-obligations. htm.

⑤ Frank J. Fabozzi, Vinod Kothari, Introduction to Securitization, John Wiley & Sons, Inc. , Hoboken, New Jersey, 2008, p. 10.

证券化的发展阶段来看,转递证券是资产支持证券的一种初级形式,而转付证券则是资产支持证券的一种高级形式。①

有学者对特定目的信托发行的证券种类作了详细的划分,并分别描述了证券特征。②（参见下表）

证券类型	证券特征
转递证书	转递证书被视为信托的所有人,它赋予了持有人按比例享有获得本金与利息偿付的权利。资产池的组成不能因时间而变化,信托也不能把资产池资产获得的偿付进行任何的再投资。
剥离转递证书	仅付利息(interest only,IO)与仅付本金(principal only,PO)就是分离转递证书的例子,对于利息与本金的所有者权益是完全分离的。IO与PO分别赋予了投资人对利息或本金百分之百的所有权。PO类似于零利率债券,因为它们是以很大的折扣价购买并且一次性偿还本金(one bullet payment)。投资者经常购买PO是因为他们希望高利率的提前偿付或希望对冲下降的利率。IO则是由希望低几率提前偿付的投资者购买,他们想对冲上升的利率所导致的损失。
优先/次级转递证书	转递证书可以有优先与次级类别,其中次级证书获得本金的权利要次于优先证书。
可赎回转递证书	转递证书也可以含有赎回选择,它赋予持有人以现金购买信托资产的权利。
转付证券	转付证券代表一个法律实体的债务而非所有者权益,通常是由所有者信托发行的。转付证券的一个主要优势是基础担保物的现金流可以重新安排以创制有不同到期日与不同支付顺序的证券。
REMIC权益	普通权益被视为基础抵押贷款的所有者权益。每个REMIC只允许一种剩余权益。
FASIT权益	单一的所有者权益与一种或以上的普通权益。

---

① 于凤坤:《资产证券化:理论与实务》,北京大学出版社2002年版,第49页。

② Andrew Davidson et al., *Securitization: Structuring and Investment Analysis*, John Wiley & Sons, Inc., Hoboken, New Jersey., 2003, p. 23.

(五)转递证券与转付证券的法律性质

在美国《1933年证券法》的证券定义中可以看出,债务证券(debt security)和权益证券(equity security)是证券的两个重要种类。债务证券是持有人要求发行人还本付息的凭证;权益证券则表现为对某一实体所享有的受益权份额。简单地说,债券是债务证券的典型;股票则是权益证券的典型。债券与股票之间的区别就是债务证券与权益证券的差异所在。

由于证券在美国样态多样化、投资需求多样化等原因,证券市场会创制出兼有权益证券与债务证券之特征的证券,导致两种证券之间的差异日趋模糊,同时也造成了对证券性质认定的困难。因此,在美国司法实践中创造出被称为"麦克森因素"(Mixson factor)司法工具以对债务证券和权益证券进行区分。"麦克森因素"包含了十几项非排除性特征以对两种证券进行确定:(1)证明债务证书的名称;(2)是否有确定的到期日期;(3)支付来源,也就是接受的资金是否能根据合理预测的现金流或流动资产来偿还预付金;(4)资金的提供者是否有权强制支付;(5)预付金的提供者是否会增加参与管理的权利;(6)与固定债权人(regular creditor)有关的分配地位;(7)当事人的意图;(8)收到的预付款是否适当的资本化;(9)在债权人与股东的权益之间是否具有同一性;(10)利息支付的来源,也就是接受的资金是否以收入支付利息;(11)公司从外部借贷机构获得贷款的能力等。[①]

资产支持证券可以采用股权方式与债权方式进行构造,以股权方式构造资产支持证券通常采用转递结构,以债权方式构造资产支持证券则采用转付结构。总体上说,转递证券是一种权益证券,而转付证券则是一种债券。

作为权益证券,转递证书被视为信托的所有人,它赋予了持有人按比例享有本金与利息偿付的权利。[②] 国内学者也认为,转递证券使投资者直接拥有抵押资产的所有权,[③]转递证券代表所有权证书,拥有转递证券就拥有了基础资产的所有权。[④] 转递证券还可以进行股权型与债权型的细分。股权型转递

[①] Vinod Kothari, *Securitization: the Financial Instrument of the Future*, John Wiley & Sons(Asia) Pte Ltd., 2006, p.745.

[②] Andrew Davidson et al., *Securitization: Structuring and Investment Analysis*, John Wiley & Sons, Inc., Hoboken, New Jersey., 2003, p.23.

[③] 于凤坤:《资产证券化:理论与实务》,北京大学出版社2002年版,第48页。

[④] 李曜:《资产证券化:基本理论与案例分析》,上海财经大学出版社2001年版,第30页。

证券的持有人按比例享有资产池资产的所有权；债权型转递证券的持有人则对资产池资产享有债权，证券持有人认购证券被视为以资产池资产为担保向证券发行人发放了一个"贷款"。

但也有观点认为，转递证券只是把抵押贷款转化为证券，使借款者与银行的债权与债务关系变成了借款者与债券持有者之间的债权债务关系。① 不论资产支持证券是权益证券还是债券，都不能简单地理解为借款人与贷款人之间的债权与债务关系变成了借款人与证券持有人之间的关系，在证券化这一结构金融安排中，发起人把债权转让与特定目的载体，特定目的载体以债权为基础发行证券，投资者购买证券后，不论其证券是何种性质，证券持有人基于证券所享有的权利只能以证券化资产为基础，而不能向借款人主张与行使，否则，直接采用债权转让的技术就可以了，而不必大费周折采用证券化这种结构金融交易技术了。

三、我国特定目的信托发行的证券

《试点管理办法》规定，受托机构在证券化过程中以资产支持证券的形式向投资者发行受益证券，并以信托财产所产生的现金流进行资产支持证券的收益支付。从此规定中可以看出，信托受益证券与资产支持证券是内容与形式的关系，受益证券乃特定目的信托模式下的资产支持证券。② 资产支持证券表明了证券持有人对于信托财产所享有的权利，也在一定程度上确定了投资人与发起人、受托机构之间基于信托财产所产生的权利义务关系，在受托机构与证券持有人之间，受托机构仅以信托财产为限向证券持有人承担支付证券收益的义务，如果信托财产不足以偿付资产支持证券，资产支持证券持有人则无权要求发起人、受托人以其他财产来偿付证券。因此，投资人即资产支持证券持有人权益的实现取决于信托财产，发起人、受托人或其他证券化服务机构的固有财产不是资产支持证券的担保；同时，信托财产与发起人、受托人或其他证券化服务机构的破产风险是隔离的，即使发起人、受托人破产，资产支持证券持有人依然能按约定受偿。

按照《试点管理办法》的规定，资产支持证券仅代表持有人对特定目的信

---

① 于凤坤：《资产证券化：理论与实务》，北京大学出版社2002年版，第105页。
② 伍治良：《论受益证券的法律性质》，载吴弘：《金融法律评论》（第1卷），中国法制出版社2010年版。

托受益权所享有的相应份额,证券持有人不能以证券向资产证券化发起机构、特定目的信托受托机构或任何其他机构主张债权。据此可以清晰确定资产支持证券的法律性质:它是一种权益证券而不是债券。

　　资产支持证券作为证券的问题其实没有再进行讨论的必要。但是,资产支持证券具体是一种什么样的证券则应进行明确。证券持有人享有的权利可以有助于证券性质的确定,《试点管理办法》规定资产支持证券持有人依照相关法律文件约定,享有下列七项权利:分享信托利益权、剩余信托财产的分配权、资产支持证券的转让权、要求召开证券持有人大会的权利、表决权、查阅或者复制权以及其他权利。结合《试点管理办法》的规定来看,似乎资产支持证券是一种权益证券,符合转递证券的特征。但是结合实践来看,它又具有债权证券的某些特征。如资产支持证券的持有人在规定的期间内会得到投资的本息偿付,其收益也基本上是固定的。因此,单纯地说资产支持证券是权益类证券或债务证券都是不完全正确的。有学者指出,受益证券是特定目的信托模式下的资产支持证券,它所表彰的信托财产受益权属性不同于股票与债券分别体现的股权与债权,它代表了结构化的受益权,应属于股票与债券之外的新型证券。① 可以说,我国资产证券化领域中以信托受益凭证表征的资产支持证券的出现打破了我国权益证券与债权证券的二分法,本书认为,资产支持证券是同时具有权益证券与债权证券特征,是与权益证券与债权证券并列的新型证券。

　　以我国抵押贷款的证券化实际运行来看,它所采用的结构应属于转递结构。与美国相比,我国的资产证券化特殊目的载体形式相对单一,只采用了特定目的信托的形式,而且资产证券化的资产类型也较单调,因此决定了资产支持证券的类型单一。这其实从侧面反映了资产证券化这种金融创新形式在中美两国不同的发展路径和环境。

四、我国台湾地区特定目的信托发行的证券

　　我国台湾地区的"金融资产证券化条例"规定了两种特殊目的载体的形式:特殊目的信托与特殊目的公司。特殊目的信托发行的证券称为受益证券,它是指特殊目的信托之受托机构依资产信托证券化计划所发行,以表彰受益

---

① 伍治良:《论受益证券的法律性质》,载吴弘:《金融法律评论》(第 1 卷),中国法制出版社 2010 年版。

人享有该信托财产本金或其所生利益、孳息及其他收益之受益权持分之权利凭证或证书;特殊目的公司发行的证券称为资产基础证券,它是指特殊目的公司依资产证券化计划所发行,以表彰持有人对该受让资产所享权利之权利凭证或证书。

在台湾理论界,对于受益权有不同的认识。有学者认为,受益权是类似信托财产为担保的法定留置权或准物权;[①]还有的学者认为,受益权在性质上并非纯粹债权,同时具有一定的程度的物权效力。[②] 既然对受益权的性质有着不同的定性,那么表彰受益权的证券是权益类证券还是债务类证券就是一个同样难以求同的问题。

第二节 作为发行主体的特定目的信托

特定目的信托发行的证券都是以不同类型的资产所产生的现金流作为支撑的,不管具体的类型怎样,都可称为资产支持证券(asset-backed security)。但是因为各国的证券化的法律制度不同,资产支持证券的发行主体也不尽相同。

一、美国发行证券的特定目的信托

在美国,特殊目的实体(SPE)通常根据特拉华州的法律采取有限责任公司的形式。SPE 在美国为发行证券所采用的另一种普通形式就是信托。信托的形式各异,包括设立人信托(grantor trust,另有译为让与人信托、委托人信托、设立人信托),不动产抵押投资管道(或 REMICs),发行信托(issuance trust),所有人信托(owner trust)与总投资信托公司(master trust)。选择信托作为 SPE 的形式,部分是因为税收方面的考虑,因为选择信托的目标就是避免在信托层面或 SPE 层面的税收。[③]

---

① 何孝元:《信托法之研究》,载《中兴法学》第 10 卷。
② 王志诚:《金融资产证券化——立法原理与比较法制》,北京大学出版社 2005 年版,第 70 页。
③ Bank for International Settlement: Report on Special Purpose Entities, September 2009, p. 65. http://www.bis.org/publ/joint23.pdf, visited on 2011-6-13.

(一) 设立人信托

设立人信托是一个设立信托的设立人保有对信托的利益与控制的信托,因此,设立人应对信托收益纳税。① 为了避免承担税收责任,设立人信托在基础资产上发行单一的受益证券,它把资产上产生的所有收益转递给证券持有人。设立人信托不允许发行多类型证券。

设立人信托属于州法上的自偿信托(self-liquidating trust),不是成文法商业信托,要具备该信托的资格,信托必须自始有固定资产,并由一个消极的投资者管理,以保护与维持资产,提交给国内税务总局的信托说明书上不应赋予受托人用信托财产所生收益再行投资的权利。②

在设立人信托结构下的所有权是由转递证券来证明的。转递证书是一种所有者权益证书。在转递证券交易中,转递证书的持有人被视为信托的实质所有人,因此对于收益是对投资人而不是对信托征税。当信托将其财产所有权通过转递证书进行了分配,信托对财产就不拥有所有权了。这是一个完全透明的处理,即使信托的费用也被按比例视为投资人之间的费用。美国房地美 Freddie Mac、吉利美 GNMA 和房利美 Fannie Mae 的转递证书就可享受设立人信托的待遇。③

综合来说,要达到设立人信托的要求,必须满足三个条件:第一,实体必须是一个州法下的信托;第二,信托协议不能包含改变投资的权力;第三,根据某些例外规定,信托只能发行一种权益证券。④

(二) 所有人信托(owner trust)

如果是非抵押贷款资产,SPE 可以采取所有者信托的形式。只要发行了代表支付之后超额收益的权益证券后,所有人信托可以发行多类型的债券。

---

① Grantor Trust-Business Definition, http://business. yourdictionary. com/grantor-trust, visited on 2011-6-7.

② [美]塔玛·弗兰科著:《证券化:美国结构融资的法律制度》,潘攀译,法律出版社 2009 年版,第 274 页。

③ Vinod Kothari, *Securitization: the Financial Instrument of the Future*, John Wiley & Sons(Asia) Pte Ltd, 2006, p. 749.

④ Patrick D. Dolan, C. VanLeer Davis, *Securitizations: Legal and Regulatory Issues*, ALM Properties, Inc., law Journal Press, New York, 2006, pp. 4~5.

权益证券持有人应当对所有收益纳税。①

与设立人信托不同的是，在所有人信托结构下的所有权是由单一或分期的证券来表征的，这些证券随后向购买证券的投资人发行。这些证券也叫支付型债券。在支付型架构下的投资者对基础资产池本身不拥有什么权利，而只是对可能独立于资产池运营的支付拥有契约上的权利。支付型架构的一个优势是可以对基础担保物的现金流进行重新安排以创制不同到期日和不同支付顺序的债券。因此，鉴于所发行证券的结构方面的灵活性，几乎所有证券化的资产都可以作为所有人信托结构下的担保物。②

相对于设立人信托而言，所有人信托在证券化中的应用更加灵活一些。发起人把载体构造为所有人信托，它既可以利用适用于设立人信托的转递的概念，也可以利用适用于信用卡型信托的担保融资概念。发起人也可以构造一个所有人信托，既发行债券又发行权益证券。但是与设立人信托相比，所有人信托也存在着一些不利方面。虽然所有人信托因为已获得设立人信托的待遇很适合于长期应收款，但是发起人却不能获得通过典型的设立人信托发行多种类多层次权益的优势。相对的是，发起人可以获得通过所有人信托发行多种类债券的优势。为了把所有人信托归类到设立人信托，为税收目的就必须把债券归类到债务。如果债券被归类为权益，载体就与设立人信托的规则相冲突。或者为税收目的，可以使所有人信托具有合伙的特征，以减少债券的债务分类的重要性。不过，把所有人信托归类为合伙也有其自身的缺陷。③

（三）不动产抵押投资管道（REMICs）

为回应行业能发行具有不同到期日与不同信托特征的证券而不承担税收责任的信托需求，美国国会在 1986 年制定了 REMIC 的规范，为避免税收责任，REMIC 只能持有一到四层的民居（one-to-four family dwellings）的单一

---

① Bank for International Settlement: Report on Special Purpose Entities, September 2009, p. 65., http://www.bis.org/publ/joint23.pdf, visited on 2011-6-13.

② April K. Rinne, An Analys of the Treatment of Asset Securitization Under the Proposed Basel Ii Accord and the U. S. Banking Agencies' Advance Notice of Proposed Rulemaking, p. 9. Master of Arts in Law and Diplomcy Thesis, pp. 8~9. http://repository01.lib.tufts.edu:8080/fedora/get/tufts:UA015.012.DO.00042/bdef:TuftsPDF/getPDF, visited on 2011-6-13.

③ Jason H. P. Kravitt, Securitization of Financial Assets, 2nd Edition, 2004-2 Supplement, Aspen Publisher, pp. 3~56.

的家庭住房抵押贷款,以符合 REMIC 的税收地位。

现在,不动产抵押投资管道持有信托的商业与居民抵押贷款并发行代表对这些抵押贷款不可分权益的证券。不动产抵押投资管道把抵押贷款汇集成资产池并发行转递证券,类似于 CMO 的多种类证券或在二级市场中向投资者发行其他证券。不动产抵押投资管道的法律形式无关紧要,信托、公司与合伙都可以选择不动产抵押投资管道的法律地位,甚至不是法律实体的资产池也可以成为不动产抵押投资管道。①

不动产抵押投资管道可以发行一种或多种普通权益证券以及剩余权益的单一种类证券。普通权益证券可以是债券、转递证券、信托、合伙或普通股、优先股,它们要具有固定利率、明确的本金。在信托型的不动产抵押投资管道中,信托证书被视为剩余权益证券,在公司形式的不动产抵押投资管道中,普通股被视为剩余权益证券。②

(四)总投资信托公司

总投资信托公司是一种可以以信托形式发行一系列证券的信托,这种信托在英国用以抵押贷款的证券化。

总投资信托公司与用于分散借贷风险的信托有关。后者有利于向投资者出售在贷款中的权益,而总投资信托公司则使得金融资产的发起人在最广泛的投资人基础上出售权益,借此把发起人持有该金融财产的风险以及投资人投资于这些资产的风险进行分散。

总投资信托公司常被从事结构融资的公司采用,这些公司所拥有的资产要远远大于融资所需要的数量。最简单的方式是划出一部分资产用于融资。然而实践中,公司很少能够在成本效益的基础上分离出财产用于融资。他们通常保留记录并汇报对各种资产的需求,很难获得对于一个类型资产独立的报告。一些公司还有季节性的融资需求,所以用于融资的资产也会随着时间而波动,或他们想基于一个单独的资产池将资金来源多样化。③

---

① Peaslee,James M. & David Z. Nirenberg,Federal Income Taxation of Securitization Transactions and Related Topics,Frank J. Fabozzi Associates,2011,with periodic supplements,www. securitizationtax. com,p. 432.

② [美]塔玛·弗兰科著:《证券化:美国结构融资的法律制度》,潘攀译,法律出版社 2009 年版,第 279~281 页。

③ Steven L. Schwarcz,Commercial Trusts as Business Organizations:Unraveling the Mystery, 58 Bus. Law. 559,February,2003,pp. 566~567.

(五)发行信托

发行信托在美国经常被用以信用卡的证券化,因为这种结构允许发起人在市场条件有利的情况下,在不同时间发行不同种类的证券,而不是在同一时间发行所有证券。

有学者对特定目的信托作为发行主体所发行的证券类型进行了全面的整理。(见下表)[①]

发行主体	证券类型	合格担保
设立人信托	转递证书(pass-through certificates) 分离转递证书[stripped pass-through certificates 仅付利息(IOs)与仅付本金(POs)] 优先次级转递证书(senior-sub pass-through certificates) 可赎回转递证书 callable pass-through certificates	固定的抵押贷款资产池或中期或长期债务
所有人信托	转付证券(pay-through bonds) 担保抵押证券(collateralized mortgage obligations CMOs)	任何可证券化资产,抵押贷款,汽车贷款,学生贷款,住房权益贷款,设备贷款
REMIC	普通权益(regular interest) 剩余权益(residual interest)	不动产抵押贷款
FASIT	普通权益(regular interest) 剩余权益(residual interest)	任何债务证书(debt instrument) 信用卡应收款

二、我国资产支持证券发行主体

在我国信托型的资产证券化实践中,特定目的信托受托机构是资产支持证券的发行人。受托机构通常由依法设立的信托投资公司担任,当然也可以由银监会批准的其他机构担任。

---

① Andrew Davidson et al.,Securitization:Structuring and Investment Analysis. John Wiley & Sons,Inc.,Hoboken,New Jersey,2003,p. 22.

我国台湾地区的"金融资产证券化条例"通过对两种证券的界定，也指明了证券的发行主体。受益证券作为表彰受益人对信托财产本金或其所生利益、孳息及其他收益所享有受益权的权利凭证或证书，是指以特殊目的信托的受托机构的名义发行的；资产基础证券则是以特殊目的公司名义发行的，是证券持有人对证券化资产所享有权利的凭证或证书。可以看出，在台湾地区受益证券与资产基础证券是两种不同的证券，分别是特定目的信托架构与特定目的公司架构下所发行的证券类型，两者的发行主体以及主体的性质与地位有着明显的不同。

在祖国大陆与台湾地区，如果特殊目的载体的形式是特定目的信托，那么信托受益凭证则都是由特定目的信托的受托机构发行的，原因不外乎特定目的信托不具有法律主体资格。

三、证券发行人法律责任

（一）美国的证券发行人

美国《1933年证券法》对发行人作了详细的界定。通常意义上的发行人是指任何一个发行或计划发行证券的人。因为美国证券法上的证券类型多种多样，证券发行人也要根据具体的证券类型加以确定。如果证券具体表现为存款单、表决信托证书、担保信托证书，或没有董事（或行使类似职能的人）、不按股份公司注册的投资信托公司的权益或股权证书，或固定的、严格管理的、或单一形式的证书，发行人则是指履行存款人或管理人的业务活动职责的人；如果证券是设备信托证这类证券，发行人则是指使用或将使用该设备或财产的人；如果证券是油、气或其他矿产的小额利息滚存权，发行人则是指有权创造小额利息以进行公开销售证券的人。

根据对"人"的界定，发行人可以是任何一个自然人、公司、合伙、团体、合股公司、信托、任何非公司组织，或政府。但是信托作为发行人以发行受益人之权益以纸质证券表彰的为限。

2004年，证券交易委员会在其《AB条例公告》中对资产支持证券的发行人进行了定义：仅以发行实体存管人身份行事的资产支持证券存管人是该发行实体资产支持证券目的项下的"发行人"，以存管人身份行事的人，若作为另一实体存管人身份行事或为其本身证券目的行事,则属于不同的发行人。①

(二)我国的证券发行人

我国的《证券法》规定,该法只调整在中国境内发行和交易的股票、公司债券和国务院依法认定的其他证券。虽然《证券法》对发行人没有明确的界定,但是就目前我国的实践与法律规定来看,证券的发行人大多是依法设立的公司企业。证券的发行人与融资人也是一致的。

但是随着我国资产证券化实践的开展,证券的发行人等于融资人的情况也就随之被打破。由于特定目的信托不具有法律上的主体资格,无法成为证券的发行主体,因此,资产支持证券只能由特定目的信托的受托机构作为发行人。

(三)证券发行人的法律责任

美国《1933年证券法》规定,有意违反该法任何条款或违反委员会根据其权力颁布的条例或规则的任何人,或在根据该法发出的注册报告书中有意制造对任何重大事实的不真实陈述或漏报规定其中应报的或为使该报告书中的陈述不至于被误解所必要的重大事实的任何人,一经确认便应被罚以不超过10,000美元的罚金或不超过5年的监禁,或两者兼有。该条规定的处罚的一般性规定,当然也适用于发行人。

我国《证券法》规定了对发行人进行处罚的两种情形:第一种,未经核准或审批擅自发行证券,或者发行证券时制作了虚假的发行文件;第二种,发行人未按照有关规定对上市交易的证券进行信息披露,或者信息披露中存在虚假记载、误导性陈述或者有重大遗漏等违规行为。《证券法》也对上述行为规定了从警告、罚款等行政处罚到追究刑事责任不等的处罚。

因为《证券法》不适用于资产支持证券,那么作为资产支持证券发行人的特定目的信托的受托机构在证券发行中的法律责任就不能依照《证券法》确定。

《试点管理办法》在资产支持证券的发行方面规定的法律责任主要是两个方面。第一,未经批准从事资产证券化业务。未经银监会批准,金融机构作为证券化发起机构或者受托机构从事证券化业务活动的,由银监会依据《银行业

---

① [美]路易斯·罗思、乔尔·赛里格曼著:《美国证券监管法基础》,张路等译,法律出版社2008年版,第233页。

监督管理法》第44条①的规定,予以处罚。第二,未按规定报送文件。金融机构从事证券化业务活动,未按照规定向银监会报告或者报送有关文件、资料的,由银监会依据《银行业监督管理法》第46条②的规定,予以处罚。

可见,我国资产证券化中证券发行人的法律责任都是通过上位法来确定的。随着我国资产证券化的深入,发行人的违法行为可能会越来越多,因此通过上位法来确定发行人的法律责任,可能会出现法律责任没有针对性、难追究发行人法律责任的情况。

第三节 特定目的信托证券发行监管制度

一、美国特定目的信托证券发行的监管制度

资产支持证券(asset-backed secruity)有广义与狭义之分。广义的资产支持证券是指以抵押贷款与非抵押贷款支持所发行的证券,而狭义的资产支持证券是指以非抵押贷款支持发行的证券。狭义的资产支持证券是与抵押贷款支持证券(MBS)并列的证券类型,即以抵押贷款以外的信用卡贷款、汽车贷款、学生贷款等非抵押贷款为基础资产发行的资产支持证券。在美国,资产支持证券是《1933年证券法》所调整的证券,因此,《1933年证券法》及其他证券法规的规定适用于资产支持证券。

---

① 《银行业监督管理法》第44条:银行业金融机构有下列情形之一,由国务院银行业监督管理机构责令改正,有违法所得的,没收违法所得,违法所得50万元以上的,并处违法所得1倍以上5倍以下罚款;没有违法所得或者违法所得不足50万元的,处50万元以上200万元以下罚款;情形特别严重或者逾期不改正的,可以责令停业整顿或者吊销其经营许可证;构成犯罪的,依法追究刑事责任:

(1)未经批准设立分支机构的;

(2)未经批准变更、终止的;

(3)违反规定从事未经批准或者未备案的业务活动的;

(4)违反规定提高或者降低存款利率、贷款利率的。

② 《银行业监督管理法》第46条:银行业金融机构未按照规定提供有关报表、报告等文件、资料的,由国务院银行业监督管理机构责令改正,逾期不改正的,处10万元以上30万元以下罚款。

(一)美国的证券发行注册制

美国是实行证券发行注册制最具代表性的国家。注册制是指发行人在发行证券前,按法律的规定向证券发行监管机构提交与发行有关的文件,向公众公开有关文件,在一定的期限内,主管机关未提出异议的,其证券发行注册即发生效力的一种证券发行审核制度。

注册制的主要特点是监管机构的审核强调公开原则和形式审查原则,监管机构要求发行人依照法律、法规的规定,全面、真实、准确地提供发行资料,并对其信息披露义务的履行状况进行审查,但对证券品质与投资价值不作判断。

美国《1933年证券法》第5条确定了登记前限制促销、禁止销售的一般规定。具体地说,在向联邦证券交易委员会提交注册登记以前,任何人不得以任何形式进行证券销售活动,在注册登记生效以前不得完成证券交易,而且注册登记生效以前的促销活动也在严格限制之列。第5节规定的注册登记可以分成以下三个阶段:第一,"注册登记以前";第二,"等待期";第三,"生效之后"。①

第一阶段,在注册登记以前,在州际贸易中,任何人直接或间接利用交通、通讯、邮寄、任何媒介或证券报价等手段或工具进行证券的要约销售都是非法的;除非该证券的注册报告书已提交,或当该注册报告书被拒绝或撤销,或在注册报告中生效日前,根据第8节该注册报告书处于公开程序或审查之中时。该款表明,在向联邦证券交易委员会登记文件以前不得以任何方式要约销售或要约购买证券。该款的各项禁止性规定以及各种相关的违法行为被统称为非法"走火"(Gun Jumping)。②

第二阶段,注册生效等待阶段,任何人直接或间接利用交通、通讯、邮寄、任何媒介或证券报价等手段或工具进行证券的销售都是非法的。第8条则规定了生效等待的时间,注册报告书及其修订的生效日应是注册报告书提交后的第20天或由委员会决定的更早的日期。

第三阶段,生效之后。注册报告书经SEC审查如未发现问题,文件则在接到申报文件之日起20日后自动生效。发行人和主承销商在文件生效后向投资者提交招股说明书,并开展证券销售活动。

---

① 高如星、王敏祥:《美国证券法》,法律出版社2000年版,第17页。
② 高如星、王敏祥:《美国证券法》,法律出版社2000年版,第19页。

(二)美国的资产支持证券发行注册豁免制度

按照《1933年证券法》的规定,在向联邦证券交易委员会注册登记以前进行任何形式的证券销售活动都是非法的,在注册登记生效以前的促销活动是受到严格限制的,在注册登记生效以前完成证券交易是被禁止的。

但《1933年证券法》同时也规定了登记豁免制度。第3条第(a)款第(2)项—第(8)项规定了豁免登记的证券种类,对于这些种类的证券,不管谁是交易当事人或以何种方式进行交易,证券都可以免予登记。第3条第(a)款第(9)项—第(11)项以及第4条第(1)款—第(6)款的规定是基于证券交易的本身的性质规定了登记的豁免。

《1933年证券法》规定的豁免制度中,豁免登记的证券规定中适用资产支持证券的主要是该法第3条第(a)款第2项、第3项、第5项、第8项;豁免登记的交易规定适用资产支持证券的主要是该法第4条第2项的"私募发行"的豁免。①

1. 政府和政府实体发行的证券

第2项规定的豁免登记的证券:公共权力机构和银行发行的证券。具体地说包括联邦政府和地方政府发行的证券,银行证券与抚恤金计划等三个种类。

美国证券化资本市场上,政府抵押贷款协会(GNMA)、联邦国民抵押贷款协会(FNMA)和联邦住宅抵押贷款公司(FHLMC)三大带有官方性质的机构发行或担保的ABS占很大比重。GNMA所发行的证券因为由联邦政府担保,因此属于政府证券,FNMA与FHLMC所发行的证券,因为它们由美国政府根据美国国会授权进行控制或监督,并且FNMA与FHLMC是美国政府的职能机构,所以也得到豁免。②

三大机构所发行证券的政府信用背景带来的不仅是证券发行登记的豁免,而且在金融危机中也成了一种支撑力量。相比之下,私人担保证券即使能获得登记豁免,然而,没有足够的信用担保却使其在金融危机中遭受重创。《2009年10月全球金融稳定报告》称,全球的私人担保证券化总发行量从20

---

① 洪艳蓉:《美国证券法对资产证券化的规范与借鉴》,载《证券市场导报》2002年第11期。

② [美]塔玛·弗兰科著:《证券化:美国结构融资的法律制度》,潘攀译,法律出版社2009年版,第492~493页。

世纪90年代几乎从零开始,到2006年高峰时已达到了5万亿美元。而后,数量急剧下降,尤其是债务抵押证券(CDO)以及以其他证券化产品作为支撑的债务抵押证券(CDO^2)。尽管看起来按揭抵押证券(MBS)的发行情况良好,但事实上,美国的私人担保MBS市场几乎全部崩溃。最近,美国的私人担保MBS的发行在某种程度上有所反弹,但是所有这些都与"Re-Remic"有关,其实际上就是对原来3A级的优先证券降级后进行的再次证券化以成为新的3A级证券化产品。①

2. 由州或联邦当局监督和检查的储蓄机构所发行的证券

《1933年证券法》第3条第(a)款第5项规定,由享有监督权的州或联邦当局监督和检查的储蓄放款协会、住房贷款协会、合作银行、宅基协会,或类似机构以及农民合作组织及类似组织发行的证券,免予登记。这类证券之所以豁免登记,原因是最终的支付者或担保人将是政府保险所支持的受监管的金融实体。② 获得这类豁免的证券只能是抵押支持证券,即使是抵押支持证券所支持的证券也不能获得登记豁免。

3. 银行信用证担保的资产支持证券

《1933年证券法》第3条第(a)款第5项规定豁免了银行发行或担保的证券的登记义务。资产支持证券通常会获得银行信用证的担保。如果信用证担保证券本息的全额支付,那么证券就属于银行担保证券并因而获得豁免。

4. 私募发行的证券

《1933年证券法》第4条第2款规定,私募发行的证券豁免登记。该款规定,与公开发行无关的发行人的交易,可以豁免登记。

SEC在1982年颁布D条例,规定了私募发行的条件。该条例的规则第501条对"可资信赖的投资者"(accredited investor)进行了界定,主要包括作为机构投资者的组织(如银行、保险公司和其他金融机构、资产超过500万美元的公司或信托)和富有的个人(其年收入超过20万美元)。规则第506条规定,发行人可向人数不受限制的可资信赖的投资者和人数少于35人的其他购

---

① International Monetary Fund, Global Financial Stability Report: Navigating the Financial Challenge Ahead, Oct. 2009, p. 82. http://www.imf.org/external/pubs/ft/gfsr/2009/02/pdf/text.pdf, visited on 2011-6-21.

② [美]塔玛·弗兰科著:《证券化:美国结构融资的法律制度》,潘攀译,法律出版社2009年版,第495页。

买者销售无限额的证券。

SEC在1990年通过了144A规则。该规则明确了"合格机构"的地位,规定发行人或交易商以外的人依据该规则发行或出售证券视为没有参与发售,因而不属于承销商;交易商依据该规则发行和出售证券应视为不是发售参与者,不属于承销商,该等证券不应被视为公开发行。这项被称为"美国私募发行市场自由化表现的规则"①对于资产支持证券市场来说非常重要,因为这个市场上的主要参与者都是机构投资者。②

二、美国资产支持证券监管制度的缺陷

金融危机之前,证券化被普遍认为是金融系统的稳定器。认为它是有效的风险分配过程的重要组成部分,把信用风险传递给了更广泛与更多元化的投资群体,而不是集中在银行的资产负债表上。因此,银行与整个金融系统会更加有弹力,大规模的银行倒闭将成为过去,信用循环会更加平衡。事实上,结果表明风险分散的程度远不及预想的好。相反,银行自身依然大额持有这些风险,不管是直接的还是间接的。例如,在2006年末的高峰期,在次贷市场上,银行占据所有金融机构(金融机构包括银行、对冲基金、保险公司、金融公司、共同基金和养老基金)市场参与度的51%。一种情况是银行认为持有这些建立在高度多样化的贷款池的运营上的(优先)证券风险最小,另一种情况是银行购买了其他银行发起的证券化产品。银行还间接暴露在它们证券化的贷款风险之下,这些贷款是通过ABCP(asset backed commercial paper)管道的支持和结构化投资载体(structured investment vehicles,SIVs)进行证券化的,贷款的风险也随之转移了出去。在SIVs中,银行在某些情况下,根据风险已经广泛分散的假定,直接持有这些载体却没有应有的谨慎。对这些管道和载体来说,透明的市场条件和低利率,在短期批发资本市场中为其长期资产融资(fund)看起来是有利可图和安全的。然而,当这些融资资源耗尽时,发起

---

① 洪艳蓉:《美国证券法对资产证券化的规范与借鉴》,载《证券市场导报》2002年第11期。

② [美]塔玛·弗兰科著:《证券化:美国结构融资的法律制度》,潘攀译,法律出版社2009年版,第499页。

银行就必须介入,提供援助资金,通常是高成本的,来弥合到期的错配。①

对于证券化风险配置作用的不正确认识可能是导致证券化监管缺陷的主要原因。美国对证券发行实行的是注册制,监管机构只对发行人信息披露义务的履行状况进行审查,证券品质与投资价值则交给投资者进行判断,同时美国证券法中又规定了大量的发行与交易豁免制度。这种制度本身存在的不足会在其他相应监管制度缺失的情况下得到放大。金融危机的发生就在一定程度上说明了这一点。对证券化市场的监管缺陷主要表现为:

(一)缺乏对某些金融机构的有效监管

美国的金融监管体制是一种双层多头监管体制,但是目前美国的金融业实际上是混业经营的,分业监管与混业经营之间不可避免会产生监管漏洞。这表现为:首先,监管标准不一致,监管领域的重叠和空白同时存在,监管部门无法全面监控金融风险;其次,由于金融创新,原先金融产品的类别和界限开始变得模糊,②这也成为金融监管部门面对的一个监管难题。

以美国的金融公司为例,它主要是向家庭和企业提供资金的非银行金融机构,在其经营活动方面有相关的金融法律、法规进行调整,但是却没有对其进行监管的专门机构。

再以抵押贷款机构为例,在危机发生前,在房价持续上涨的背景下,抵押贷款机构为扩大市场份额,经常把营销工作向独立的经纪人进行外包,同时把对客户资料的审查权一并交出,这直接导致缺少职业道德的营销人员以极低的首付款甚至零首付款向无收入、无工作、无资产的"三无者"贷款。但是因抵押贷款机构及其经销商不吸收存款而不处于美联储监管之下,从而缺少应有的监管。

(二)场外交易市场监管的缺失

1. 美国场外交易市场概况

场外交易市场(over the counter markets,OTC),国内也有译作"柜台市场"或"店头市场"的,它通常指证券买卖双方在证券交易所以外协商议价、交

---

① International Monetary Fund,Global Financial Stability Report:Navigating the Financial Challenge Ahead,Oct. 2009,p. 85. http://www.imf.org/external/pubs/ft/gfsr/2009/02/pdf/text.pdf,visited on 2011-6-21.

② 秦建文、梁珍:《汲取美国金融危机的教训稳健推进中国金融创新》,载《国际金融研究》2009年第7期。

易证券而形成的交易市场。由于场外交易市场上的产品具有高杠杆性、投资主体集中、信息透明度低、非标准化等特征,加强场外交易市场的监管,已成为后金融危机时期各国的共识。①

美国的场外交易市场是一个多种金融产品交易的市场,包括股票、债券、金融衍生产品等。在该市场上交易的证券大部分不能在证券交易所上市交易,这些证券大体上可以分为两种情况:一种是不符合交易所上市标准的证券,这类证券构成了场外交易的主体;另一种是达到了证券交易所上市标准但不愿在交易所上市的证券、债券、美国存托凭证等。

OTC 市场在美国多层次资本市场体系中地位重要,不可或缺。在美国证券市场上交易的 5.5 万种证券中,在各证券交易所上市交易的 4000 多种证券只占整个证券市场很小的比例,其余在 OTC 市场交易的证券交易数量约占全美证券交易量的 75%。② 在美国,与证券有关的很多结构性金融产品(Structured financial Product,SFP)的上市与销售要在证券交易委员会(SEC)登记,在公开上市后销售并公开在场外交易市场中交易。证券交易所不允许它们进行场内发行与交易。另外,在美国几乎所有的 CDO 产品在豁免交易中销售的,不必在 SEC 登记。③ 场外交易之所以有这样大的规模,原因不外乎"交易所和场外交易之间的传统关系因监管不到位还导致不可避免的断层。正像水往低处流一样,商业将从受监管市场移向不受监管市场流动"④。

2. 美国的场外股票交易市场类型

美国的场外股票交易市场是一个多层次的市场。美国的场外股票交易市场包括:全美证券交易商协会自动报价系统即纳斯达克(National Association of Securities Dealers Automated Quotations,NASDAQ)、场外交易市场公告板即场外柜台交易系统(Over The Counter Bulletin Board,OTCBB)、粉单市

---

① 秦洪军、刘忠燕:《美国场外交易市场的监管及其启示》,载《金融与经济》2010 年第 8 期。

② 庄传礼:《美国场外交易市场评介》,载《银行家》2008 年第 5 期。

③ Technical Committee of The International Organization of Securities Commission, Transparency of Structured Financial Product Final Report, p. 10, http://www.crefc.org/uploadedFiles/CMSA_Site_Home/Government_Relations/CMSA_Issues/TALF_Treasury_Plans/IOSCOPD306.pdf? n=8317, visited on 2011-6-13.

④ [美]路易斯·罗思、乔尔·赛里格曼著:《美国证券监管法基础》,张路等译,法律出版社 2008 年版,第 343 页。

场(Pink Sheets Market)、第三市场(The Tertiary Market)、第四市场(The Quaternary Market)等。

纳斯达克在1971年开始运行,目前已成为世界上最大的证券市场之一。起初,NASDAQ为所有场外市场交易的证券提供报价;后来,它只为达到一定标准的证券提供报价,此后并不是所有场外交易的证券都能在纳斯达克挂牌交易。在纳斯达克上市的企业一般都是高科技企业,如微软公司、英特尔公司等。在纳斯达克市场的上市企业应按照《1933年证券法》、《1934年证券交易法》、美国证券交易委员会制定的证券市场信息披露规则、全美证券交易商协会和纳斯达克制定的有关市场规则进行严格信息披露。

场外交易市场公告板(OTCBB)始于1990年,它只是一个股票报价和成交信息披露的电子报价系统,投资者是无法通过公告板的报价平台买卖股票的,只能通过市场中的做市商来买卖股票。该市场的管理者为全美券商协会(NASD),OTCBB的交易品种十分丰富,包括世界范围内的各种证券,如股票、债券、认购权、基金、美国存托凭证等。在OTCBB市场上,券商从1993年开始,应通过自动确认交易服务系统(ACTSM)在成交90秒内披露国内股票柜台市场的交易信息;到1998年扩大到所有经过美国证券交易委员会注册的外国证券和美国存托凭证(American Depositary Receipts,ADR)。1999年,SEC通过了《OTCBB监管规则》,要求在OTCBB报价的证券必须向美国证券交易委员会以及有监管部门报告企业当前的财务状况。

粉单市场(pink sheets market)创立于1904年,由美国国家报价机构设立。因为股票报价信息印在粉红色的纸上,因此人们习惯将其称为粉单市场。通过粉单市场,分散在全国的做市商可以进行有效的联系。粉单市场是一个基本不受监管的市场,在粉单市场上交易的股票没有任何财务要求和信息披露要求,不要求挂牌公司披露任何信息,或是向监管当局提交任何报告。

第三市场与第四市场。第三市场形成于20世纪30年代,主要是机构(团体)投资人和证券经纪商在证券交易所外进行上市证券交易所形成的市场。第四市场指美国投资者和证券持有人相互间直接进行证券交易而不再借助证券经纪人而形成的证券市场。第三市场、第四市场都是从事股票大宗交易的场外批发市场。

3. 美国的场外金融衍生品市场

场外金融衍生品市场是指在交易所以外进行金融衍生品交易的市场,这种金融衍生品的交易完全由做市商各自单独进行报价完成交易,是一种一对一的交易模式。在美国,美国期货交易委员会(CFTC)与美国证券交易委员会(SEC)对OTC金融衍生品市场都没有监管职责。因此,高风险的抵押担保债券(CMO)、信贷资产的证券化的品种担保贷款凭证(CLO)、市场流动债券的再证券化品种担保债券凭证(CBO)、信用违约互换(CDS)等市场几乎不受监管。① OTC金融衍生品市场极低的透明度与监管缺失,是造成此次金融危机的直接原因。

三、金融危机后资产证券化发行制度监管改革②

资产证券化作为一项金融创新,其实质是融资方式从传统的借款人信用向资产信用的转移,即将贷款人名下能够带来未来稳定现金流的资产独立出来,构造为融资主体,发行债券或权益凭证进行融资。传统融资方式下的"担保融资"也同样借助资产信用,资产证券化与担保融资的本质区别在于资产不再是作为担保物的客体而是取代借款人成为了融资主体。③

证券化过程通常涉及功能不同的主体。这些主体包括:贷款发起人或经纪人(典型的是银行或金融中介);贷款的购买人(即委托人信托或SPV);贷款打包人(即重组贷款的承销商);证券化交易的担保人(通常是保险公司);购买重组财产证券的投资人;服务机构。尽管重组资产证券的大部分销售给了外部的投资人,发起人通常保留一部分(或一期)发行的证券,发起人也通常作为证券化交易的服务商。④

作为一种创新的融资方式,证券化通过复杂的发行和交易结构,可以实现

---

① 秦建文、梁珍:《汲取美国金融危机的教训 稳健推进中国金融创新》,载《国际金融研究》2009年第7期。

② 资产证券化监管制度改革是从资产证券化整体出发设计的,其内容包括了对特定目的信托等特殊目的载体发行、交易资产支持证券等活动,因此本书不再就特殊目的信托的证券发行与交易进行单独阐述。

③ The Committee on Bankruptcy and Corporate Reorganization of The Association of The Bar of The City of New York, Structured Financing Techniques, 50 *Bus. Law*, 1994, 527, p. 529.

④ April K. Rinne: An Analysis of the Treatment of Asset Securitization Under the Proposed Basel Ii Accord and the U. S. Banking Agencies' Advance Notice of Proposed Rulemaking, http://dl.tufts.edu/catalog/tufts:UA015.012.DO.00042, visited on 2011-06-13.

以下目的：

第一，"构造成减少或重新分配内含于拥有基础资产或以基础资产为抵押进行贷款的风险"，通过证券化，抵押贷款的发起人可以迅速地将其资产卖掉并用所得款项用作新贷款的基金，由此减少或消除了应收账款所产生的不能回款的风险。①

第二，当证券化的住房抵押贷款交易按设计进行时，社会看起来因此而受益了，因为银行和金融机构对问题贷款进行了重组或者把它们从资产负债表出表，由此减少了当前资本的要求并使它们可以进行新的贷款。②

第三，证券化是抵押贷款的发起人把在应收账款或其他金融资产上的权利转移到一个作为"特殊目的载体"的实体上，该实体再向资本市场的投资者发行证券，并用发行所得支付所购的金融财产，由此向发起人提供流动资本。证券的投资者获取通过拥有应收账款所产生的收入。证券化把发起人将来的收入流转化成当前的现金支付，这样可以提高循环性商业的流动性，不管是大的还小的。它可以把小额资产汇集起来组成大规模的基金，并把风险分散到大规模的组合贷款消费者身上。③

危机发生前，证券化几乎被异口同声地称赞为金融体系的稳定器。它被认为是一个更有效率的风险分配过程中的关键部分，它把信用风险分散给了更广泛和更多样的投资者群体而不是把它集中在银行的资产负债表上。因此，银行与整个金融体系就会更有弹性，大规模的银行倒闭将会成为过去，信用循环将会更加平缓。④

但是通过金融危机的检验，我们发现了在证券化这种结构金融活动中存在的巨大的道德风险。Holden Lewis 指出，道德风险是指当人们在以某种方式得到保护或保障时会如何轻率行事。房屋抵押贷款标准变得不严格是因为

---

① Joseph C. Shenker & Anthony J. Colletta, Asset Securitization: Evolution, Current Issues and New Frontier, 69 *TEX. L. REV.*, 1991, 1369, p. 1374, 1375.

② Lois R. Lupica, Asset Securitization: The Unsecured Creditor's Perspective, 76 *TEX. L. REV.*, 1998, 595, p. 605.

③ Greg Zipes, Securitization: Challenges in the Age of LTV Steel Company, Inc., 2002 *Ann. Surv. Banker. Law*, 2002, 105, p. 100.

④ International Monetary Fund, Global Financial Stability Report: Navigating the Financial Challenge Ahead, Oct, 2009, p. 85, http://www.imf.org/external/pubs/ft/gfsr/2009/02/pdf/text.pdf, visited on 2011-2-28.

抵押贷款的每个环节在获取利益的同时都会认为它会把风险传给下一个环节。①

存在于证券化交易中的道德风险就可能导致出现掠夺性贷款。掠夺性贷款的主要特征是过度的高利率或费用,不利于借款人的滥施(abusive)或不必要的条款,包括大额尾付贷款(也称气球贷款,balloon payments),趸缴信用人寿保险(single premium credit life insurance),巨额提前还款罚款,以及忽视贷款人还款能力的营销。② 如同有文章所指出的那样,掠夺性贷款人,他们的行为是"真实的、无处不在的和破坏性的……在破产的边缘运营,不管什么时候,只要压力足够大,它很快就会打理一下并继续进行。这是可能的,因为在今天的市场中,抵押贷款的发起人和经纪人很快就会通过复杂的晦涩的系列交易转移出去……"③

显而易见,在很多情况下,证券化产品的发行人没有激励去对贷款的发起人尽到适当的、持续的、应有的勤勉,包括审查财务报表,承销准则,以及背景调查。另外,就通常是不合格的贷款质量与承销过程来说,他们依赖发起人的陈述和保证,在某些情形下,发起人因为缺少资本与流动性也很难实现他们的保证。

风险保留是很多国际组织与国家的立法所采取的对应措施。风险保留使更多的证券化主体受到利益制衡,以确保有人对勤勉的贷款承销与监管承担责任。为了激励发行人更强的勤勉努力,欧洲与美国的相关机构建议修改与证券化有关的监管规定以激励发行人在他们发行的证券化产品中保留一定的经济利益。欧盟议会(EU Parliament)已经修改了资本规定指南(capital requirement directive),制定了巴塞尔协议 II 在欧洲实施的规则,规定了证券化主体至少保留发起量 5％名义价值的激励。在 2009 年 6 月 19 日的白皮书中,美国政府要求美国的证券化主体也遵守类似的风险保留规定。美国 2010 年 7 月通过的《金融改革法》要求银行与其他金融公司必须审查按揭抵押贷款

---

① Holden Lewis,"Moral hazard" Helps Shape Mortgage Mess,http://www.bankrate.com/brm/news/mortgages/20070418_subprime_mortgage_morality_a1.asp?caret=3c,visited on 2011-07-03.

② James H. Carrn, Lopa Kolluri, Predatory Lending: An Overview, p. 1, http://www.hiddenmysteries.org/money/aids/Carr-Kolluri.pdf,visited on 2011-07-03.

③ Christopher L. Peterson, Predatory Structured Finance, 28 *Cardozo L. Rev.*, 2007, 2185, p. 2189.

申请人的收入和信用历史,以确保他们能偿还贷款。把按揭抵押贷款进行打包成投资工具的企业在其账册上至少保留这些投资工具的5%。这是对企业保证贷款质量的一种激励,而不是把问题贷款转而全部丢给外部的投资者。①

然而,也有学者指出,风险保留的规模与方式对于勤勉的激励是关键的,这表明了上述的建议可能过于简单了。事实表明,就哪些证券应当保留以及应当保留多少而言,最适宜的风险保留机制,关键依赖于对资产池质量与在证券化期间对经济条件预期的合理假定上。

保留权益证券在贷款质量高或经济形势好的情况下是个有用的激励机制,但在衰退的环境中贷款资产组合质量低的情况下,则另当别论。权益证券是资产组合运行不良时第一个吸收损失的,但如果它们运行得的确太差,权益证券就容易被清除。因此,在经济很可能衰退时,一个被迫保留暴露在低质量贷款组合支持的权益证券风险下的证券化主体,就不会有激励去勤勉地检查和监督基础贷款,因为不管任何的检查和监督,权益证券的持有人利益实现不了的几率是很高的。因此,证券化主体检查和监督的激励就需要通过持有另一个高层级的证券来实现,如中间级证券。②

四、我国的资产支持证券发行监管制度

1999年我国《证券法》确立了证券发行的核准制,具体做法是主承销商推荐、发行审核委员会表决、证监会核准。2006年,修订后的《公司法》和《证券法》开始实施,保荐制度、发审委制度构成了目前股票发行核准监管的基础制度。从以前的推荐制到目前的保荐制,都是核准制的具体表现形式。因资产支持证券不适用《证券法》的规定,其发行监管制度只能依照资产证券化的相关法规、规章来确定。

(一)我国的资产支持证券的发行监管制度

《试点管理办法》规定,受托机构发行资产支持证券应当向监管部门提交

---

① Financial Reform Law: What's in It and How Does It Work?, http://www.csmonitor.com/USA/Politics/2010/0721/Financial-reform-law-What-s-in-it-and-how-does-it-work, visited on 2011-7-13.

② International Monetary Fund, Global Financial Stability Report: Navigating the Financial Challenge Ahead, Oct, 2009, p. 85, http://www.imf.org/external/pubs/ft/gfsr/2009/02/pdf/text.pdf, visited on 2011-2-28.

申请报告、发起机构章程、信托合同、贷款服务合同和资金保管合同、发行说明书草案、承销协议及法律意见书、会计意见书及信用评级报告草案等法律文件。作为资产支持证券发行的监管部门,中国人民银行的监管行为主要表现为两个环节和步骤:第一,受理,人民银行应当自收到全部文件之日起5个工作日内作出是否受理的决定,如果决定不予受理,应书面说明不予受理的原因;第二,核准,人民银行决定受理发行申请的,应当在接受申请之日起20个工作日内以书面形式作出核准或不核准的决定。

通过上述两条的规定可以看出,资产支持证券的发行制度也是沿用了《证券法》所采用的核准制。

(二)我国的资产支持证券的发行方式

按照资产支持证券是否进行分期发行,资产支持证券的发行可以分成两种:第一种是一次性足额发行,第二种是限额内分期发行。如果采用第二种发行方式,受托机构在发行每期证券前5个工作日,应按规定公开最终的发行说明书、评级报告等文件,进行相应的信息披露,同时把相关法律文件报中国人民银行备案。

证券发行根据投资者的身份,可以分为公开发行和非公开发行。公开发行是指发行人通过证券经营机构向发行人以外的社会公众销售证券,公开发行外的其他发行方式都属于非公开发行。资产支持证券可以采用公开发行的方式,也可以采取向投资者定向发行的方式。定向发行实质上就是一种非公开发行,它只是向特定的投资者发行,在此情形下,对资产支持证券没有进行信用评级的要求,但是对这种发行方式下的证券转让却有着十分严格的限制,按规定,定向发行的资产支持证券只能在认购人之间进行转让。

证券发行根据是否有证券公司承销为标准,可以分为直接发行和间接发行。直接发行是指证券发行人不借助证券公司而直接向投资者要约出售证券,间接发行是指发行人委托证券公司销售所发行的证券。按照《试点管理办法》的规定,发行资产支持证券时应当组建承销团进行证券销售,结合已有的证券化实践来看,承销人包括商业银行、城市信用社、证券公司等多种形式的金融机构。在发行期内,由承销人把其承销的资产支持证券向其他的投资者进行分销。可见,我国的资产支持证券属于间接发行。

(三)我国的资产支持证券的发行条件

在美国,由于其证券法实行注册制的监管方式,再加上诸多的注册豁免,其证券化产品实际上没有实质的发行条件限制。我国的资产支持证券发行在

《试点管理办法》、《监督管理办法》中规定了其发行应具备的条件。

1. 证券发行相关当事人应具备的条件

证券化是一种结构金融，它的结构比传统的融资方式要复杂得多，证券发行所涉及的当事人也比传统融资方式要多。根据《监督管理办法》的规定，融资人在证券化过程中作为发起人、特定目的信托受托机构作为资产支持证券的发行人也应具备一定的条件。发起人、受托人应当具备的条件在第二章"特定目的信托的设立条件"中已有详述，在此不再重复。

2. 联合申请

在证券化的实际运行中，受托人是资产支持证券的发行人，发起人是证券发行的发行安排人，受托人与发起人都实质参与了资产支持证券的发行。证券的发行应当经过监管部门的核准，因此按规定，发起人与受托人发行资产支持证券应当联合向银监会提出申请，提交规定的申请文件：

第一类，由发起机构和受托机构联合签署的申请报告与可行性研究报告。

第二类，证券化基础文件，包括以下文件：信贷资产进行证券化的业务计划书，发起人对受托人的选任标准及程序，受托人选择证券化服务机构的标准和程序，为证券化提供服务的各种合同文本与相关的法律文件草案，在信托收益支付的间隔期内如果有信托收益，受托人应说明对该部分信托收益进行投资管理的原则和方式。

第三类，发起人资产证券化的业务文件，说明发起人进行信贷资产证券化的业务流程，证券化业务的会计核算，证券化业务的风险管理和内控制度，以及资产证券化业务人员的名单和经历。

第四类，证券化业务的评价文件，证券化业务需要从不同的角度进行评价，主要包括：从法律评价的角度，应提交法律意见书；从会计评价的角度，应提交会计意见书；从信用评价的角度，应提交信用评级报告。

第四节　我国特定目的信托证券发行制度的完善

因为《试点管理办法》确定了特殊目的信托作为资产证券化特殊目的载体的唯一形式，结合信托法理来分析，可以看出我国的资产证券化发行机制还存在着一些不足，还有待改进。

The Legal Regulation of Special Purpose Trust

一、我国特定目的信托证券发行中存在的问题

(一)信托类型难以理论归类

根据委托人与受益人是否具有同一关系,信托可以分为他益信托与自益信托。普通民事信托一般属于他益信托,是委托人为了自身之外的受益人设立的信托,他益信托大多是作为财产管理与转移的工具,委托人转移财产是无偿的;商事信托或营业信托一般属于自益信托,多是委托人以自己作为受益人而设立的信托,委托人转移财产是有偿的。在美国信托型资产证券化过程中,多采用自益信托的交易结构,发起人设立特定目的信托后即向信托转让证券化资产,特定目的信托而后向发起人发行信托受益证券,发起人再向投资者转让其受益证券。

资产证券化过程中所设立的信托应当属于商事信托,但商事信托也应当在自益信托与他益信托的类型划分下进行构建。结合《试点管理办法》规定的证券化定义与建元一期证券化方案为例来分析,其建构的信托模式就很难进行自益信托与他益信托的划分。

在证券化过程中,首先是发起人将信贷资产转让给受托人,由受托人以资产支持证券的发行所得向发起人支付财产转让对价,发起人并没有无偿向信托转让财产,这实质上是一个财产有偿的转让行为;事实上,受托人也没有向发起人发行受益证券,而是直接向投资人发行受益证券。可以说,发起人在特定目的信托架构中是不可能成为受益人了,从这个角度来看,在资产证券化的信托中,已排除了自益信托类型的运用。接下来,受托机构以受让的信托财产为支撑以资产支持证券的形式向投资者发行受益证券,投资者在缴纳认购证券款项后成为受益人。从传统的他益信托类型分析,对受益人来说,受益人身份的获得是不用支付任何对价的。因此,投资人以支付对价的方式获取受益凭证,已明显不符合他益信托的特征,因此特定目的信托也不能归类到他益信托中。

因此有学者提出,《试点管理办法》创设了一种全新的信托结构——有偿的他益信托,但同时也指出,"有偿他益信托"尚无法嵌入信托法的基本框架。①

---

① 楼建波、刘燕:《论信托型资产证券化的基本法律逻辑》,载《北京大学学报》(哲学社会科学版)2006年第4期。

(二)资产支持证券权利内容缺乏逻辑基础

在美国的司法实践中,证券交易委员会(SEC)通过抵押工具是投资合同的论述证明了资产支持证券是《1933年证券法》所说的证券,并按证券法的标准进行了管理。但法院的态度不是十分鲜明,有的案件中法院认为ABS是《1933年证券法》中的证券,在别的案件中法院并不认为其是证券。[①]

从学理的角度分析,资产支持证券表彰了证券持有人从特定资产获得收益的一种权利,这种权利可能属于债权、物权、社员权,也可能属于信托受益权,但应当注意到,信托受益证券代表的是与债权、物权、社员权不同的一种新型权利:信托受益权。[②] 按此观点来看,资产支持证券可以是债权型证券、物权型证券、社员权证券或受益证券。

在我国资产证券化的语境中,受益证券以资产支持证券为表现形式,它代表了信托受益权的相应份额。基于此,可以确定受益人在特定目的信托中的地位,明确了受益人与信托财产之间的关系。另外,资产支持证券并不代表受益人对证券化的发起人、受托人或任何其他服务机构的债权,表明了受益人与发起人、受托人之间并不存在以受益凭证所表征的证券上的权利义务关系。

在我国,《证券法》主要调整股票与债券等资本证券,在制定和修改《证券法》时,资产支持证券并没有正式出现,因此《证券法》不可能将资产支持证券纳入其调整范围,要在《证券法》中为资产支持证券找到发行的法律依据则是勉为其难的事。另外,《试点管理办法》及其配套法律文件已经对资产支持证券的法律性质、交易、登记、会计及税收问题作了明确的规定,资产支持证券的作为证券的法律性质与地位在理论及实践上已不再是个问题。

然而问题依然存在。既然《试点管理办法》规定资产支持证券是代表信托受益权的受益证券,那么,它是否涵盖了受益证券所表彰的权利内容呢?在英美法系中,受托人是信托财产普通法上的所有人,受益人是信托财产衡平法上的所有人。受托人与受益人的具体权利都是通过其对信托财产的所有权得到最终的逻辑解释的。如受益人基于衡平法的所有权享有:取得信托利益的权利、强制实施信托的权利、追踪信托财产的权利、查看信托账目的权利等。但

[①] 于朝印、王媛:《我国信托型资产证券化的理论与实践问题及其完善》,载《金融发展研究》2010年第9期。

[②] Yidimoon,《为受益证券正名》,http://yidimoon.ycool.com/post.746156.html,下载日期:2011年7月1日。

是大陆法系国家在引入信托制度时因为"一物一权"的传统所有权制度的制约，不接受英美法系的"双重所有权"制度，为了赋予受益人大体上相当于英美法系的权利，同时回避双重所有权，大陆法系国家引入了受益权的概念。① 但是大陆法系的学者对受益权的性质却有着不同的认识，有人认为受益权是债权，有人认为受益权兼有物权与债权的性质，有人认为受益权是一种特殊的民事权利。②

按《试点管理办法》的规定，资产支持证券持有人享有分享信托收益权、剩余财产的分配权、证券转让权、表决权、查阅或者复制权、要求召开大会等权利。比较来看，我国的资产证券持有人所享有的权利与英美法系国家中的受益人权利并无实质的区别，但是从理论上来看，在英美法中，受益人的具体权利是以其对信托财产的衡平所有权为基础的，是以其对信托财产的所有权得到最终的逻辑解释的。但是在包括中国在内的大陆法系国家，在引进信托制度时，刻意回避了信托财产所有权的问题，虽然我们能根据受益人所享有的权利倒推出受益人实际上就是信托财产的实际所有人，但是在"物权法定"的语境中，说受益人是信托财产的所有人又找不到法律上的依据；并且，在我国的证券化实践中，基于资产真实销售的需要，信托财产由受托人持有，受托人是信托财产的所有人，这样最终使我们无法确定受益人权利的基础是什么，它最终的逻辑解释来自何处。

（三）背离特定目的信托风险隔离功能进行证券发行

在证券化过程中，应当以特定目的信托的有效设立为前提，在特定目的信托的交易框架下从事相关的证券化事务，从而达到设立特定目的信托以隔离破产风险的目的。而2005年进行的建元一期个人住房抵押贷款证券化过程中发行资产支持证券却没遵循这一基本的原则。在建元一期证券化过程中，在特定目的信托没有设立的情形下，受托人就已经从事资产支持证券的发行工作了。在特定目的信托有效设立之前，即使证券化资产已经实际转移给受托人持有，该部分资产也不能确认为信托资产，如果发起人在证券发行后破产，发起人的债权人或破产管理人则可以申请强制执行该部分财产，投资人利益难以得到全面保障，这明显背离了特定目的信托的重要功能——证券化资

---

① 汤淑梅：《信托受益权研究：理论与实践》，法律出版社2009年版，第36页。
② 陈向聪：《信托法律制度研究》，中国检察出版社2007年版，第254~255页。

产与发起人、受托人的信用风险、破产风险相隔离。①

(四)信托公示制度的缺失使信托财产的独立性难以保障

在英美法系,信托的受托人享有法定所有权,受益人享有受益所有权,存在于信托财产上的双重所有权是英美信托制度的法律基础。② 英美信托法并未从形式上强调信托财产的独立性,只是要求受托人应当将信托财产与固有财产分离,或标明为信托财产,或存入单独的银行账户。因为双重所有权的制约,类似于有学者提出的信托财产上的"权"、"利"分离的构造,才决定了信托财产的独立性③,受益人在信托财产上衡平所有权也充分保障了其受益权的实现。

虽然,《试点管理办法》确定了信贷资产成为信托财产后的独立性,但是,信托财产的独立性却没有坚实的制度基础。

在我国的信托法制中,信托财产的所有权一直是立法所回避的问题,立法上从未明确谁是信托财产的所有人,从法律文本的角度无法确认信托财产的所有权人。对于信托财产的所有权人存在多种学说,有人甚至提出信托财产实际上属于"无主财产"的观点。信托财产所有权问题在学理上可以展开求证讨论,但证券化的实践只能选择一种切实可行的方案。在建元一期证券化中,发起人建行把信贷资产按照证券化方案转让给受托人,信贷资产的债权人依法变更为受托人,也就是受托人成为信托资产的所有人。但是,因为《信托法》中所要求的信托公示制度一直没有建立,受托人作为信托财产的所有人,虽然受托人对信托财产以单独的账户进行管理,但是仅以单独账户管理并不能保证信托财产的独立性。对于受托人的债权人来说,单独账户并不能把信托财产与受托人的其他财产区分开来,只要没有公示为信托财产,就是属于受托人的财产,债权人都可以主张权利。仅这一点来说,对于保障信托财产的独立性、受益人权益来说,不能不说是构成了一个巨大的制度缺陷。

---

① 伍治良:《论特定目的信托的性质及设立原则——兼评"建元2005—1个人住房抵押贷款证券化方案"之缺陷》,载《法商研究》2006年第5期。

② 何宝玉:《信托法原理研究》,中国政法大学出版社2005年版,第152页。

③ 信托财产上的"权"、"利"分离是指信托受托人对信托财产的占有、管理、处分等权利,受益人对信托财产享有信托利益。详见,唐义虎:《信托财产上的权利分离理论的思考》,http://iclaw.uibe.edu.cn/html/wenku/guojishangfa/guojishangfalilun/20110316/15868.html,下载日期:2012年1月30日。

（五）证券发行不能实现证券化分散风险的目标

在我国，资产支持证券是在全国银行间债券市场发行和交易的。在全国银行间债券市场上的参与者主要是商业银行、非银行金融机构和非金融机构以及经人民银行批准的外国银行分行。另外，根据《财政部劳动部关于批复全国社保基金投资资产证券化产品有关问题的函》之相关规定，全国社保基金可以遵守相关规定的前提下投资资产证券化产品。因此，机构投资者是全国银行间债券市场的主要参与者。

资产支持证券市场交易结构的主要问题是：第一，只有机构投资者才能从事资产支持证券的投资，自然人没有资格从事资产支持证券的投资，导致投资主体单一。第二，在机构投资者中包括银行，如果银行也从事资产支持证券的投资就与信贷资产证券化的目的相背离。信贷资产证券化的一个主要目的是要解决银行资金短存长贷的错配风险，从理论上讲，如果允许银行投资于资产支持证券的话，证券化所实现的分散风险就是从发起银行转移到投资银行，并没有真正解决银行的错配风险。

二、我国资产支持证券发行法律制度的完善

传统的大陆法国家在引进信托制度时都在不同程度上进行了改造。我国在引进信托制度时可能由于立法者将信托视为传统的民商法制度，《信托法》的基本结构依然是建立在传统的自益信托与他益信托模式之上，信托在商事活动中的应用也是以传统信托的构造为基础的。因此，结合我国的资产证券化的实践，对特定目的信托进行必要的创新成为解决理论与实践问题的一条重要途径。

（一）赋予特定目的信托一定的法律主体地位

在英美法中，普通信托也不具有法律主体地位，但是在商事领域中广泛应用的商业信托在美国却获得了相应的法律主体地位。虽然在美国不是所有的商业信托都具有法律主体地位，但是具有法律主体地位的特定目的信托使得资产证券化的模式更加的多样化，使证券化业者有更多选择的余地。

我国从立法的角度对证券化的模式进行了选择，但是对于特定目的信托的定位还是以传统信托为标准，没有选择商业信托的模式，这为我国的资产证券化实践带来了一些理论与实践难题。

赋予特定目的信托一定的法律主体地位，从理论上可以为真实销售、信托财产的独立性、信托财产所有权以及资产支持证券的发行找到新的出路。

首先，赋予特定目的信托一定的法律主体地位可以解决英美法系的信托双重所有权制度在大陆法系难以破解的理论难题。所有权是财产制度和交易制度的逻辑起点，是确定物权和债权的基础，也是实务中诸如会计、税务等工作无法绕开的问题。对于信托财产的所有权，结合我国的法制传统，完全接受普通法系中信托双重所有权怕是有理论上无法克服的障碍，但是全然回避信托财产的所有权归属，不确定哪一方对信托财产享有所有权同样也不符合大陆法系的传统。本书认为，在我国大陆法系传统的背景下，信托财产的所有权最好舍弃在受托人与受益人之间进行二选择一的模式。鉴于我国信托文化和传统的缺失，保护投资人利益和促进资产证券化的健康长远发展等原因，最直接最便捷的办法是在立法中赋予特定目的信托一定的法律主体地位，以特定目的信托作为信托财产的所有人。

其次，赋予特定目的信托法律主体地位有利于实现信托财产的独立性。为了实现证券化风险隔离的目标，就必须实现证券化资产的真实销售。像我国有些证券化案例中把信托财产所有权转移给受托人持有，则不利于保障信托财产的独立性。在信托公示制度缺失的背景下，信托财产与受托人的其他财产单凭分账管理并不能有效保障其独立性。赋予特定目的信托法律主体地位，可以规定特定目的信托作为信托财产所有人，结合信托公示制度的建立，信托财产的独立性就会有更加全面的制度保障。

再次，赋予特定目的信托法律主体地位有利于确定受托人的有限责任。像我国某些证券化方案中，受托人作为信托财产所有人与资产支持证券发行人的情形下，《试点管理办法》却规定受托人享有有限责任，这无疑构成了法律逻辑形式上的矛盾。如果赋予特定目的信托法律主体地位，由其作为信托财产的所有人并以全部信托财产为基础发行证券并承担相应的责任，那么受托人承担有限责任也就有了合理的法律逻辑解释。

(二)改善发行结构

《试点管理办法》确定的资产转移与证券发行模式使得特定目的信托在理论上难以归类。对发行结构作适当调整可以解决此难题。

在发行模式上，可以采取两种方式。其一，融资人信托模式，在该模式下取消受托人直接向公众发行资产支持证券环节，改为受托人代理发起人/委托人向投资人转让受益权凭证。其二，投资人信托模式，在该模式下，将发起人向信托转移基础资产构造为向信托出售相关资产，而不是设立信托。先由受托人与用资人（实质上的发起人）确定资产融资的规模，然后再向投资人发行资产支持证券,募集资金组成一个自益信托。①

两种模式都能使特定目的信托的证券发行符合信托的运行机理。

(三)扩大资产支持证券的发行对象

资产证券化的目的主是分散风险和提高资产的流动性,实现这一目的则取决于资产证券化产品的发行对象。按照《试点管理办法》规定资产支持证券在全国银行间债券市场发行和交易,投资者仅限于包括银行等金融在内的机构投资者,对投资者类型的限定难以充分实现分散风险的目标。另外,在银行间债券市场进行发行和交易的制度也使个人投资者无法进入资产证券化产品的交易市场。因此,应当在资产证券化试点工作逐步成熟的时候,对资产证券化产品的交易制度进行改进,使个人投资者能成为资产证券化产品的交易主体,并且应当改进交易方式,使投资者能便利地进入交易市场并进行交易。在这一方面,可以考虑把资产证券化产品纳入《证券法》的调整范围,使资产证券化产品能在全国统一的证券交易市场进行交易,这样既可以为投资者提供投资便利,也可以节省资产证券产品的制度成本、交易成本和监管成本。

本章小结

1. 美国的特殊目的信托形式各异,包括设立人信托、不动产抵押投资管道、发行信托、所有者信托与总投资信托公司等多种形式,而其发行的证券也包括转递证券、债券与转付证券等在内的多种形式,支撑这种现象的是以20世纪70年代末开始的新自由主义理论为基础发展起来的金融自由化运动②。这种自下而上的诱致性的制度变迁,充分地说明了市场的想象力和创造力。

2. 美国证券发行实行的注册制,多项登记豁免制度以及多层次的证券场外交易市场为证券市场的繁荣奠定了基础,极大地推动了美国的金融自由化

---

① 楼建波、刘燕:《论信托型资产证券化的基本法律逻辑》,载《北京大学学报》(哲学社会科学版)2006年第4期。

② 美国金融自由化政策主要表现为:放松对金融机构的管制,放开对储蓄机构、商业银行业务的管制,允许这些机构从事高杠杆、高风险的金融业务,推动金融混业;推动证券化和金融衍生化创新的发展,由传统证券化,发展到高杠杆、高风险的金融衍生品,使风险通过证券化机制渗透到金融链条的各个层面。参见,李宝伟:《美国的金融自由化与经济虚拟化》,载《开放导报》2010年第1期。

进程,但同时,其中所存在的监管漏洞与缺陷也成了导致金融危机的原因,因此,应当辩证地看待美国的证券发行监管制度,肯定其尊重市场、充分发挥市场创造力的监管理念,但也要摒弃其过分崇尚金融自由、放松金融监管的错误做法。

3. 我国资产支持证券发行中所出现问题的原因大体可以概括为两个方面:第一,我国在移植英美法系信托制度过程中就存在不能消化的问题,如信托财产所有权问题,这导致了受益人受益权得不到合理的法理解释;第二,作为一种商业信托形式的特定目的信托既没有实现与传统信托的合理对接,又没有实现作为商业信托对传统信托的突破,前者表现为某些特定目的信托既不能归入自益信托,也不能划入他益信托的理论分类,后者表现为作为一种商业信托形式,特定目的信托在法律上没有获得相应的法律主体地位,使得证券化中"真实销售"与"信托财产独立性"得不到相应的法律制度保障。

第四章
特定目的信托信息披露的法律规制

第一节 信息披露概述

信息披露,可以在广义与狭义两种含义上使用。广义的信息披露是指某一主体就其自身的信息向不特定公众的公开,如公开自己的财务信息、环境保护作息、社会责任信息等,狭义的信息披露仅指在证券市场中,有关当事人依照法律规定在证券的发行、上市和交易等各环节中,以规定的方式向社会公众公开与证券有关信息的活动。

对于信息披露行为建立的规则体系则构成信息披露制度,它是证券法律中的一项监管制度,该制度强制证券发行和交易的当事人公开其相关信息,以供投资者进行判断。[1]

一、信息披露的种类
（一）初次信息披露与持续信息披露

按照信息披露的目的和阶段来分,可以把信息披露分为初次信息披露与持续信息披露。

初次信息披露是指证券首次公开发行时对发行人、拟发行的证券以及与发行证券有关的信息进行的披露,初次信息披露多以上市公告与招股说明书作为载体进行。持续信息披露是指证券上市交易过程中发行人、上市公司对证券上市交易及与证券交易有关的信息进行的持续披露,多以季度报告、中期报告、年度报告及临时或重大事项报告为载体,因此,从类型的角度来看,持续

---

[1] 盛学军:《证券公开规制研究》,法律出版社2004年版,第9页。

信息披露可以分为定期信息披露与临时信息披露。

在英美等普通法国家,违反信息披露的法律责任及其相应的救济是根据初次信息披露和持续性信息披露的不同进行划分和设计的。

(二)定期信息披露与临时信息披露

从信息披露是否是按规定的时间作出为标准,可以分为定期信息披露与临时信息披露。

定期披露,即信息披露是在规定的固定时间间隔内作出,包括季度报告、中期报告、年度报告等定期的信息披露。临时信息披露,是不定期的,即临时或重大事项报告,包括发生重大变动的公司所进行的临时披露和为执行证券交易所公开政策而公开的各类报告文件。

(三)强制性信息披露和自愿性信息披露

从信息披露是否受到法律规制的标准来分,信息披露可分为强制性披露和自愿性披露。

强制性披露是按照法律、法规的要求,必须在报告中对规定事项进行披露的制度。自愿性披露是指企业自行确定对外报告的事项和信息的做法。在美国,企业会采取的选择披露其实就是自愿性披露的一种。选择披露是指"当证券发行人的预期利润、管理决策等事项可能会引起该公司证券价格发生较大变动时,发行人为避免其证券价格过渡波动,而将信息有选择性地披露给一些证券分析师和机构投资者,再由他们作出市场预测和投资建议的行为"[①]。

二、信息披露的理论基础

(一)信息披露的经济理论基础

对于信息披露的经济理论基础,在学界存在着不同的认识。有学者认为,信息披露是建立在"有效市场"(efficient market)的理论基础之上的,也就是只要充分、及时和准确地披露了一切与证券及其发行者有关的重大信息,市场自身就可以处理这些信息并形成合理的证券价格,从而引导投资者作出正确

---

① 施天涛、李旭:《从"选择披露"到"公平披露"——对美国证券监管新规则的评介与思考》,载《环球法律评论》2001年冬季号。

的投资决定。① 还有学者认为,信息披露的经济理论基础在于信息披露是克服证券市场信息失灵的有效制度。②

本书认为,前一种观点可能经不起推敲。路易斯·巴舍利耶(Bachelier)是"有效市场假说"研究的开拓者,他选择随机角度对布朗运动以及股价变化的随机性进行了研究,从而发现信息也会促成市场的有效性。之后,Samuelson、Mandelbrot 从理论上证明了有效市场和公平游戏模型之间存在对应关系,这一发现为有效市场假说作了理论上的铺垫。Roberts 于 1967 年提出了有效市场的三种形式:即弱式有效市场假说(Weak Form Efficiency Market)、半强式有效市场假说(Semi-Strong Form Efficiency Market)与强式有效市场假说(Strong Form Efficiency Market)。在总结了前人的理论和实证的基础上,尤金·法玛(Eugene Fama)于 1970 年深化并提出了有效市场假说(Efficient Markets Hypothesis,EMH)。而信息披露制度早在 19 世纪的英国公司立法中就得以确立,美国《1933 年证券法》确立了信息披露制度的典范形态。③从总体上来看,信息披露制度的确立在时间上是早于有效市场假设理论的,一个早已确定的制度怎么可能以一个晚于它产生的理论做基础呢? 可以说,有效市场假说为信息披露制度提供了更加充分的理论解释,但是它不可能成为早已确立的信息披露制度的理论基础。

本书认同后一种观点。因为信息的搜索成本、信息的公共产品属性、信息的外部性以及人的有限理性等原因,④使得信息不对称成为证券市场最典型的信息问题,信息不完全成为证券市场的核心问题。⑤ 证券市场中的信息披露制度可以加强有效的信息沟通,抑制信息披露者的逆向选择和道德风险行为。因此,解决证券市场的失灵问题成为信息披露制度得以建立的经济理论基础。

(二)信息披露的法理基础

Winnshurst 认为合法性是在社会规范、价值观、信仰等的制度构建过程

---

① 廖凡:《钢丝上的平衡:美国证券信息披露体制的演变(上)》,载《金融法苑》2003年第 1 期。
② 盛学军:《证券公开规制研究》,法律出版社 2004 年版,第 83 页。
③ 盛学军:《证券公开规制研究》,法律出版社 2004 年版,第 18~33 页。
④ 谭立:《证券信息披露法理论研究》,中国检察出版社 2009 年版,第 37~43 页。
⑤ 盛学军:《证券公开规制研究》,法律出版社 2004 年版,第 69~74 页。

中，人们对正确与合适的群体行为形成的一种普遍观念。① 在资本市场中，融资主体为了获得市场的认可，求得合法性的存在，会自动调节其行为并使其符合公众对其行为的一般判断。在美国，证券交易委员会（SEC）与国会曾先后努力强制公司披露内部控制信息②，但都未取得成功。在《萨班斯—奥克斯利法》(Sarbanes Oxley Act)通过之前，内部控制报告基本由公司自愿披露。这一时期仍有较多的公司自愿在财务报告中提供内部控制信息。1993年的研究表明，2221家公司中有742家提供了内部控制报告，占33.4%。③

从制度经济学的角度来看，自愿性的信息披露属于内在制度的范畴，强制性的信息披露属于外在制度范畴。内在制度来源于人类的经验，它是人类长期实践与经验选择的产物，是以往各种问题最有益的解决办法，其例子有习惯、伦理规范和商业习俗等；外在制度是政治权力机构自上而下地设计出来、运用强制力付诸实施的规范，外在制度永远是正式的，它要由一个预定的权威机构以有组织的方式来执行惩罚。④

自愿性信息披露有助于克服资本市场内信息不对称与信息不完全的现象，它有益于建立一个更加公平、公开的资本市场，当认可自愿性信息披露的企业超过一个临界点时，它就会转变为一项内在制度。而内在制度构成了外

---

① Winnshurst T. D. and C. R. Frost, Corporate Environmental Reporting: A Test of Legitimacy Theory, *Accounting Auditing and Accountability Journal* 2000, 13(1): 10.

② 1992年9月，全国虚假财务报告委员会下属的发起人委员会（The Committee of Sponsoring Organizations of The National Commission of Fraudulent Financial Reporting, COSO)《内部控制——整体框架》报告，该框架认为内部控制是受企业董事会、管理层和其他人员影响，为经营的效率效果、财务报告的可靠性、相关法规的遵循性等目标的实现而提供合理保证的过程。COSO内部控制框架确认内部控制的三大主要目标：即运营的效率和效果、财务报告的可靠性以及遵守适用的法律和规章。此外，标准将控制环境、风险评估、控制活动、信息和沟通、监控作为框架的五大组成要素，服务于上述三大目标。内部控制过程中所形成的事实则构成内部控制信息。企业管理层或内部审计机构应定期根据一定的标准对本企业内部控制设计和执行的有效性进行自我评估，之后提出一个提供给外部信息使用者的报告，这就是内部控制信息披露。

③ 周勤业、王啸：《美国内部控制信息披露的发展及其借鉴》，载《会计研究》2005年第2期。

④ ［德］柯武刚、史漫飞著：《制度经济学：社会秩序与公共政策》，韩朝华译，商务印书馆2008年版，第36～131页。

在制度的基础,也就是说,自愿性信息披露构成强制性的信息披露的制度基础。"有意识制定的、立法通过的规则,以及由政治过程决定的制度的整个架构,都必须以内在制度为基础"①。

从内在制度与外在制度产生与发展的角度来看,它符合合法性的判断,因此属于内在制度与外在制度范畴的自愿信息性披露与强制性信息披露的合法性自然不言而喻。当然,此处的外在制度是应然意义的,如果外在制度脱离了内在制度这一基础,不符合合法性判断的话,那它的作用就会大打折扣。因为,"外在制度的有效性在很大程度上取决于它们是否与内在演变出来的制度互补"②。一项制度,只有符合合法性的判断,才有存在与发展的基础,才能实现制度被赋予的各种价值追求。

三、资产证券化信息披露的法律监管框架

资产证券化是一种金融创新形式,它在许多方面与传统的资本市场存在着差异,这就决定了对资产证券化信息披露的法律监管与对传统资本市场信息披露的法律监管是不同的。

(一)传统证券与证券化证券对信息披露要求的差异

首先,证券发行的信用基础不同。以股票和债券为代表的普通证券是以发行证券企业自身的整体信用为基础的,证券投资人关心证券发行人的整体经营状况、整体资产状况、整体信用状况、整体收益状况和整体发展前景等信息;而资产证券化的证券发行是以证券化资产的信用为基础的,证券的投资人关心的重点不在于证券发行人的信用,而是关注基础资产的品质、未来现金流收入与分配状况等内容。

其次,融资结构不同。传统的证券发行是以发行人的整体资产及信用为担保的,因此,信息披露的要求也集中在发行人的资产、信用与经营等方面。

---

① [德]柯武刚、史漫飞著:《制度经济学:社会秩序与公共政策》,韩朝华译,商务印书馆2008年版,第122页。
② [德]柯武刚、史漫飞著:《制度经济学:社会秩序与公共政策》,韩朝华译,商务印书馆2008年版,第36页。

而证券化作为一种结构融资①,涉及了资产打包组成资产池、资产转移、信用增级及信用评级等多个环节,远比传统证券发行复杂得多,因而向投资者披露的信息也就伴随着证券化的每一个环节,信息披露的内容与环节要远远多于传统的证券发行。

最后,证券的发行主体性质不同。传统的证券发行人是从事商事活动的企业,其营业能力与盈利能力是其证券得以成功发行的重要保证,因此,证券发行人要积极从事营业活动以实现投资人的收益。而在证券化过程中,不管特殊目的载体采取什么形式,信托、公司或合伙,不管其是否取得法律主体地位,它都是作为一种纸上的交易工具存在的,除了进行与资产证券化相关的业务之外,它不能从事其他业务,以免额外负债。② 从这一点可以看出,在传统证券的信息披露中,证券发行人的经营活动及盈利水平是重要内容;而在证券化中,特殊目的载体因其经营活动受到限制从而不能成为整个证券化过程中信息揭露的重点。

(二)美国的证券化信息披露法律监管框架

信息披露是美国证券法监管的核心制度,它主要由《1933 年证券法》与《1934 年证券交易法》构成。美国的资产证券化受美国证券法律制度的一般规制,美国证券法所构建的监管框架也适用于资产证券化。

《1933 年证券法》与《1934 年证券交易法》的核心目标是保护投资者利益和防止证券欺诈行为,基本内容是规范信息披露,但是两部法律各有侧重。《1933 年证券法》主要针对一级市场即证券发行市场,登记中的信息披露是行为定位(transaction-oriented),也就是定位于发行行为,所以发行人的每次发

---

① 结构融资是一个含义广泛的术语,它指使用复杂的法律和企业实体去转移风险和规避法律的融资活动。(参见 Structured Finance,http://en.wikipedia.org/wiki/Structured_finance,visited on 2011-7-21.)不同的结构融资方式伴随有不同的条件。如果公司是通过在资本市场上发行证券来支付资产的购入价格,这种交易通常叫做资产证券化。如果公司利用 SPV 去获得设备,所有或者部分的购入价款是借的然后通过设备的租金来偿还,这种交易通常叫做融资租赁或叫设备信托。如果公司利用 SPV 建设一个不动产项目,所有或部分的建设成本是借贷的,然后用项目租金来偿还,这种交易叫做合成租赁。这些及类似的交易都叫做结构融资。(参见 Steven L. Schwarcz,Commercial Trusts as Business Organizations:Unraveling the Mystery,58 *Bus. Law.* 559,February,2003,footnote 30.)

② Lynn A. Soukup,When Assets Becomes Securities:the ABC's of Asset Securitization,6-*DEC Bus. L. Today*,1996,pp. 20~22.

行都必须重新登记和披露。《1934年证券交易法》则主要针对二级市场即证券交易市场,登记是身份定位(status-oriented),即定位于作为交易主体的公司。公司登记是一次性的,一经登记,公司就始终承担《证券交易法》上的披露和报告义务。在两部法律的监管框架下,公众公司必须定期披露经营管理状况和向SEC提交财务报表,除此以外,在发行新证券时,还必须向SEC提交登记声明,重复与公司有关的一般信息并披露与发行有关的具体信息。①

1.《1933年证券法》规定的信息披露

《1933年证券法》第7条规定,有关非外国政府或非外国政府的政治机构发行证券的注册报告书须包括和附带表A所指定的内容和文件。实际上,发行人送交证券委员会审查的登记文件的内容与招股说明书所包含的内容基本相同。② 根据附表A的规定,招股说明书应当包含的内容多达27项,主要集中在以下几个方面:第一,发行人的相关信息,包括发行人的名称、主要营业地、资金情况等;第二,拟发行证券的相关信息,包括数额、价格、净收益等;第三,财产状况,包括资产负债表、损益表等。除此之外,附表A还要求提交发行人与承销商签订的协议、律师出具的法律意见书、重大合同、合伙人协议、公司章程、委托协议以及所有可能影响到证券发行的其他协议或票据。

2.《1934年证券交易法》规定的信息披露

《1934年证券交易法》规定报告公司必须定期向SEC提交年报(10—K表)、季报(10—Q表)和现行报告(8—K表),披露其经营和财务状况。

年报(10—K表)必须在每一财政年度后的90天之内提供上一个年度的年度报告。年报包括的内容有:(1)两年的资产负债表和3年的损益表;(2)一些特定的财务指标;(3)会计师有变动或持有异议的情况;(4)管理人员对经济状况和经营结果的分析及讨论;(5)对注册者及其子公司在最近年度经营情况的概述及部分企业资料;(6)注册公司董事长及管理人员的情况;(7)法律诉讼;(8)注册公司普通股的市场价值和股息,以及相关的股东情况。

季报(10—Q表)是在前三季度结束后的45天内提供季度报表,其内容简明且不需要审计,但是它必须是符合公认的会计准则制作的财务资料,以及对经济状况的管理分析和经营结果。

---

① 廖凡:《钢丝上的平衡:美国证券信息披露体制的演变(上)》,载《金融法苑》2003年第1期。

② 高如星、王敏祥:《美国证券法》,法律出版社2000年版,第18页。

现行报告(8—K 表)是在未曾报告过的重大事件后的 15 天内提供。重大事件包括:控制权改变,买卖公司的重大资产,破产和接管程序,审核人员的改变以及因政策纠纷而导致的董事辞职等。

3. 证券化的信息披露

虽然美国的资产证券化受美国证券法律制度的一般规制,但如同前文已经指出的,证券化市场与传统的证券市场存在着许多差异,所以,对证券化的信息披露也不能仅适用《1933 年证券法》与《1934 年证券交易法》。

美国证券交易委员会(SEC)于 2004 年通过了 AB 条例。该条例是根据《1933 年证券法》与《1934 年证券交易法》制定的全面调整资产支持证券的注册、披露及报告的规范性文件。条例更新并厘清了《1933 年证券法》对资产支持证券的注册要求;对《1933 年证券法》与《1934 年证券交易法》涉及资产支持证券提交的文件提供了专门的披露指南与要求。[①] 该条例的详细内容将在后文中进行阐述。

(三)我国的特定目的信托信息披露法律监管的框架

作为一种金融创新,我国的资产证券化从开始就没有纳入证券法的规制框架。以特定目的信托作为特殊目的载体唯一形式的资产证券化信息披露则以单行规章的形式出现。特定目的信托的信息披露法律监管框架是建立在《信贷资产证券化试点管理办法》、《资产支持证券信息披露规则》与《信贷资产证券化基础资产池信息披露有关事项公告》(中国人民银行公告〔2007〕第 16 号,以下简称第 16 号文)几个规范性文件的基础上的。

对于我国的特定目的信托的信息披露的法律规制虽然不适用证券法的规定,但是证券法信息披露的理论分析与理论基础依然适用于特定目的信托的信息披露。

中美两国的资产证券化信息披露的法律监管框架其实是两种典型的立法体例:美国的证券化信息披露是建立在证券法的一般框架内,同时再结合证券化的特殊性制定具有针对性的信息披露规则;我国的证券化信息披露则是另起炉灶,单独制定针对证券化的具体规则。

美国的证券化信息披露制度具有节约立法成本、执法成本的优势,但是对于监管部门来说,则有监管权力过于集中的嫌疑。我国的证券化信息披露制

---

① Asset-Backed Securities, Final Rule, *Federal Register*, *Vol.* 70, *No.* 5, Jan. 7, 2005, p. 1506.

度虽然更具有针对性,但无形中却导致了监管部门监管职能的交叉。

第二节　美国 AB 条例规范下的信息披露制度

美国的 AB 条例(Asset-Backed Securities Regulation,Regulation AB)[①]于 2004 年通过并于 2006 年 1 月 1 日开始实施的,它对证券化的各个环节的信息披露要求都作了相应的规范,是包括特定目的信托在内的各种形式的特定目的载体的证券化参与方进行信息披露遵循的基本准则。

一、证券化主体的信息披露

(一)发起人(sponsor)

根据条例第 1101 款第(f)款的定义,发起人是指通过直接或间接,包括通过关联方,向启动者(originator)出售或转让资产,组织并发起资产证券化交易的人。

按 AB 条例第 1104 条的规定,发起人应当披露的信息包括:(1)发起人的名称与组织方式。(2)发起人业务的一般特征。(3)发起人的证券化计划,并说明其从事资产证券化的时间,陈述中必须包括的重要事实包括:发起人在任何类型资产的证券化中的经历,要更为详尽的说明,发起人在发起或对与当前交易中相同的资产进行证券化的经历以及整个过程,要重点说明拟证券化资产的规模、构成、增长以及与发起人有关的并可能对证券化或资产池的履行分析产生影响的信息与事实。(4)发起人在其证券化计划中的重要作用与责任,包括他及关联方是否负责资产池资产的发起、收购、汇集或服务,以及发起人在构造交易中的参与情况。

(二)发行人(issuing entities)

根据条例第 1101 条第(f)款的定义,发行人是指根据拥有或持有资产的发起人或存放人的指令创立,并以其名义发行以该资产为支撑或服务的资产

[①] Asset-Backed Securities, Final Rule. *Federal Register*, Vol. 70, No. 5, Jan. 7, 2005, http://sec.gov/rules/final/33-8518fr.pdf, visited on 2011-7-26,下文引自该条例的条款,不再一一注明出处。

支持证券的信托或其他实体。发行人是指其报告义务要么源于《证券法》发行资产支持证券进行登记的规定,要么源于《证券交易法》的第12条对某一类资产支持证券的登记规定。

根据条例第1107款的规定,发行人应当披露的信息包括:(1)发行人的名称与组织方式,包括发行人设立所在的州或司法管辖区,提交发行人的治理文件作为公示;(2)治理文件所允许的发行人活动及对其活动的限制,包括对其发行或投资另外证券能力的限制,借款或向他人贷款的限制,治理文件中允许发行人修改治理文件的条款;(3)就资产池或资产支持证券的管理可以自由裁量的行为,并说明可以行使这一权力的人;(4)除了资产池以外拥有的资产或即将拥有的资产,以及除了资产支持证券以外还负有的其他债务,披露发行人会计年度末的资产;(5)如果发行人有执行人、董事会或行使类似职能的人,根据相关规定进行说明;(6)与发行人有关的管理协议条款,提交协议作为公示;(7)发行人的股本,以及发起人、存放人或其他人对发行人的权益出资的数额及性质;(8)向发行人销售或转让资产池资产,以及为发行人、受托人、资产支持证券持有人或其他人设立的担保权益,包括进行上述销售、转让或设立证券利益合同的重要条款,提交合同进行公示;(9)如果池内资产是《证券法》下规定的证券,说明其市场价格以及其价格得以确定的基础;(10)就资产池的资产选择或收购所发生的费用作出说明,如果应从发行收入中支出,说明费用的数额,如果费用是支付给本条例中所界定的存放人、发行人、发起人承销人或其他合作人,则分别说明支付每一方费用的类型及数额;(11)处理下列一种或多种情形时的重要规定或安排:与交易有关的所赋予的担保权益是否被完善、维持或执行,就发行人来说,宣告破产、接管或类似程序是否会发生,在发起人、存放人或其他资产池的卖方在发生破产、接管或类似程序时,发行人的资产是否会成为破产财产或受到第三方的破产控制,在发行人发生破产、接管或类似程序时,发行人的资产是否会受到第三方破产的控制;(12)如果所适用的法律禁止发行人直接持有资产池资产,说明代表发行人持有资产的安排。

(三)服务商(servicer)

根据条例第1101条第(j)款的规定,服务商是指任何负责管理或收集资产池资产或向资产支持证券持有人分配的人。

根据条例第1108条的规定,服务商的信息披露内容包括:(1)如果对资产池资产的服务有多个服务商,应当说明服务结构的监督要求以及所涉及当事方的作用与责任,说明每一个主服务商、关联服务商以及为10%或以上资产池资产提供服务的非关联服务商,负责计算或向资产支持证券持有人分配的重要服务商,负责重组及止赎的重要服务商,以及资产池或资产支持证券的履行所必需的其他服务的提供者。(2)说明信息及经历,包括:第一服务商的名称及组织形式;第二,服务于资产的时间;第三,在过去3年间,服务商为与当前交易中相同类型的资产提供服务的政策与程序的任何变化;第四,如果服务商的财务状况会导致重要风险,服务的一个或多个方面会因此对资产池的履行或资产支持证券的履行产生重要影响,就应当提供服务商的财务信息。(3)服务合同与服务,包括:第一,服务合同的重要条款以及服务商在资产支持证券交易中的义务;第二,资产收集的方式;第三,对当前交易中为特定类型资产服务所涉及的特殊或独特事实,如次优资产,以及服务商处理这些事实的流程及程序;第四,要求服务商或允许服务商就清收、现金流或分配提供款项的任何合同的条款,就服务商在资产池资产款项的数据信息及服务商过去3年全部服务的数据信息;第五,服务商处理违约、损失、破产和收账的流程,如通过基础担保物的清算、特别服务商出售票据或借款人协商或重整;第六,服务商任何豁免或修改资产的条款、费用、罚金或支付的能力,如果重要,这些能力对于资产潜在现金流所产生的影响;第七,如果服务商承担了资产托管义务,就资产的保管与维护的重要安排作出说明,如果没有服务商对资产负有托管义务,说明这一事实,并说明负有这一责任的服务商并按本段规定提供该方的信息;第八,交易合同中就资产支持证券交易对服务商能力的限制。(4)备用服务。有关撤销、替换、辞任或转移的重要条款,包括:第一,选择继任服务商的规定以及继任服务商必须满足的财务及其他条件;第二,向继任服务商转移服务的流程;第三,支付服务转移所产生费用的条款及继任服务商要求的附加费用,说明为服务转移而预留任何资金的数额;第四,如果有的话,资产的备用服务商安排及备用服务商的身份。

(四)受托人(trustee)

根据条例第1109条的规定,每个受托人应当提供的信息包括:(1)受托人的名称与组织形式;(2)如果合适,说明受托人拥有为涉及类似资产池的资产支持证券交易担任受托人的经历;(3)说明受托人根据治理文件和适用法律就资产支持证券所负有的义务与责任,此外,说明需要受托人采取的行动,包括在违约、潜在违约或违反交易合同,或某类或某几类的资产支持证券达到规定的比例需要受托人采取行动时,是否通知投资人、评级机构或其他第三方;(4)说明根据资产支持证券交易合同对受托人责任的限制;(5)说明任何赋予受托人从不用于支付资产支持证券就用于对其进行补偿的现金流获得补偿的补偿条款;(6)说明有关撤销、替换、辞任,以及支付受托人变化所产生费用的任何合同条款或谅解。

(五)启动者(originator)

根据条例第1110条的规定,有关启动者的信息披露内容包括:(1)除了发起人及其关联方以外,明确任何启动或即将启动资产池10%或以上的启动者或关联启动者。(2)除了发起人及其关联方以外,任何启动或即将启动资产池20%或以上的启动者或关联启动人应披露以下信息:第一,启动者的组织形式。第二,达到重要性的程度,说明启动者启动计划以及启动者从事资产启动的时间。说明中必须包含启动者启动当前交易中包含资产的经历。在提供说明时,如果重要,应当包括有关启动者启动资产的规模及构成信息,以及对资产池的履行(如启动者的信用评级或对正在证券化的资产类型的承销标准)的分析具有重要性的信息。

(六)存放人(depositors)

根据条例第1101条第(e)款的界定,存放人是指收到或购买资产池资产并向发行人转让或出售的人。在发起人到发行人之间没有资产的中间转让的资产证券化交易中,存放人就是指发起人。资产证券化交易的转让或出售资产的人本身就是信托,那么发行主体的存放人就是该信托的存放人。

根据条例第1106条的规定,如果存放人与发起人不是同一主体,就应分别提供第1104条第(a)、(b)款要求的发起人的信息,如果信息重要并与发起人的信息有重大不同,则披露第1104条第(c)、(d)款要求的信息。另外,存放人应提供下列信息:(1)存放人的所有权结构;(2)除对资产进行证券化以外,存放人所从事的任何活动的一般性质及其活动期限;(3)在资产支持证券发行之后,正在登记中的涉及资产支持证券或资产池资产的持续义务。

(七)其他参与人

根据条例第1100条第(d)款的规定,交易的其他参与人以及资产池资产代表对其他资产池的利益,则应披露下列信息:(1)如果资产证券化交易涉及本条例没有确定的其他当事人或中间人,任何一方就本条例要求的达到重要性的披露信息包括,该方与资产支持证券及资产池相关的角色、功能经历。说明与该参与人就交易达成合同的重要条款,并提交合同公示。(2)如果支持资产支持证券的资产池包括了一种及以上的资产池资产,且该资产对另一资产池的支付或现金流拥有权益、权利,基于本条例及其他规定的目的,如果满足下列条件,对发行主体的资产池和资产池资产所要求的信息披露也适用于其他资产池及资产池资产:第一,资产支持证券的发行人,以及准备纳入发行人资产池的资产的发行人是在同一发起人或存放人的指令下设立;第二,资产池的创立完全是为了满足法律的要求,或便利资产支持证券交易的结构设计。

二、证券化静态资产池信息披露

1. 根据条例第 1105 条第(a)款的规定,对于分期偿还资产池(amortizing asset pools),除非登记人认为这些信息不重要,应该提供:

(1)在达到重要性程度的情形下,就发起人在以前同样类型资产的证券化交易中的违约、累计损失和提前支付方面提供静态资产池信息。

(2)如果发起人在包括购进资产池的资产的证券化经历不足 3 年,应当考虑在达到重要性程度的情形下,如果可能,就发起人发起或购买此类资产在启动年(vintage origination years)之前的违约、累计损失和提前支付提供替代信息。一个启动年代表在同一个年度里发起的资产。

(3)在提供上述两项信息时,应当:①如果可行,在达到重要性程度的情形下,提供与后来期间有关的以前资产池或启动年所需信息:5 年,或如果少于 5 年,在证券化相同类型资产情况下,提供本条第(a)款第(1)项所需信息,或启动或购买相同类型资产,提供本条第(a)款第(2)项所需信息。②如果合适,在达到重要性程度的情形下,在以前的证券化资产或启动年的期间内,在定期报告中(月度或季度)提供以前每一项资产证券化或启动年的违约、累积损失和提前支付的数据。数据最近的定期报告必须是在发行说明书首次使用的 135 日之前。③如果可行并重要,提供以前证券化资产池或启动年原始特征的概括信息。虽然重要的概括信息可以有所差别,除了其他事项,它应当包括下列信息:资产池资产的数量,原始资产池的余额,起初资产池的加权平均值,利息或货币汇率的加权平均值,原始期限的加权平均值,剩余期限的加权平均值,标准信用分数的加权平均值以及最小值和最大值,或其他债务人信用质量的可行测量,产品类型,贷款目的,贷款乘数信息,通过贷款或货币汇率的资产分配,地理分配信息。

2. 根据条例第 1105 条第(b)款的规定,对于循环资产主信托(revolving mater trust),除非登记人认为这些信息不重要,在达到重要性程度的情形下,应该提供:基于资产池资产的创立日期的各期报告的违约、累计损失、提前支付、支付比例、收益率以及标准信用分数或其他债务人信用质量的可行测量数据。虽然重要的报告期间(increments)可以有所差别,但应考虑在账户期间的第一个 5 年内,至少以 12 个月为一期提供这些数据(例如,0—12 个月,13—24 个月,25—36 个月,37—48 个月,49—60 个月以及 61 个月或更多)。

3. 根据条例第 1105 条(c)款的规定,如果本条的(a)款(1)、(2)项或(b)款所需要的信息并不重要,但是替代的静态资产池的信息能提供重要的披露,则提供替代资产池的信息。类似的,如果适当地提供重要披露,那么本条的(a)款第(1)、(2)项或(b)款就发起人之外的其他人所需要的信息会提供发起人的其他信息或替代信息。另外,其他解释性披露,包括任何静态资产池的信息缺失的解释性披露,是可以提供的。

4. 根据条例第 1105 条(d)款的规定,根据本条规定所提供的下列信息不得被视为资产支持证券的招股说明书或其一部分,也不得被视为资产支持证券登记声明的一部分:(1)发起人以前的没有包括现在资产池内的证券化资产池信息,在 2006 年 1 月 1 日以前完成设立的证券化资产池的信息。(2)就当前的资产池而言,在 2006 年 1 月 1 日以前的信息。

5. 根据条例第 1105 条(e)款的规定,对于根据有关法律规定提交的招股说明书包含了本条(d)款规定的信息,招股说明书应披露的信息不应视为资产支持证券的招股说明书、登记声明的一部分。

三、资产池资产

如果有助于理解,应提供图表或图形形式的统计信息。如果有助于理解,除了提供适当的资产池整体数据、平均数据以及加权平均数据外,还应当以适当的分布组(distributional group)或增量等级(incremental range)提供统计信息。除了通过分布组或增量等级提供资产池资产的数字、数量以及百分比,在达到重要性程度的情形下,还应通过变量(variables)提供每一组或等级的统计信息,例如,平均余额,加权平均券息,平均年限及剩余期间,平均贷款余额比率(loan-to-value),或类似比率以及加权平均标准信息分数或其他的债务人信用质量可采用的测量。这些变量仅是些举例,应当根据支持资产支持证券的特定资产种类来进行调整。考虑在整体基础上提供平均数值时及在每组与每个等级内提供最小值与最大值。另外,提供资产池资产的历史数据(这些资产已经存在不足 3 年)作为资产池数据重要评估的适当依据。就整体的资产池余额进行计算时,不应计算任何为预积累账户所拨出的费用。

(一)资产池资产的类型与选择标准的一般信息

根据条例第1111条(a)款的规定应提供下列信息:

1. 对拟证券化的资产池资产的类型的简要说明;

2. 对资产池资产的重要条款的一般说明;

3. 对用于发起或购买资产池资产的询价、授信或承销标准的说明,包括就已知程度内,这些标准的任何改变以及这些政策与标准被或将来被取代的程度;

4. 为交易目的选择资产池资产的方法与标准;

5. 如果可行,完成资产池资产组成的截止日期或类似日期;

6. 如果法律或监管规定(如破产、消费者保护、掠夺性贷款、隐私、财产权或止赎权法或条例)会实质影响资产池资产的履行或资产支持证券的偿付或预期的偿付,简要明确这些条款以及它们的影响。

(二)资产池特征

根据条例第1111条(b)款的规定,说明资产池的重要特征。在介绍确定或度量其特征以及任何术语或缩略语时,提供适当的介绍性与解释性的信息。尽管资产池的性质会导致重要特征的变化,这些特征会包括:

1. 每一种资产池资产的数量。

2. 资产规模,例如在指定的截止日期时的原始余额与未偿余额。

3. 利率或收益率,如果资产池包含不同的资产,包括利率的类型,如固定利率与浮动利率。

4. 资本化与非资本化的应付利息。

5. 期限,到期日,剩余期限,平均寿命(基于不同的提前偿付假设),当前的偿付/提前偿付速度与资产池事实,如果可行。

6. 如果不同的服务商服务于不的资产池资产,服务商的分布。

7. 如果一项贷款或类似应收款:(1)偿还期限;(2)如果可行(如偿还或延期),贷款目的(如是否购买或更新贷款)与法律地位;(3)如果可行,贷款余额比率(LTV)与债务偿还比率(DSCR);(4)基础资产的类型与/或使用,产品或担保(如对居民抵押贷款的占有类型或商业抵押贷款的产业部门)。

8. 如果一项应收账款或其他金融资产出现在循环账户中,如信用卡应收款;(1)月度清偿比例;(2)最大的信用额度;(3)平均账户余额;(4)收益百分比;(5)资产类型;(6)金融收费,手续费及获得的其他收入;(7)为偿还、归还、盗刷或其他原因所获准的余额减少;(8)全额的百分比以及进行的最低偿付。

9. 如果资产池包括商业抵押贷款,在达到重要性程度的情形下,提供下列信息:

(1)对于所有的商业抵押贷款:①每一抵押财产的位置及当前的使用;②对于每一抵押财产,运营纯收入以及纯现金流的信息以及运营纯收入与纯现金流组成;③每一抵押财产的当前租用率;④每一抵押财产3个最大的租用人的身份、所租用的面积及合同到期日;⑤针对这些财产的所有重要的其他按揭抵押、留置的性质与数量及它们的优先性。

(2)对每一商业抵押物,根据美元价值,在截止日期代表了10%的资产池:①这些财产任何更新、改进与开发的建议计划,包括因此而产生的估算成本与将被采用的融资方法。②这些财产受制于或将要受制于的一般竞争性条件。③这些财产的经营。④最近5年每年以百分比形式说明的租住率。⑤财产上的主要业务、租用与行业活动。⑥租用了这些财产可租用面积10%及以上的承租人数量及承租人的业务活动的主要性质,以及与这些承租人所签租约的主要条款,包括但不限于:每年的租金,到期日以及续租选择权。⑦每平方英尺或其他单位在提交申请前3年每年的平均有效年租金。⑧对从提交登记声明(如果可行,或招股说明书补充的日期)开始起算的每个10年的租约到期日安排,说明:第一,其租约将要到期的承租人的数量;第二,这些租约所包括的面积;第三,这些租约所产生的年租金;第四,这些租约所占年度总租金的百分比。

10. 资产池资产有担保时,担保物的类型。

11. 债务人的标准信用分数以及有关债务人信用质量的其他信息。

12. 送交账单与偿付的程序,包括偿付的频率、付款方式、费用、收费与启动、偿付的动机(incentive)。

13. 有关资产池资产的启动渠道与启动流程的信息,例如,如果可行,启动人的信息(如何获得)以及所需的启动记录水平。

14. 地域分配,如州或其他重要的地理区域。如果10%或以上的资产池资产被或将被置于任何一个州或其他地理区域,说明该州或区域特定的任何可能实质影响资产池资产或资产池资产现金流的经济或其他事实。

15. 对财产类型的其他重要关注(如,学生贷款的学校类型)。如果重要,就这些关注提供本条第(b)款第(14)项所需的信息,如果可行。

(三)违约与损失

根据条例第1111条第(c)款的规定,提供资产池的违约与损失信息,包括违约与损失的统计信息。

(四)现金流的来源

根据条例第1111条第(d)款的规定,如果将用于支持资产支持证券的资产池现金流将会有多个来源(如源于租约偿付以及在租约终止时剩余财产的出售),提供下列信息:

1. 对将要用于资产支持证券偿付的资金的特定来源进行说明,并且,如果可行,提供资金不同来源的相关数额与百分比,包括获得这些数额的任何假设、数据、例子以及方法。如果偿付不同级别,或对资产支持证券偿付的不同类型或与此相关(如本金、利息与费用)来源于资产池资产不同的或分离的现金流或其他来源,披露用于这些偿付的资金来源。

2. 剩余价值信息

如果资产池包括租约或其他资产,证券化资产池余额的一部分可以向支撑租约的基础实物资产的剩余价值分配,提供下列信息:

(1)用于构造交易的剩余价值是如何估算的,包括任何重要扣减率的解释,所采用的模式与假定,以及选择这些比率、模式与假设的人;

(2)在租约的期间内保持剩余价值的任何重要的程序或条件的结合,如承租人责任,转租的禁止,赔偿或需要的保险或担保;

(3)剩余价值将得以实现的程序,以及通过谁实施这些程序,包括这一当事人经验的信息,与条例中第1119条第(a)款所述之当事人之合作,以及与该方当事人的补偿安排;

(4)不管资产池资产是开放式租约(open-ended lease)(即承租人应承担出租财产的剩余价值与销售收入之间的差额)还是封闭式的租约(close-ended lease)(即出租人对这一差额负责),以及两类租约包含进资产池的位置,每一类的百分比;

(5)在达到重要性程度的情形下,根据租约,任何出租人的义务,以及出租人不能履行义务对资产支持证券的影响及潜在影响;

(6)对预估的资产池资产的剩余价值提供统计信息;

(7)如果可行,对返还率(turn-in rate)的历史统计信息简要概括,以及在过去3年中由对该程序负责的一方提供剩余价值实现的比率,或者这么长的时期对于资产池的评估是重要的;

(8)如果剩余价值的实现没有取得足够的现金流,其对证券持有者的影响,不管是否有条款应对这一意外事故,以及现金流大于向证券持有者必要的偿付时如何分配。

(五)资产池资产的维护、保证以及再购买义务

根据条例第1111条第(e)款的规定,简要概述由交易的当事人如发起人、转让人、启动人或其他当事人对资产池资产所作的维护与保证,并简要说明如果维护与保证被违反,例如重新购买义务时,有效的救济措施。

(六)对资产池资产的权利主张

根据条例第1111条第(f)款的规定,说明资产支持证券持有人之外的当事人对任何的资产池资产提出的任何重要的直接的或意外的权利主张。还有,说明任何重要的与资产池资产有关的交叉担保或交叉违约条款。

(七)资产池资产的循环期、先融资账户(prefunding account)的其他变化

根据条例第1111条第(g)款的规定,如果交易含有先融资期或循环期,如可行,提供下列信息。就像在主信托中的资产支持证券的附加发行或资产池资产的维护、保证的违约中,在资产池资产可能增加、替换或移除等其他情形下,提供类似信息:

1. 任何先融资期或循环期的期限。

2. 对于先融资期,要存入先融资账户收益数额。

3. 对于循环期,如果可行,在循环期内可能获得的其他财产的最大数额。

4. 如果可行,资产池与由循环账户或先融资账户所支持的任何种类、系列的资产支持证券的百分比。

5. 可能会引发先融资期或循环期限制或终止的事件,以及该事件的影响。特别是循环期,说明循环期的运行以及清偿期。

6. 在先融资期或循环期内何时及如何获得新的资产池资产,如果必要,何时及如何移除、替换资产池资产。说明资产池资产的获得、移除与替换的数量、类型或速度限制。

7. 在先融资期或循环期内对获取的其他资产的获取标准或承销标准,包括一个与用于选择当前资产池标准任何不同的说明。

8. 哪一方当事人有权增加、移除或替换资产池的资产,或有权决定资产池资产是否符合额外财产的收购或承销标准。

9. 增加或移除最低数额的资产池资产的要求,以及不能满足该要求的后果。

10. 如果可行,先融资账户或循环账户内资金在使用之前临时投资程序和标准的说明(包括临时资金的损益处理),以及符合该账户的金融产品或工

具的说明。

11. 先融资账户或循环账户内资金返还投资者或另作其他处理的情形。

12. 投资者是否以及如何获得资产池变动通知的说明。

四、资产池资产重要债务人

根据条例第1101条第(k)款的定义,重要债务人是指:任何占到资产池资产10%或以上的资产池资产或一组资产池资产的一个债务人或关联债务人;对占到资产池资产10%或以上的一项资产池资产或一组资产池资产进行担保的单一资产或一组相关资产;如果一个租约或相关的租约代表着10%或以上的资产池资产,该租约的一个承租人或一组相关的承租人。

根据条例第1112条的规定,重要债务人应披露的信息包括:

(一)描述性信息

每个重要的债务人都应当提供下列信息:

1. 债务人的姓名;

2. 债务人组织形式以及其营业的一般特征;

3. 资产池资产与债务人集中的性质;

4. 资产池资产以及与债务人就资产池资产所订协议的重要条款。

(二)金融信息

1. 如果与一个重要的债务人相关的资产占到资产池资产的10%或以上,但不足20%,则需提供S—K条例第301条所要求的金融信息,然而,如果对于一个本条例第1101条第(k)款第(2)项的债务人,只要提供最近会计年度的纯营业收入以及过渡期间即可;

2. 如果与一个重要的债务人相关的资产池资产占到资产池资产的20%或以上,则提供符合S—K条例规定的财务报表。

五、交易结构

(一)证券与交易结构的说明

在提供S—K条例第202条所要求的信息时,如果可行,处理与资产支持证券有关的特定事项:

1. 要发行证券的类型与类别,如利息加权或本金加权[包括IO(仅利息)或PO(仅本金)],预定偿还证券、组合证券或剩余权益证券或次级权益证券。

2. 交易的资金流,包括付款分配,在发行主体所发行的所有证券中,在不同类别的证券、同一类型的证券中权利与分配顺序,涉及现金流,信用强化或其他支持手段,以及任何其他结构特征,旨在强化信用、便利资产池资产到期或向证券持有人的及时金钱支付,调整资产支持证券回报率,或保存将向证券持有人分配的金钱。另外,除了资产池现金流的分配与顺序结构的恰当的陈述性说明,以图表形式提供资金流的信息,如果这样有助于理解。在资金流的说明中,提供有关指示资产池资产(如保存账户、现金担保账户或费用)产生的现金流要求的信息,以及这些要求的目的及运作。

3. 说明资产支持证券的利率或回报率以及这样的数额是如何支付的,解释利率是如何确定的以及它得以确定的频率。如果要支付的利率是两个或两个以上的利率组合(例如资产池资产较次要的可变利率或实际加权平均净券息),则提供每一种利率的清晰信息以及其适用的期间。

4. 如果有本金,如果在资产支持证券上支付,包括到期日、分期偿还或本金分配安排、本金分配日期、从现金流中计算本金分配的公式以及影响每种证券本金支付时间与数量的其他因素。

5. 资产支持证券可能发行的面值。

6. 可能会引发违约或违约事件的交易结构的任何特定变化(例如不同种类的分配优先顺序的变化)。

7. 任何清算、清偿、履行或类似事件,以及投资人的权利与交易结构、资金流的变化。

8. 服务商或其他当事人是否应当提供定期没有违约的证据或遵守交易合同条款的证据。

9. 如果可行,以百分比的形式说明,资产支持证券的本金余额与资产相比较,该交易超额担保或担保不足的程度。

10. 其他证券中包含的可能会导致交叉违约或交叉担保的任何条款。

11. 潜在投资者的最低标准、限制或适合性要求以及对所有权与/或证券转让的限制。

12. 修改交易文件所需的证券持有人的表决权以及表决权在证券持有人间的分配。

(二)分配频率与现金维护

1. 披露资产支持证券分配日期的频率以及资产池资产的收集期间。

2. 说明在分配之前的现金或其他用途的现金是如何持有与投资的。还要说明在向证券持有人分配之前持有现金的时间长度,能够接触到现金余额并将现金余额进行投资的当事人。说明就存放、转移或支付资产池资产现金流有权作出任何决定的当事人,以及对交易账户或会计行为是否有独立的审核。

(三)费用与花费

对将以或可以以资产池资产所产生的现金流进行支付的所有费用与花费按项目提供单独的表格。在对费用与花费进行分项时,还应说明其一般目的、收取费用与花费的当事人、费用与花费的资金来源(如果与其他的费用与花费不同或这些费用与花费是从现金流的特定部分中支付)以及这些花费的优先顺序。如果费用与花费的数额不固定,提供用于决定费用与花费的公式。列表说明应当伴有脚注或其他伴随的叙述性说明,以达到对费用与花费的时间与数额的理解所必要的程度,例如对费用的限制与限额,或估算是否能在特定的情形下改变,例如在违约(在此情形下费用会如何改变或可能影响改变的事实因素)。另外,在脚注或其他伴随的叙述性说明中,说明如果有任何的费用与花费改变,那么这些费用与花费在没有向证券持有人通知或没有证券持有人的批准的情况下会如何改变,以及对于改变费用与花费数额能力的限制,如因为更换交易当事人。

(四)超额现金流

1. 说明对剩余或超额现金流的处理。明确谁对现金流拥有剩余权益或保留权益,如果该方当事人是发起人、存放人、发行人或任何本条例第1119条第(a)款中所确认的任何实体,或者该方当事人除了获得剩余或超额现金流之外还可以改变交易结构。对这些权利作为重要事项进行说明。

2. 披露交易协议中任何维持交易中最低限度的超额现金流、差价或保留权益的要求,以及任何应当采取的行动,或者如果这些要求没有得到满足,交易结构可能发生的变化。

3. 为达到理解资产支持证券的重要性程度,应当披露促进超额现金流或剩余权益证券化的任何特征与/或安排,包括任何交易结构的重要改变是否获得与这些证券化交易有关的资产支持证券持有人的同意。

(五)主信托

如果一种及一种以上以同一资产池支持的附加证券系列或种类已经发行或将要发行,提供附加证券的信息,以达到对所发行证券影响的重要性程度的理解,包括下列事项:

1. 这些附加证券相对于正在发行的证券的相对优先性,以及对基础资产池资产及其现金流的权利。

2. 资产池现金流以及在不同的系列或种类间的费用或损失的分配。

3. 这些附加系列或种类证券据以发行以及资产池资产增加或变化的条款。

4. 任何证券持有人批准或通知附加证券的条款。

5. 何方当事人有权决定这些附加证券是否可以发行。另外，如果对这些附加发行有条件，说明对该方当事人行使权利或作出决策是否有独立的审核。

(六)选择性或强制性赎回或终止

1. 如果任何种类的资产支持证券包含选择性或强制性赎回或终止性质，提供下列信息：

(1)引发赎回或终止的条件；

(2)拥有此项选择权或义务的当事人身份，以及该方当事人是否是发起人、存放人、发行人或任何本条例第1119条第(a)款中所确认的任何实体的关联方；

(3)赎回的数额或回购价格或决定该数额的公式；

(4)赎回或终止的程序，包括对证券持有人的任何通知；

(5)如果向证券持有人的分配数额因为损失减少，在赎回或终止后回收金额的政策。

2. 当资产池资产原始本金余额的25%或以上仍未偿还，任何可以行使选择性赎回或终止的证券，其名称中必须包含"可回购"(callable)字样，但是在主信托的情况下，当发行某类证券的特定系列的原始本金余额的25%或以上仍未偿还，可以行使选择性赎回或终止的该类证券名称中应当包含"可回购"(callable)字样。

(七)提前支付、到期日与收益因素

1. 说明用于确定资产池现金流方式的任何模型，包括相关的重要假设与限定。

2. 在达到重要性程度的情形下，说明每种证券对资产池资产偿付比率变化的敏感程度(如提前偿付或利率敏感度)，并说明这一偿付比率变化的影响。提供这一影响的统计信息，例如提前偿付对收益与加权平均期限的影响。

3. 说明在各类证券中提前偿付的任何特别分配，以及某类证券是否保护其他证券免于因现金流不确定事件所造成的影响。

六、其他披露事项

除了上述五个重要事项之外,还有其他应披露的事项,包括信用强化及其他支持、某些衍生工具、税务事项、法律程序、报告与附加信息、关联关系、某些关系与相关交易、评级、分配与资产池履行信息、可行服务标准的适用与服务商适用声明。

第三节 我国的特定目的信托信息披露制度

由于我国的资产支持证券不适用《证券法》的相关规定,其信息披露所适用的法律制度是建立在《试点管理办法》、《资产支持证券信息披露规则》(以下简称《信息披露规则》)以及第16号公告的基础之上的。《试点管理办法》主要是确定了信息披露的主要制度框架,《信息披露规则》与第16号公告则确定了信息披露的主体内容。

一、信息披露的一般规定

《试点管理办法》的第七章专门对信息披露作了一般性的规定。

(一)信息披露的基本原则

信息披露的基本原则是信息披露应当遵循的基本规则,它要求信息披露应当真实、准确、完整、及时,它是负有信息披露义务的主体应当共同遵守的行为规则。

在资产证券化中,受托人是主要的信息披露主体,但是由于证券化的结构金融特征,受托人的信息披露内容来源于多个为证券化交易提供服务的机构,因此,只有证券化服务机构提供的信息真实、准确、完整、及时,不存在虚假记载、误导性陈述和重大遗漏,受托机构的信息披露才能达到法规的要求。

(二)信息披露的类型

信息披露有两种类型即初次发行披露与持续披露。在资产支持证券发行前和存续期间,受托机构应当按规定对信托财产和资产支持证券的信息进行披露。

1. 初次发行披露

受托机构应当在发行资产支持证券的5个工作日之前发布最终的发行说

明书，对参与证券化的各方当事人、资产池、资产支持证券等事项的相关信息进行披露。

2. 持续披露

在资产支持证券存续期内，受托机构负有持续披露的义务。受托机构通过受托机构报告进行定期披露，主要披露信托财产信息、贷款本息支付情况、证券收益情况等信息；除此之外一切对资产支持证券投资价值有实质性影响的信息也应由受托机构及时进行披露。

（三）信息披露的方式与报送

受托机构应通过中国人民银行指定媒体进行信息披露，全国银行间同业拆借中心和中央国债登记结算有限责任公司两部门按规定为资产支持证券信息披露提供服务。

二、信息披露的主体

在三个规范性文件中所涉及的信息披露主体主要包括以下几方：

（一）受托机构

受托机构是整个信息披露制度的主要信息披露主体。根据规定，受托机构应当依照信托合同的约定和相关规范文件的规定，对信托财产和资产支持证券信息进行持续披露。

（二）贷款服务机构

贷款服务机构依照合同约定管理作为信托财产的信贷资产，定期向受托机构报告作为信托财产的信贷资产信息。

（三）资金保管机构

资金保管机构依照资金保管合同，应当将资金的管理情况和资产支持证券收益的支付情况定期向受托机构进行报告。

（四）发起机构

基础资产池是由为数众多的信贷资产组成的，发起机构应当说明构建资产池选择贷款所适用的具体标准；同时应当说明构成资产池的贷款的发放程序、审核标准、担保形式等内容。

（五）信用评级机构

信用评级机构根据与受托机构作出的约定，在资产支持证券存续期内，应当在每年的7月31日之前向投资者披露上一年度的跟踪评级报告。

三、资产支持证券与资产池的信息披露

《资产支持证券信息披露规则》与第 16 号公告共同构建了资产支持证券与资产池的信息披露制度。

(一)资产支持证券的初次信息披露

受托机构应在发行资产支持证券的初次信息披露中,向投资者公开发行说明书、评级报告、募集办法和承销团成员名单等内容。

1. 发行说明书

发行说明书是十分重要的文件,包括的内容十分庞杂,按《试点管理办法》的规定,大体可以分为以下几类:

第一,参与证券化的各方当事人的相关信息。应当披露为证券化交易提供服务的机构名称与住所;如果为证券化交易提供服务的机构有过证券化经历的,还应当说明它们在以往证券化交易中的经验以及是否存在违约记录;鉴于发起人在证券化中的重要作用,还应当披露发起机构简介和财务状况概要。

第二,参与证券化各方的相互关系及其权利义务。证券化是种结构复杂的交易,涉及多方当事人,因此应当披露交易结构及当事方的主要权利与义务,以及确定当事人权利义务关系的信托合同、贷款服务合同和资金保管合同等相关法律文件的主要内容;另外说明交易各方的关联关系。

第三,资产池的相关信息。对于资产池,应当对下列事项进行说明:

(1)发起人构建证券化资产池选择贷款所适用的具体标准。

(2)发起人应当说明构成资产池的贷款的发放程序、审核标准、担保形式、违约贷款的处置。

(3)证券化资产池的总体特征,包括贷款笔数、总本金余额、合同总金额、加权平均贷款年利率,以及单笔贷款的最高本金余额、平均本金余额、最高合同金额、平均合同金额、最高年利率等相关信息。

(4)证券化资产池的分布信息,包括贷款种类、质量、担保情况、贷款的期限结构、贷款的利率结构、借款人的年龄结构、借款人的地域分布、借款人的行业分布。

(5)大额贷款的特别说明,如果单一借款人的借款超过证券化资产池的 15%,或某一借款人及其关联方的借款超过证券化资产池的 20%,则构成大额贷款,在此情形下应披露借款人两个方面的信息:一方面,是借款的整体信息,如借款人的名称、经营情况、基本财务信息及相关信用状况;另一方面,是

有关贷款的信息,包括贷款的用途、贷款的担保或抵押情况。

(6)律师出具的法律意见书的主要内容。

(7)投资者查阅基础资产池全部具体信息的途径和方法。

第四,资产支持证券的信息披露。资产支持证券是以资产的信用为基础发行的证券,为保证证券的安全,增加其吸引力,通常会选择信用增级的方式,因此应说明资产支持证券的内外部信用增级方式;鉴于证券化结构的复杂性,信用评级机构应当对资产支持证券进行信用评级并出具评级报告以及进行跟踪评级的安排;对于分档发行的资产支持证券,要分别说明各档次证券的本金数额、信用等级、票面利率、预计期限、本息偿付优先顺序、利率敏感度分析以及各档次证券的收益率和加权平均期限的变化情况;证券保障条款即选择性或强制性的赎回或终止条款,如清仓回购条款。

第五,税费安排说明。证券化存在着一定的交易成本,其交易成本主要是各种税费支出,因此发行说明书需要对支付的各税费、税费支付来源和支付优先顺序等各项内容进行说明,还应当提供注册会计师出具的该交易的税收安排意见书。

第六,投资风险提示。发行说明书应当在显著位置提示投资机构:资产支持证券只是特定目的信托受益权的表彰,不代表对发起机构、受托机构或任何其他服务机构的债权,投资机构仅对信托财产享有追索权。

第七,其他内容。其他需要说明的内容包括:资产支持证券持有人大会的组织形式与权力、执业律师出具的法律意见书概要以及中国人民银行规定载明的其他事项。

按《资产支持证券信息披露规则》的规定,受托机构应在发行说明书中提示投资者:发行监管部门核准本期证券发行,并不是监管部门对证券的投资价值作出的评价,也不是对证券的投资风险所作的任何判断。

因此,按照《试点管理办法》与《资产支持证券信息披露规则》的规定,在发行说明书中对投资人有两项风险提示义务:一项是说明资产支持证券仅代表特定目的的信托受益权的相应份额;另一项是主管部门对资产支持证券的核准并不代表对证券投资价值的评价,也不代表对证券投资风险的判断。

2. 评级报告

评级报告是信用评级机构对基础资产池总体情况所给出的信用评估,是投资者进行投资决策的重要依据。

在发行资产支持证券时,《信用评级报告》对有关基础资产池的信息作以下披露：

(1)证券化资产池的概括信息。基础资产池在特定目的信托架构下表现为信托财产，因此应对构成资产池贷款的总体情况进行披露，包括贷款笔数、规模、期限、利率、本息偿付方式等基本信息；对于贷款的分布状况，要着重披露前10大债务人及前5大债务人占比数据等。

(2)证券化资产池的信用风险分析。对于基础资产池的信用风险分析，主要是结合分期信贷资产质量与贷款方面的分布状况来进行的，在信用分析中，要重点分析大额贷款的风险。

(3)基础资产池加权平均信用等级情况。①

(4)现金流分析及压力测试。②

(二)资产支持证券的持续信息披露

1. 受托机构报告

受托机构报告可以分为分期报告与年度报告。分期报告由受托机构在每期资产支持证券本息兑付日的3个工作日之前公布，说明当期资产池状况和各档次资产支持证券本息兑付信息。经注册会计师审计的年度报告则于次年4月30日前公布。

受托机构报告的内容主要包括以下几项：

第一，受托机构和证券化服务机构的名称、地址信息；

第二，资产支持证券的信息，各档次证券的本息兑付情况，包括各档次证券初始及期末的本金余额、证券票面利率、本金和利息支付情况、本金损失情况以及评级情况等；

第三，资产池信息，应披露内容包括：本期资产池统计特征说明、本期资产池的本金与利息的细项分列、资产池内贷款提前还款、违约、处置回收及损失等情况、回购或替换的贷款笔数、金额及原因、资产池中涉讼的信托资产情况等内容；

第四，内外部信用增级情况说明；

---

① 该项目要披露的内容包括入池贷款所涉及的借款人及保证人的信用级别判定依据；按未偿本金余额、借款人户数等统计的借款人信用级别分布情况或考虑贷款担保后的信用等级分布情况；资产池的加权平均信用级别等。

② 该项目要披露的内容包括压力测试内容、测试参数及测试结果，如违约率及违约时间分布、违约回收率及回收周期等。

第五,依信托合同所进行许可投资之损益情况。

2. 评级报告

信用评级机构应当对资产支持证券进行跟踪评级,并于资产支持证券存续期内每年的7月31日前向投资者披露上一年度的跟踪信用评级报告。在报告中应披露以下信息内容:

(1) 证券化资产池的变动概括信息。资产支持证券的偿付主要是靠资产池资产所产生的现金流,基础资产池的状况决定着资产支持证券的偿付,因此跟踪信用评级报告要披露截止报告日,证券化资产池的概况与发行日相比所发生的变化情况。

(2) 证券化资产池的信用风险分析。对于基础资产池信用风险的分析,主要是对构成证券化资产的贷款从发行日至跟踪报告日的履行情况,如贷款的违约情况、违约处置情况和贷款信用等级变化等因素,进行评估与分析。

第四节 信息披露制度的理论反思

一、美国信息披露制度的理论基础

美国的信息披露制度在全世界范围内都具有示范意义。《1933年证券法》与《1934年证券交易法》所规范的传统证券的信息披露与专门规范资产支持证券信息披露的《AB条例》都是建立在一定的理论基础之上的。

联邦证券法信息披露原则之下是这样一个假设:理智的投资者是经济人(homo economicus),是新古典经济理论中理想的理智人。① 有学者进一步指出,这一假设的规范拓展是披露可以作为保护投资者有力的、有效的规制工具,因为一旦拥有必要的信息,"投资者可以使自己免受公司滥用职权与不当经营的损失"。实践中,在这一假设基础上已经产生了这样一个规范框架:强调更多的信息而不是更少的信息,更多的披露而不是更好的披露,数量优于质量。②

---

① Tom C. W. Lin, A Behavioral Framework for Securities Risk, 34 *Seattle Univ. , L. R.* 325, Winter, 2011, p. 336.

② Troy A. Paredes, Blinded by the Light: Information Overload and Its Consequences for Securities Regulation, 81 *Wash. U. L. Q.* 417, 2003, p. 418.

在这一理论假设基础上制定的《证券法》与《证券交易法》便以全面披露为其制度核心,这一点无论是在学术界还是司法界都是得到印证的。有学者指出,美国证券规制的两个基本信条是全面与公正的披露与登记的观念。美国证券法的主要中心在于全面披露。披露理论认为,如果一个企业恰当并准确地在公众可获得的文件中披露其经营与财务状况,那么投资者可以就将来是否进行交易作出有根据的决定。SEC 对某些文件的审查并不是证明登记文件的真实性,SEC 也不对销售的公正性进行评价,而是促进发行人与证券销售重要事实的全面与公正披露。[1] 在两个判例中,《证券法》与《证券交易法》的全面披露使命也得到了肯定。在 Creswell-Keith,Inc. v. Willingham 一案中,法官指出,《1933 年证券法》的目标是确保"在州际、对外贸易以及通过邮寄出售的证券的特征得到全面与公正的披露,并防止在销售中的欺诈"[2]。在另一个案例中,法官也明确指出,《1933 年证券法》与《1934 年证券交易法》明确的意图是:"以全面的披露哲学代替警告买者的哲学。"[3]

20 世纪 60 年代中期提出的有效市场假设(efficient market hypothesis, EMH)理论,不仅对法学理论,而且对主流的学说与证券规制也产生了有力的影响,使 SEC 更加坚定地固守着全面披露的行为准则。例如,SEC 修改其披露要求,允许大市值的发行人在证券销售时使用简化的披露说明与"橱柜登记"这一准确的安排工具(pinpoint timing device)。SEC 行为的前提是立基于这样一种信仰,即投资者受到的保护源于市场对某些公司非常有效信息(不光是 SEC 的文件还有其他来源)的分析,并且这些分析在销售的证券价格中得到了反映。[4]

二、美国信息披露制度的不足

任何事物都具有两面性,美国的信息披露制度也不例外,其不足主要表现

---

[1] Frode Jensen,III,The Attractions of the U. S. Securities Markets to Foreign Issuers and the Alternative Methods of Accessing the U. S. Markets:From a Legal Perspective,17 *Fordham Int'l L. J.* ,1994,pp. 26~27.

[2] Creswell-Keith,Inc. v. Willingham,264 *F. 2d* 76,8*th Cir.* 1959,p. 81.

[3] Sec. & Exch. Comm'n v. Capital Gains Research Bureau,Inc.,375 *U. S.* 180,1963,p. 186.

[4] Jeffrey N. Gordon and Lewis A. Kornhauser,Efficient Markets,Costly Information,and Securities Research,60 *N. Y. U. L. Rev.* 761,Novemaber,1985,pp. 762~763.

在以下三个方面。

(一)理论基础与事实并不相符

理智的投资者是经济人这一理论假设,实际上忽视了真正的个体投资者是不具有理性与新古典主义特征这一事实的。研究表明,真正的投资者的理性是与其偏好、探索以及其他认知限制联系在一起的。投资者通常也讨厌损失,过分相信自己的技巧,并且对未来的回报过于乐观。另外,投资者还受框架效应与心智捷径的误导。[1]

信息披露法律制度是针对一个理想的理智投资人所组成的资本市场,但是实事上的资本市场上的投资者并不像假设的那样,行为金融表明,所有的投资者都以某些方式表现出固执(hard-wired),这极大地增加了他们会作出不明智的投资决定的可能性。因为披露规则是建立在被最近的研究表明对实际的市场行为并不能准确描述的经济理论的基础之上的,问题因此而恶化。[2]

因此,面向假设的理智投资者所进行的信息披露也就未必能符合实践中投资者的需求。

(二)全面的信息披露未必能充分保护投资者的利益

在前文中美国的《AB 条例》所规定的事无巨细的披露要求,带给投资者的是大量的信息,投资者要作出相应的投资决定,首先必须在大量的信息中找出哪些是重要的、有用的信息,对于没有专业知识的投资者来说,要完成第一步就已经是勉为其难了。

亚瑟·莱维特在一次讲话中指出,基金招募书的一个重要问题是它们太厚了。监管者对于全面披露所表现的热情却制造出一份份冗长的报告和招募书,其作用与其说是用来披露信息的,不如说是用来掩盖信息的。事实已经表明,过多的基金披露信息并不一定表明基金就提供了良好的信息披露。特别是在被数据所包围的环境中,太多的信息实际上意味着无信息。[3]

另外一个不足是在海量的信息披露中,充斥着大量的金融学、法学等学科术语,这无疑也加大了普通投资者接受信息、运用信息的难度,这也无助于实

---

[1] Tom C. W. Lin, *A Behavioral Framework for Securities Risk*. 34 Seattle Univ. L. R. 325, Winter, 2011, pp. 336～337.

[2] Ken Gregory & Steve Savage, Why We Prefer Funds, *Kiplinger'S Pers. Fin. Mag.*, Aug., 2002, p. 59.

[3] [美]亚瑟·莱维特著:《基金信息披露应简洁明了》,李为、水东流译,载《证券市场导报》2001 年第 3 期。

现通过全面信息披露来保护普通投资者的目标。

(三)信息披露中的风险披露跟不上金融的创新与发展

根据《1933年证券法》的规定,多数向公众出售股票的企业应当登记文件。提交的文件中对企业与销售的证券的某些风险进行揭露。随着《2005年证券销售改革法》的颁布,《1934年证券交易法》要求公众公司的年度报告的10—K表、季报的10—Q表中包含类似的风险因素。理论上,风险因素是想告知投资者每个企业最深的担忧与最严重的弱点。根据《1933年证券法》与《1934年证券交易法》,对这些风险因素的指南规定在S—K条例的第503条的(c)款中,它要求在"风险因素"的标题下提供使得证券销售具有投机性或风险性最重要的因素。这一说明必须简明并且合乎逻辑。不要提供可能会适用所有发行人或发行的风险。解释风险如何影响发行人或要销售的证券。在适当说明风险的子标题下每一种风险因素……除了其他因素,风险因素包括下列事项:(1)缺乏经营经历;(2)在最近阶段中没有盈利的经营;(3)财务状况;(4)营业或建议的营业;(5)普通权益证券或可转换证券没有市场或普通权益证券无法行使。①

在过去的几十年里,公众公司、金融工具与金融体系已经发展得越来越复杂,而且投资者的基数越来越大但是却不如以前老练,然而金融监管体系并没有及时对这些变化作出回应。② 虽然两法要求企业的披露应当及时、重要、定期更新并以"简明英语"(plain English)表达。但是,事实上,企业风险的披露经常是陈旧、模糊、信息量少,当前的披露框架是不健全的并且是不完善的,最近的金融危机暴露了某些金融工具与金融体系未处理的风险。③

三、我国特定目的信托信息披露制度的不足

我国的资产证券化自2005年开始以来,截至2008年,共发行了19单累计668亿元资产支持证券,此类产品均未出现违约情况。④ 尽管如此,2008年

---

① Tom C. W. Lin, A Behavioral Framework for Securities Risk, 34 *Seattle Univ. L. R.* 325, Winter, 2011, pp. 330～331.

② Tom C. W. Lin, A Behavioral Framework for Securities Risk, 34 *Seattle Univ. L. R.* 325, Winter, 2011, p. 350.

③ Tom C. W. Lin, A Behavioral Framework for Securities Risk, 34 *Seattle Univ. L. R.* 325, Winter, 2011, p. 349.

④ 《央行:信贷资产证券化扩大试点已获批》,载《21世纪经济报道》2011年8月19日。

发生的次贷危机却以无形之手中止了我国资产证券化的进程。在不长的资产证券化实践中,就信息披露制度而言,也存在着些许不足。

(一)信息披露制度框架没有体现资产证券化的特征

资产支持证券的发行与交易包括基础资产池组合和出售、资产池的风险隔离与信用增级、基础资产现金流的收入与分配等纵向延伸过程,因而资产证券化信息披露内容具有纵向延伸性特征。[1] 但是目前整体的信息披露框架却依然延续了传统商业信用融资下的格局,未能有效地契合资产证券化的结构融资特色。[2]

在以股票与债券为代表的传统直接融资市场中,融资人既是证券发行人也是证券信息的披露人,呈现出一种"三位一体"的特征。在以特定目的信托为 SPV 的资产证券化中,融资人与证券发行人、信息披露人分别是由发起人与受托人担任的,表面看去好似符合了证券化的结构融资特点,但是根据《试点管理办法》的相关规定,信息披露的制度框架尚未与结构化的融资方式完全契合。

特定目的信托受托机构的职责中有两项是发行资产支持证券与持续披露信托财产和资产支持证券信息,然而这两项职责的履行基本上依靠其他机构。在发行资产支持证券时发行的《发行说明书》与《受托机构报告》中的信息披露基本来源于发起人、贷款服务机构的服务报告和资金保管机构的资金保管报告。贷款服务机构和资金保管机构定期向受托机构提供的报告实际上构成了《受托机构报告》的主体内容。受托机构的信托资产的管理职责实际上是由贷款服务机构和资金保管机构行使,其信息披露的内容也基本上来源于贷款服务机构和资金保管机构的定期报告,可以说受托机构基本上就是一个"壳",在信息披露方面,它类似于一个新闻发言人,它所披露的信息都是由其他机构提供的。

在这样的一种信息披露运行机制中,其至为关键的问题是在信息披露中若出现误导或者欺瞒等情形,谁应当对投资者承担责任?是受托机构还是提供信息的发起人、贷款服务机构和资金保管机构,还是他们承担连带责任?如

---

[1] 黄勇:《资产证券化信息披露"纵主横辅"特性之研究》,载《时代法学》2006 年第 3 期。

[2] 洪艳蓉:《信贷资产证券化投资者保护机制探讨》,载《证券市场导报》2007 年第 6 期。

果信息披露中出现误导或者欺瞒等情形而引发诉讼,却不能从专门的证券化规范中找到依据,而是依赖于他法或法理,这不能不说是资产证券化的信息披露制度中的一个重大缺漏。

(二)信息披露制度框架没有建立真实信息传导保障机制

资产证券化是结构性融资,证券化过程的"过度复杂性和高度杠杆性树立起层层的信息壁垒,导致信息受阻和传递失灵成为常态"[①]。

虽然目前我国的资产证券化还仅仅是以基础资产为依托发行资产支持证券,还没有进行以资产支持证券为基础的衍生金融工具的开发,但是就是在基础的资产证券化中也没有建立真实信息的传导保障机制。前文已经指出,受托机构在《发行说明书》与《受托机构报告》中的信息披露基本来源于发起人、贷款服务机构和资金保管机构,在其他机构把信息传递给受托机构进行发布之前,受托机构是否有义务对其他机构报送的信息进行实质审查,如不进行实质审查,可能会把不实的信息进行披露;若进行实质审查,受托机构是否具备这样的能力与精力让人生疑。再有一种可能是其他机构报送给受托机构的信息是真实的,受托机构可能因为某种原因而进行了改动,这样也会导致不实的信息披露。

次贷危机所揭示的美国金融监管失败的一个主要的教训就是金融信息监管的碎片化不能发现和应对一体化的金融市场的系统性风险。[②] 如果在结构化融资的资产证券化中不能建立真实信息的传导保障机制,那么就可能埋下系统风险的种子。

(三)信息披露制度框架没有建立与之相应的法律责任制度

对资产证券化信息披露进行规范的《试点管理办法》、《资产支持证券信息披露规则》两个文件中,并没有具体规定信息披露人不履行信息披露义务应当进行如何处罚,使得信息披露缺乏有力的监管。[③]

《资产支持证券信息披露规则》规定,除了披露规则以外,资产支持证券的信息披露还适用对全国银行间债券市场的债券交易、金融债券发行、债券交易

[①] 许多奇:《信息监管:我国信贷资产证券化监管之最优选择》,载《法学家》2011年第1期。

[②] 许多奇:《信息监管:我国信贷资产证券化监管之最优选择》,载《法学家》2011年第1期。

[③] 邢苗、吕君:《个人住房抵押贷款证券化信息披露的问题与对策》,载《山东科技大学学报》(社会科学版)2007年第3期。

流通审核进行规范管理的三个办法。① 那么这三个办法能否建立资产证券化的信息披露法律责任制度呢？三个办法中有关信息披露的法律责任规定如下：《全国银行间债券市场债券交易管理办法》第34条规定，参与者如果制造并提供虚假资料和交易信息的，由中国人民银行给予警告，并可处3万元人民币以下的罚款，可暂停或取消其债券交易业务资格；《全国银行间债券市场金融债券发行管理办法》规定，发行人未按规定报送文件或披露信息、承销人未按规定报送文件或披露信息以及托管机构发布虚假信息或泄露非公开信息的，可援引《人民银行法》第46条的规定予以处罚；②《全国银行间债券市场债券交易流通审核规则》规定，发行人未按规定在银行间债券市场进行信息披露的，以及知情人违规泄露拟披露的信息的，由人民银行按照《人民银行法》46条的规定进行处罚。

通过梳理上述法律规定，《试点管理办法》、《信息披露规则》以及援引适用的三个《办法》并没有建立起规范资产证券化信息披露的法律责任制度。以目前的信息披露法律责任制度来看，它并不能完全满足证券化复杂交易结构下信息披露义务人多、信息披露义务人之间披露义务相互关联的现状。

---

① 三个办法分别是：《全国银行间债券市场债券交易管理办法》、《全国银行间债券市场金融债券发行管理办法》和《全国银行间债券市场债券交易流通审核规则》。

② 《中华人民共和国中国人民银行法》第46条规定："本法第三十二条所列行为违反有关规定，有关法律、行政法规有处罚规定的，依照其规定给予处罚；有关法律、行政法规未作处罚规定的，由中国人民银行区别不同情形给予警告，没收违法所得，违法所得五十万元以上的，并处违法所得一倍以上五倍以下罚款；没有违法所得或者违法所得不足五十万元的，处五十万元以上二百万元以下罚款；对负有直接责任的董事、高级管理人员和其他直接责任人员给予警告，处五万元以上五十万元以下罚款；构成犯罪的，依法追究刑事责任。"该法第32条规定："中国人民银行有权对金融机构以及其他单位和个人的下列行为进行检查监督：(一)执行有关存款准备金管理规定的行为；(二)与中国人民银行特种贷款有关的行为；(三)执行有关人民币管理规定的行为；(四)执行有关银行间同业拆借市场、银行间债券市场管理规定的行为；(五)执行有关外汇管理规定的行为；(六)执行有关黄金管理规定的行为；(七)代理中国人民银行经理国库的行为；(八)执行有关清算管理规定的行为；(九)执行有关反洗钱规定的行为。前款所称中国人民银行特种贷款，是指国务院决定的由中国人民银行向金融机构发放的用于特定目的的贷款。"

第五节　资产证券化信息披露制度改革

一、资产证券化交易在危机前存在的问题

"证券化"、"资产证券化"与"结构性融资"这三个术语可以交互使用,它们都是指企业用资产产生的现金流进行融资,而"证券化"则特指在现金流的基础上发行证券。① 学界与实务界几十年来从不同的侧重点对证券化下过很多的定义,但不管是哪个学科,金融学或者是法学,证券化的定义中都突出了证券化作为一种金融创新工具的特征,金融学的定义中突出了证券化相对于传统融资方式的创新,法学则突出了证券化中权利实现方式的创新。

在金融危机发生以前,资产证券化产品交易存在着以下三个方面的问题。

第一,结构性金融产品(SFP)的交易几乎都是在场外交易(OTC basis)的基础上进行的,尽管在某些国家和地区交易可以在受监管的市场或有组织的市场上进行,如英国、德国、巴西、瑞士、意大利和中国香港,但是交易却很少在这种市场上发生。在几乎所有的国家中主要的交易方式还是通过传统的人工经纪(voice broking)进行的。虽然有少数几个国家允许某些SFP产品在电子平台上交易,如澳大利亚,但也不占据重要的市场份额。②

第二,结构性金融产品(SFP)的标准化程度并不一致。SFP很容易成为复杂的产品。尽管产品有些种类的同质性,但就在产品层面来说,因为产品的构造方式、支持结构的抵押物构成、运行特征和现金流的支付等不同,还是存在着更大的差异空间。

通常认为,资产支持商业票据(ABCP)的标准化程度较其他SFP产品有更高的标准化程度。其标准化程度与其流动性有关。更加标准化的SFP,特别是由那些同质担保物支撑的,要比那些定制的SFP、较低信用质量或由多样

---

① Steven L. Schwarcz, The Alchemy of Asset Securitization, *Stanford Journal of Law, Business & Finance*, Vol. 1, 1994, p. 133.

② Technical Committee ofF the International Organization of Securtties Commissions: Transparency of Structured financial Product Final Report, Sep. 2009, p. 10, http://www.iosco.org/library/pubdocs/pdf/IOSCOPD306.pdf, visited on 2011-10-23.

担保物支撑的 SFP 有更强的流动性。一般认为,由信用证、汽车贷款、学生贷款支持的证券,通常被认为标准化程度较高。对于按揭抵押贷款支持证券出现了不同的观点,一些人认为优质的 RMBS 的标准化程度相对较高,但有人则不这么认为。相对的是,次优 RBMS 和 CMBS 被认为是标准化程度较低。CDO 与 CLO 市场的标准化程度被认为是更低。某些产品被认为是复杂的和定制的。

一般来说,产品的标准化水平随着其等级而变化。AAA 级的产品被认为比中间级的与权益级的证券标准化程度高。[①]

第三,大多数的 SFP 是不受交易后透明机制制约的。在几乎所有的二级市场监管常设委员会(TCSC2)国家中,SFP 主要是场外交易,少有例外。如在马来西亚,所有在电子交易平台上交易的 SFPs 与场外交易的 SFPs 必须向交易所报告。在澳大利亚与中国香港,只有会员才要求报告相关信息。但是在很多 TC-SC2 的国家报告中说,允许在监管市场进行交易的 SFPs 必须为监管目的向监管机构报告,不管交易在监管市场是否进行。有关场外交易的信息是不向公众公布的。很多国家表明,如果 SFPs 上市并在交易所交易,他们就拥有交易层面的交易后透明机制的要求。另外,一些国家表明,对允许在多边交易机制(Multi-lateral Trading Facilities)、替代交易系统(Alternative Trading System)和电子交易平台(Electronic Trading Platforms)交易的,也有交易后透明机制的要求。[②]

总的来说,在金融危机发生之前,对证券化产品交易的监管比较松散与滞后,由此埋下了危机的种子。

二、危机前的资产支持证券信息披露监管法律制度改革

证券监管以保护投资者作为核心目标,让投资者拥有必要的信息是其实现自我保护的前提条件,在波谲云诡的资产证券化市场上,信息的有无与信息的真假关系到投资者的切身利益,对信息披露的法律监管是证券化法律监管的重要组成部分。

---

① Technical Committee of the International Organization of Securities Commissions: Transparency of Structured financial Product Final Report, Sep. 2009, pp. 11~12, http://www.iosco.org/library/pubdocs/pdf/IOSCOPD306.pdf, visited on 2011-10-23.

② Technical Committee of the International Organization of Securities Commissions: Transparency of Structured financial Product Final Report, Sep. 2009, p. 12, http://www.iosco.org/library/pubdocs/pdf/IOSCOPD306.pdf, visited on 2011-10-23.

(一)美国的资产支持证券信息披露监管法律制度改革

在美国,金融危机前证券交易委员会就专门制定了《AB条例》。该条例是 SEC 根据《1933年证券法》与《1934年证券交易法》制定的全面调整资产支持证券的登记、披露与报告的法律文件。它更新并且明晰了《证券法》中资产支持证券的登记要求,包括扩展了表 F—3 上资产支持证券的种类;合并整理了当前存在解释性观点,使得与资产支持证券更相关、更适用于资产支持证券的《证券交易法》修正报告得以适用;对《1933年证券法》与《1934年证券交易法》要求提交的资产支持证券文件提供了专门的披露指南与要求。[1]

(二)巴塞尔委员会新资本协议规定的资产支持证券披露要求

巴塞尔委员会 2004 年 6 月公布了新资本协议,其中对资产支持证券的信息披露进行了规范。新资本协议主要是从规范银行从事证券化的角度构建了信息披露的框架,银行要按定性披露与定量披露分类进行披露。

1. 定性披露

定性披露主要是对证券化相关事实性质定性的披露。定性披露主要包括三个方面的内容:第一,对资产证券化的总体定性披露,包括银行证券化活动的目标、银行在证券化中的角色定位及参与程度等内容;第二,银行证券化活动会计政策的总结,包括交易的销售或者融资定性、销售收益的确认等内容;第三,外部信用评级机构所使用的证券化风险暴露的种类。

2. 定量披露

定量披露主要是对相关数据进行披露,并以此进行的风险确认。定量披露的内容主要包括:银行证券化风险暴露的未清偿总额、保留或购买的证券化风险暴露的累计总额、提前还款证券化风险披露等内容。

三、危机后的资产支持证券信息披露监管法律制度改革

次贷危机后,相关国际金融组织与美国的金融监管部门对资产支持证券市场进行了全面的反思,并提出了很多的监管措施与建议,其中部分是与信息披露相关的。

(一)相关国际金融组织对资产证券化信息披露监管制度的变革

1. 国际证券委员会的资产证券化监管制度的变革

---

[1] Asset-Backed Securities, Final Rule, *Federal Register*, Vol. 70, No. 5, Jan. 7, 2005, p. 1506.

国际证券委员会于 2009 年 11 月发布《销售披露原则》，公布了证券销售应当遵循的六项原则。

原则一，重要信息的披露应当包括：告知投资者产品的重要利益、风险、条件与成本以及通过中介销售所伴随产生的报酬与冲突；原则二，重要信息应当在销售前向投资者免费提供或发布，由此投资者便有机会考量这些信息，并对是否投资作出信息充分情况下的决定；原则三，重要信息应当以对目标投资者适宜的方式来提供；原则四，重要信息的披露应当采用平白的语言、简单、易懂和可比较的方式，以便对竞争产品披露的信息进行可行的比较；原则五，重要信息应当清晰、准确，不应当对目标投资者造成误导，披露应当定期进行更新；原则六，监管者在决定中介或产品提供人应当披露哪些重要信息时，应当考虑到谁控制着要披露的信息。①

国际证券委员会（IOSCO）在 2009 年 9 月发布了《对证券化市场与 CDS 市场的最终监管建议》其最终建议一第二项，对所有承销商、保证人及/或启动人所实施或承担的验证与风险担保由发行人向投资者进行披露，以增加透明度；最终建议二第一项，对发行人向投资人进行的披露提供监管支持，包括基础资产池运行的初始与持续信息。披露还应当包括对发行人有直接或间接责任的人的信用可靠性的详细信息。其最终建议四中有两项涉及信息披露：为市场参与者、电子交易平台、数据提供者、数据库对与 CDS 数据有关的价格、数量等信息的准确与及时披露提供便利；支持 IOSCO 成员之间以及与其他监管实体在 CDS 市场信息与监管方面信息共享与监管合作的努力。②

在 2009 年 11 月 G—20 的财长与中央银行行长发布了 20 项建议应对在《金融危机与信息空白》中提到的信息空白（information gaps），并建议通过国际证券委员会对结构复杂的证券产品的披露要求进一步调查，提出其他改善的建议。③ 2010 年 5 月，国际证券委员会发布《资产支持证券（ABS）披露原

---

① International Organization of Securities Commissions, Principles on Point of Sale Disclosure, November 2009, pp. 24～27, http://www.iosco.org/library/pubdocs/pdf/IOSCOPD310.pdf, visited on 2011-07-23.

② IOSCO/MR/17/2009 Madrid, 4 September 2009, IOSCO Issues Final Regulatory Recommendations on Securitization and CDS Market, http://www.iosco.org/news/pdf/IOSCONEWS165.pdf, visited on 2011-3-3.

③ Financial Stability Board, The Financial Crisis and Information Gaps: Progress Report Action Plans and Timetables, p.9, http://www.imf.org/external/np/g20/pdf/053110.pdf, visited on 2011-6-23.

则》的报告进行回应。ABS的披露原则概括规定了对公开发行与上市的ABS的发行与上市文件中应当包括的信息。它应当包括下列详细信息:(1)对文件负责的当事人;(2)交易涉及的当事人身份;(3)证券化交易涉及的重要当事人的作用与责任;(4)静态资产池信息;(5)池内资产;(6)池内资产重要的义务人;(7)资产支持证券的描述;(8)交易结构;(9)信用增级及其他支持,不包括某些衍生产品;(10)某些衍生产品;(11)风险因素;(12)市场;(13)公开发行的信息;(14)税收;(15)法定程序;(16)报告;(17)附属机构与某些关系及相关的交易;(18)专家与法律顾问的利害关系;(19)其他信息。①

2. 国际货币基金组织对资产证券化信息披露提出的监管改进措施

国际货币基金组织在2009年10月发布的《全球金融稳定报告》,对资产证券化的信息披露提出了两个方面的建议。②

第一,提高披露与透明度标准。修正证券化市场的标准,提高披露和透明化标准,以使沿媒介链参与的各方都能实施充分的适当谨慎。提高披露标准并把构成结构金融产品基础的资产的详细信息公之于众也有助于减少评级购买,这可以通过以下方式实现:由发起人雇佣的其他实体而不是信用评级机构来形成并发布有关证券的意见。有关机构正在推荐立法,借此鼓励证券化主体在基础组合资产、证券化主体赔偿和风险保留等方面披露更多的信息。有关机构也对证券化主体使用道德说服,以使其对证券化产品进行简化与标准化,以此来便于风险评估与评价。

第二,产品的标准化与简约化。大多数产品至少可以在某种程度上进行有益的标准化。这将增加透明度,也会增加市场参与者对市场风险的理解,以便于流动性二级市场的发展。如果某些标准化实施在基础资产上以保持高质量的资产池或至少多样的资产池,这也将是有益的。

如果证券化产品能够简化,那么价值评估的困难也会降低。某些产品的复杂性是人为故意设计出来的,例如旨在支撑优先证券价值的过度的陷阱与引发机制(traps and triggers)。无论如何,这种产品的复杂性使得某些证券

---

① IOSCO/MS/02/2010 Madrid, 08 April 2010, Disclosure Principles for Public Offerings and Listings of Asset Backed Securities(ABS), http://www.iosco.org/library/pubdocs/pdf/IOSCOPD318.pdf, visited on 2011-6-23.

② International Monetary Fund, Global Financial Stability Report: Navigating the Financial Challenge Ahead, Oct, 2009, pp. 97~100, http://www.imf.org/external/pubs/ft/gfsr/2009/02/pdf/text.pdf, visited on 2011-2-28.

非常难以评估以及进行风险管理,就监管与市场实践鼓励这种复杂性的程度来说,这些要素也要删除。

(二)美国的资产证券化信息披露监管法律制度改革

金融危机之后,美国证券交易委员会(SEC)认为,在危机中凸显了这样一个事实,即证券化市场上的投资者与其他参与者"没有必要的工具"理解资产支持证券的风险与价值。作为回应,SEC欲提出全面保护投资者的建议。

第一,增加披露与报告的要求。根据建议规则,发行人应当就资产池中的每一笔贷款或资产的期限、债务人特征以及承销的特定信息进行披露。此外,发行人还应当提交"瀑布计算机程序"(waterfall computer program),以使使用人在输入资产信息文件中的信息后可以评估资产支持证券(ABS)。与招股说明书所述相比,如果任何实质资产池特征发生1%及以上的改变时,发行人还应当提交8—K表,这与当前5%的变化提交标准相比,无疑是个重大变化。第二,改变资产支持证券的橱柜登记(Shelf Registration)程序。建议规则将会改变提交文件的最后期限,以便发行人能在首次销售的至少前5个商业日之前提交一份预备招股说明书(preliminary prospectus)。资产支持证券登记的合格性不再建立在收到一份投资级别信用评级上,相反,登记的合格性还需要提供下列文件:登记人的CEO签署的证书,表明资产池中的资产所具有的特征可提供合理的基础使人相信,考虑到其内部信用增级,它们会产生现金流服务于证券的支付;发起人在每一起证券化中对于销售的或转让的每类证券必须至少保留5%的份额;资产汇集与服务合同中必须包含要求发行人定期(至少每个季度一次)提供第三方观点的条款,确定资产的购买或更换符合发行人在合同中的陈述与保证;发行人应当向SEC提交报告。第三,直接发行安全港的改革。建议规则会给直接发行的投资人像在公开发行的资产支持证券中类似的信息权利。根据当前的AB条例与证券法规,发行人可以利用144A规则获得再销售的豁免。①

美国国会于2010年7月通过了《金融改革法》,其第942条要求证券交易委员会,在信息披露方面,在可行合理的限度内制定资产支持证券发行者提供信息格式的标准,以便于对相似的资产类型就这些信息进行比较。

---

① SEC Proposes Significant Revisions to Regulation AB and Other Rules Regarding Asset Backed Securities,http://www.financialcrisisrecovery.com/? p=1101,visited on 2011-7-24.

该条要求"资产支持证券的发行者,最低限度地披露资产层面或贷款层面的信息,如果这些信息是投资者实施合理谨慎所必须,它应当包括:含有与贷款经纪人或发起人有关的唯一标识符的信息;支持证券资产的经纪人或发起人补偿的性质与程度;由发起人或这些资产证券化业者所保留的风险数值。"

四、我国信息披露监管法律制度改革

资产证券化在我国的实践不长,许多方面都应当不断的改进与完善,就信息披露而言,结合金融危机的教训,应当就以下两个方面采取完善措施。

(一)建立与信息披露相对应的法律责任体系

证券化是一种交易结构复杂的金融创新形式,结构复杂的交易安排容易给信息传导造成障碍,如果再以资产支持证券为基础开发衍生金融产品,那么信息披露的真实性则更显示其重要性。

目前我国关于信息披露的主要文件是《发行说明书》与《受托机构报告》,但是作为资产支持证券的发行人与信托财产的管理人,受托机构在发布前述两个文件时,大部分重要信息是由发起人、贷款服务机构和资金保管机构提供的,受托机构大体上相当于一个信息整合人的角色,一如前述,如果出现信息不实、欺诈等情形,确定行政处罚或民事赔偿的责任主体则会面临困难。因此,应对信息披露的方式进行适当的改进。

信息披露法律责任的完善,最重要的是建立原始信息披露主体责任制度,也就是所有以原始信息为基础进行的披露与评级,如果出现原始信息引起的披露失实或评级不准确,都能追究到原始信息披露主体的责任。而信息披露的方式可以进行以下的改进:一是由各信息披露义务主体分别披露相应的信息,由各信息披露义务主体分别对自己所披露的信息负责,二是继续沿用目前的信息披露方式,由发起人、贷款服务机构和资金保管机构提供给受托机构,由受托机构整合披露,但是在这种披露方式中,受托机构应当原文照引,不作改动,并表明信息的提供者,以便将来确定信息披露的责任主体。对于评级机构发布的评级报告也应采取这种方式,当评级报告所依据的信息不实而导致报告不准确时,提供信息的主体应当承担第一位的责任。

(二)探索针对个人的信息披露制度

目前我国的证券化市场只对机构投资者开放,信息披露的制度构建也是以机构投资者为基础的。在资产证券化的初始阶段这是可取的做法,但如果仅向包括银行在内的机构投资者开放,不要说消除银行业风险,其实连转移银

行风险的目的也没有实现,风险只是从一家银行转到了另一家银行。随着市场的不断培育与成熟,向个人投资者开放是资产证券化发展的必然。

机构投资者都具备风险的评估与管理能力,与此相应的信息披露制度就应当全面与专业,而个人投资者一般不具备专业知识,接受专业的信息披露文件会存在诸多困难,从而导致过度的依赖评级机构的信用评级报告。因此,应适当探索针对个人的信息披露方式,使针对个人的信息披露文件简明、易懂,特别应当改进信用风险的披露,使投资者能更多地依据信息披露文件来作出投资决定,而不是过分依赖于信用评级机构的报告。

本章小结

1. 与以股票与债券为代表的传统直接融资不同,资产证券化是一种结构性直接融资,投资者关注的不再是建立在企业整体财产、经营与盈利基础之上的整体企业信用,而是证券化基础资产的品质所产生的信用。因此,以企业整体信用为基础的传统直接融资具有"横向展开"的特点,而以资产信用为基础的资产证券化则具有"纵向展开"的特征,也就是说,两种融资方式下的信息披露有着不同的侧重。

2. 美国的信息披露制度的理论假设是理智的投资者是经济人。只要拥有足够的信息,投资者就能作出明智的投资决定,因此全面披露也就成为美国证券法的披露哲学与制度核心,在资产证券化的实践中,投资者面对的是事无巨细的海量信息,从大量的信息中发现重要的、决定性的信息也就成了投资者不得不做的功课。

3. 我国的资产证券化以特定目的信托为特殊目的载体为唯一形式,在信息披露制度方面以资产支持证券与资产池的披露为核心,但是信息披露制度中也存在着不足,信息披露制度框架没有体现资产证券化的特征,没有建立真实信息传导保障机制,没有建立与之相应的法律责任制度。

第五章
特定目的信托税收法律规制

作为金融创新的证券化是一种结构融资,其交易结构复杂,涉及多个交易环节,而每个交易环节都会产生相应的交易成本,而交易成本的高低影响着甚至决定着证券化的成败。因此,尽可能降低交易成本是证券化取得成功的关键,而税收则是影响交易成本的重要因素之一。"因为税收直接决定了证券化融资成本的高低,决定了证券化融资结构是否有效。"①

总的来说,在证券化交易中有三个主要的税收问题:第一个是应收款从发起人向 SPV 转移时是否被视为税法上的销售,第二个是 SPV 自身受制于税收的程度(所谓的"主体层面"税收),第三个是对购买证券投资者的税收待遇。② 除此之外,为证券化提供服务的贷款管理机构与资金保管机构同样也面临着税收问题。结合税法的一般原理,证券化各交易环节中可能面临不同的税收问题。

第一节 证券化交易中的主要税收

一、与发起人相关的税收

证券化交易中的第一环节是发起人向 SPV 转移资产。在证券化的实务中,这个环节存在着两种做法:一是以担保融资方式来构造发起人向 SPV 的

---

① 何小峰、宋芳秀:《对资产证券化税收制度安排的博弈论分析》,载《经济科学》2001年第6期。
② Steven L. Schwarcz, *The Universal Language of International Securitization*, 12 Duke J. Comp. & Int'l L. 285, spring, 2002, pp. 301~302.

资产转移,二是以真实销售的方式来构造发起人向 SPV 的资产转移。两种做法所产生的税收负担是不同的。

在第一种方式中,证券化资产是作为融资的担保,依然保留在发起人的资产负债表内,资产的所有权未发生转移,因此,发起人不必缴纳流转税与所得税,只需缴纳印花税(有些国家已取消印花税)。在担保融资的证券化结构下,发起人的税收负担很轻。

在第二种方式中,证券化资产出售给 SPV,达到"真实销售"的标准,证券化资产从发起人的资产负债表中转出作表外处理,发起人要缴纳的税收可能包括印花税、流转税以及所得税。在真实销售的结构中,发起人的税负较重。

虽然税负的轻重是证券化考量的一个重要因素,但是两种结构下的发起人承担的不同风险也不容小觑。在担保融资方式中,由于证券化资产依然保留在发起人的资产负债表内,不能实现彻底的风险隔离,证券的风险较高,对投资者的吸引力不大。在真实销售的方式中,证券化资产从发起人的资产负债表中移出,实现了风险隔离,证券的风险较低,交易结构比较安全,对投资者的吸引力较大。在欧洲初期的资产证券化实践中,多采用担保融资的方式,而在美国的资产证券化过程中,多采用真实销售的方式。

二、与 SPV 相关的税收

作为证券化的关键环节,SPV 的构造方式决定着它所承担的税负。在 SPV 有多种形式可以选择的情形下,比较理想的 SPV 框架应当是使自身的所得税为零或很微小,①尽可能地降低资产证券化的成本。

美国是 SPV 形式最丰富的国家,可以采用公司、合伙与信托等多种形式。SPV 的各种形式在税法上也有不同的税收待遇。

公司是税法上的纳税主体,如果 SPV 采用公司的形式即特定目的公司(SPC),那么 SPC 发行债权型证券时,在 SPC 层面不用缴纳所得税,从而避免了双重征税的问题,②如果 SPC 发行的是权益类证券,在公司层面与投资者

---

① 王领:《美国有关资产证券化的税收处理》,载《金融法苑》2006 年总第 73 期。
② [美]塔玛·弗兰科著:《证券化:美国结构融资的法律制度》,潘攀译,法律出版社 2009 年版,第 271 页。

层面都应当缴纳所得税,也就是无法避免双重征税的问题。① 虽然合伙与信托很多情形下不具有法律主体地位,但这并不能保证它们能获得税法上的转递待遇,因为美国《国内税法典》既看证券的形式,也看其经济实质。②

在美国,充当 SPV 的既有政府信用支持的企业,也有私人信用企业。美国的联邦国民抵押协会(FNMA)、政府国民抵押协会(GNMA)、联邦住宅抵押贷款公司(FHLMC)都是具有政府背景的 SPV,在很多情形下,它们享有与私人公司不同的税收待遇。

从 SPV 产生的起源来看,既有立法者为促进资产证券化创制的 SPV,也有业者根据法律规定创造出来的避税的 SPV。

美国《1986 年税收改革法》创造了一种适用于不动产抵押贷款证券化的结构,即不动产抵押贷款投资管道(real estate mortgage investment conduit,REMIC),这一结构是为了保证私人机构与政府机构的公平竞争而创设的,③REMIC 可采用所有者信托或有限合伙的形式,可以发行多重抵押支持证券,并且享有税法上的转递待遇,也就是说 REMIC 不用缴纳所得税。美国国会根据《1996 年小企业就业保护法》授权设立金融资产证券化投资信托(financial asset securitization investment trust,FASIT)。FASIT 同 REMIC 一样,也是一种管道实体,不是税法上的纳税主体。与 REMIC 不同的是,FASIT 适用于不动产抵押贷款之外的债权证券化,如信用卡应收款、汽车贷款等。

为了达到合法规避双重征税的目的,证券化业者在税法的规范体系下创设了两种信托形的 SPV:设立人信托(grantor trust)与所有人信托(owner trust)。设立人信托是证券化业者根据 1988 年美国《国内税法典》的第 671 条至第 677 条设立的,它只能发行被称为转递证书(PC)的单一种类的所有者权益证书的证券,设立人信托不作为独立的实体纳税,只有受益人对收益缴纳所得税。所有人信托可以发行信托证书以及抵押担保证券(CMO)。如果发起人继续持有信托 5% 以上的复归权(reversionary interest,从信托财产中返还

---

① 也有人认为,不管 SPC 发行债券还是股票,都应当缴纳所得税,只是公司发行两种证券时应按不同的标准计算所得税数额。参见喻强:《资产证券化特殊目的载体(SPV)税负问题国际经验与我国选择》,载《金融与经济》2004 年第 3 期。

② [美]塔玛·弗兰科著:《证券化:美国结构融资的法律制度》,潘攀译,法律出版社 2009 年版,第 270~277 页。

③ Zigas, Experts Believe Remic Will Expand Market for Mortgage Securities, Am. Banker, Dec. 2, 1996, p. 8, col. 1.

财产的权利),发起人将就这部分财产纳税,而信托收入的其他部分将按社团身份纳税。①

三、与投资者有关的税收

不管投资者是法人还是自然人,只要从事证券投资都可能面临一些税负。投资者从事证券交易可能要缴纳的税收包括印花税(若投资者所在国家没有取消印花税)、所得税以及其他交易费用。

资产支持证券的收益基本上是确定的,在不计违约率的情况下,资产支持证券的收益取决于基础资产的贷款利率,在基础资产的贷款利率总收益减去包括税收在内的所有费用后才是资产支持证券的收益,如果证券化业者的税收负担过重,会直接导致证券化交易的成本提高,从而降低资产支持证券的收益以及对投资者的吸引力,这样就很难实现资产证券化的目的。

除了上述三个环节中产生的税收外,还存在着服务商的税收问题。贷款管理机构、资金保管机构与评级机构等服务机构就其取得的服务报酬也要缴纳营业税、所得税。在一定程度上,税收政策将决定着资产证券化的成败,税收负担也将影响资产证券化的规模。②

第二节 美国联邦税收规制下的特定目的信托创新

从发起人的角度来看,进行资产证券化的主要目的在于,在尽可能降低包括税收、各种费用等成本的前提下,通过金融资产的转让以达到直接融资的目的。为了税收负担的最小化与避免意料之外的税收成本,税收体制可以事先确定交易的形式与结构。③

---

① [美]塔玛·弗兰科著:《证券化:美国结构融资的法律制度》,潘攀译,法律出版社2009年版,第276页。

② 尹音频、阮兵:《公平与效率:资产证券化的税收政策取向》,载《财经科学》2007年第6期。

③ Yuliya A. Dvorak, Transplanting Asset Securitization:is the Grass Green Enough on the Other Side? *Houston Law Review*, 38:541,2001, p. 562.

特殊目的信托是美国资产证券化特殊目的载体的一种普通形式。特殊目的信托的形式各异，包括设立人信托（grantor trust）、不动产抵押投资管道（或 REMICs）、发行信托（issuance trust）、所有者信托（owner trust）与总投资信托公司（master trust）。选择信托作为 SPE 的形式，部分是因为税收方面的考虑，因为选择信托的目标就是避免在信托层面或 SPE 层面的税收。《国内税法典》有关设立人信托的规定，在证券化的实践中被业者利用以进行 SPV 的形式创新。第一个 SPV 的设计，是由布朗伍德律师事务所的律师利用有关设立人信托的规定完成的。①

从美国的经验来看，通过减少税负的方式来降低证券化成本的做法大体有两种：一种是证券化业者在税法的规范体系下创设避税的 SPV 来降低证券化的成本，如设立人信托在此证券化中的应用；第二种是立法机关出于推动证券化发展的目的，从立法的角度创设免税的 SPV 来降低证券化的成本，如 REMIC 与 FASIT。虽然 REMIC 与 FASIT 可采用包括公司、合伙、信托等多种形式，但基于本书的选题，对其研究的重点还是在于信托。

一、不动产抵押贷款投资管道（REMIC）②

作为汇集抵押贷款并发行抵押担保证券的特殊目的载体，REMIC 是《1986 年税收改革法》设立的一种享有税收转递待遇的投资管道，是美国居民抵押贷款证券化的典型载体，其主要内容在美国《国内税法典》的第 860 条 A—G 款中加以规定。③

（一）REMIC 的界定

根据美国《国内税法典》的规定，REMIC 的应当具备以下特征：

1. 如果选择了 REMIC 的形式，就视为当前以及所有以前的应税年度都适用 REMIC 的规定；

2. 所有权益包括普通权益（regular interest）与剩余权益（residual interest）；

---

① 王友光：《论我国 SPV 的设立模式》，载《国际金融研究》2001 年第 12 期。

② 相关税法规定皆译自美国的《国内税法典》（Internal Revenue Code），后续引文不再一一注明。http://www.taxalmanac.org/index.php/Internal_Revenue_Code, visited on 2011-10-3.

③ S. L. Schwarcz, Securitization, Structured Finance and Capital Markets, LexisNexis, 2004, p. 114.

3. 有且只有一种剩余权益(有关这一权益的分配,如果有的话,全部是按比例的);

4. 在发行日之后的第三个月结束时以及以后的所有时间内,基本上所有的资产包括合格资产与许可投资;

5. 其应税年度是日历年;

6. 有合理的结构,旨在确保:该实体的剩余权益不为不合格的机构持有,实体应当公开必要信息。

一个实体在第一个税收年度里可以选择 REMIC 待遇,这一选择应在第一个纳税年度进行纳税申报时进行。除非另有规定,这一选择会适用于选择的纳税年度以及以后所有的纳税年度。

如果一个实体在纳税年度的任何时间里不再具备 REMIC 的条件,在该纳税年度以及以后任何的纳税年度里就不被视为 REMIC。实体的 REMIC 地位的非自愿终止则另有规定。

(二)针对 REMIC 的税收规定

除非另有规定,REMIC 在其所在子章中将不负纳税义务,并为该子章的目的将不被视为公司、合伙或信托。任何 REMIC 的收入将对其权益持有人进行征收。

(三)针对普通权益持有人的税收规定

普通权益是指 REMIC 在发行日发行的具有固定期限并被设计成固定权益的权益。这种权益无条件地赋予持有人取得特定本金数额的权利,如果有利息支付,就利息到期日或之前,可以固定利率支付,或者包含了合格资产上利息支付的特定份额,并且在利息未偿付期间内,份额不会变化。

根据 REMIC 所在章的规定,确定 REMIC 任何普通权益持有人的税收义务时,这种权益将被视为债券。而且持有人必须使用权责发生制[①](accrual method)(亦有译为应计法),就 REMIC 中可计入任何普通权益总收入的数额必须根据会计增值方式来确定。持有人处置普通权益所得将被视为普通收入。

(四)针对剩余权益的税收规定

剩余权益是指 REMIC 在发行日发行的不是普通权益的权益。

---

① 权责发生制是指凡是当期已经实现的收入和已经发生或应当负担的费用,不论款项是否收付,都应作为当期的收入或费用处理;凡是不属于当期的收入和费用,即使款项已经当期收付,都不作为当期的收入和费用。

1. 收入与损失的转递(pass-thru)

根据该章确定 REMIC 任何剩余证券持有人的税收时,应考虑持有人持有这种权益在应税年度中每天持有 REMIC 应税收入或净损失的日常份额(daily portion)。

日常份额由两个因素确定:一是在任何一个季度的每一天应税收入(或净损失)分配的可估算部分,二是将该数额在剩余权益持有人之间按其在分配日所持有的份额进行分配。

2. 应税收入与净损失的确定

除非另有规定,REMIC 的应税收入应当根据与个人相同的会计权责发生制来确定,以下除外:

(1)REMIC 的普通权益应当被视为 REMIC 的债务;

(2)任何市场折扣证券[1](market discount bond)的市场折扣(market discount)应当包括在应税年度的总收入中;

(3)不应考虑可分配给被禁止交易的任何项目的所得、收益、损失或扣除;

(4)拍卖财产的净收入数额(如果有的话)应当从根据规定的征税数额中进行扣减。

任何 REMIC 的净损失是在计算 REMIC 的应税收入时其许可的扣减超过其总收入的部分。

3. 分配

REMIC 的任何分配,只要没有超过调整的基数,都不会包括进总收入中,如果超过了调整的基数,就应当视为这种权益的销售或交换所得。

(五)合格抵押贷款

1. 合格抵押贷款是指任何主要是由不动产担保的债权,包括任何受益所有权上的分享权或证书,并且,(1)在发行日被转让给 REMIC,以换取 REMIC 的普通权益或剩余权益证券,(2)除非规章另有规定,该贷款应当由 REMIC 在发行日起的三个月内购买,如果这一购买是依据发行日生效的固定价格合同,或(3)根据前述两款所述债权之原始条款,代表本金数额的增加,如果这一

---

[1] 市场折扣证券是一种在二级市场上以低于原始发行价与原始发行折扣买入的证券,这种市场折扣在联邦所得税上会有不同于原始发行折扣的税收处理。参见:http://www.msrb.org/msrb1/glossary/view_def.asp?param=MARKETDISCOUNTBOND, visited on 2011-10-13.

增加:A 归因于根据反抵押贷款或其他债务的原始条款向债务人所进行的事先预付款,B 发生在发行日之后,并且 C 由 REMIC 依据发行日生效的固定价格合同购买。

2. 任何合格的抵押替代贷款。

3. 其他 REMIC 上的普通权益在发行日转让给 REMIC,以换取该 REMIC 上的普通权益或剩余权益。

4. FASIT 上的任何普通权益如前第 1 项第(1)点、第(2)点所述,转移到 REMIC 或被 REMIC 购买,但是只有该 FASIT95% 或以上的财产价值在任何时间都可归于前述第 1 项所述之债务。

二、金融资产证券化投资信托(FASIT)①

FASIT 是根据《1996 年小企业就业保护法》设立的证券化特殊目的载体。简言之,FASIT 规则把 REMIC 体制的优势扩展到了包括抵押贷款与非抵押贷款应收款的循环资产池的证券化。② 也可以说,FASIT 载体并不需要一个"冰冻"的资产池,而是允许循环或阶段性的资产。

(一)FASIT 的界定

作为一种实体,FASIT 应满足下列条件:(1)FASIT 形式的选择适用于应税年度;(2)所有权益包括普通权益与剩余权益;(3)有且只有一种所有者权益,并且该权益直接被合格公司持有;(4)在成立日之后的第三个月结束时以及以后的所有时间内,基本上所有的资产只包括许可资产。

一个实体可以选择 FASIT 待遇,这一选择会适用于选择的纳税年度以及以后所有的纳税年度,除非在财政部长的同意下撤销。

一个实体在纳税年度的任何时间里不再是 FASIT,该实体在 FASIT 资

---

① 相关税法规定皆译自《国内税法典》(*Internal Revenue Code*),后续译文不再一一注明。参见:http://www.taxalmanac.org/index.php/Internal_Revenue_Code_-_Subtitle_A_-_Index,visited on 2011-10-23. 另外,FASIT 的税法规定已经废除,如果 FASIT 依据其原始发行条款的规定,在 2004 年 10 月 22 日之前发行的普通权益证券的偿付期尚未届满,则废除的规定并不适用。参见:[美]塔玛·弗兰科著:《证券化:美国结构融资的法律制度》,潘攀译,法律出版社 2009 年版,第 294 页。

② James Peaslee, David Z. Nirenberg, *Federal Income Taxation of Securitization Transactions*, Frank J. Fabozzi Associates Publishers, New Hope, PA, 3rd Ed., 2001, p. 899.

格终止后就不被视为 FASIT。实体的 FASIT 地位的非自愿终止适用 REMIC 的有关规定。

(二)针对 FASIT 的税收规定

根据《国内税法典》的规定,FASIT 不承担纳税义务,并且不被视为信托、合伙、公司或应税的抵押贷款资产池。

选择 FASIT 地位的实体可以是公司、合伙或信托,但是典型的 FASIT 最好还是采取州法信托的形式,并且其权益最好采取信托证书的形式。选择 FASIT 待遇后,在联邦所得税角度来看,FASIT 通常不被视为实体,且不受联邦所得税的制约;而是 FASIT 的发起人(sponsor)事实上被视为直接拥有 FASIT 资产并发行 FASIT 权益。①

(三)针对所有者权益持有人的税收规定

所有者权益是指由 FASIT 在成立日后发行的旨在成为所有者权益而不是普通权益的权益。

在确定 FASIT 所有者权益持有人的应税收入时,(1)FASIT 的所有资产、责任、各项收入、收益、扣减、损失或信用都视为持有人的财产、责任以及相应各项;(2)就 FASIT 的各种债券来说,持续收益法(constant yield method)应当根据权责发生制的会计方法来确定所有权益、取得扣减(acquisition discount)、原始发行折扣以及市场折扣、所有的费用扣除或调整;(3)不应考虑可分配给被禁止交易的任何项目的所得、收益、损失或扣除;(4)FASIT 根据《国内税法典》取得的免税权益,在考虑到所有者权益持有人时,应视为普通收入。

(四)普通权益的税收待遇

普通权益是 FASIT 在成立日或以后发行的具有固定期限旨在成为普通权益的权益,这种权益应具有下列特征:无条件赋予持有人获得规定的本金数额的权利;如果有利息,那么利息则应按固定利率或规章允许的可变利率支付,除非财政部另有规定;这种权益规定的期限(包括更新的选择)不超过 30 年(或者为规章允许的更长期限);发行价不超过规定本金数额的 125%;权益到期的收益低于第 163 条第(i)(1)(B)项规定的金额。

---

① William Levy, Mayer, Brown & Platt, Financial Asset Securitization Investment Trusts: An Overview with Implications for Securitization Transactions, May 16, 1997, http://www.securitization.net/knowledge/legal/finassets_invtrust.asp, visited on 2011-10-13.

1. 在 FASIT 中的普通权益,如果不是债券,将被视为债券;

2. 税法第 163 条第(e)(5)项的规定不适用于这一权益;

3. 就这一权益使总收入的数额增加,应根据会计的权责发生制方法来确定。

(五)许可资产

FASIT 的资产应当由许可资产构成,许可资产包括:(1)现金或等价物;(2)任何债券,其利息支付,如果有的话,在到期日或以前满足了相关规定;(3)止赎财产;(4)任何下列财产:A 利率或外汇名义本金合同、信用证、保险、支付违约担保或其他为财政部许可的工具,B 合理用以担保或对冲 FASIT 作为债务人发行权益而产生的风险;(5)购买规定的债券或资产的合同权利;(6)在其他 FASIT 中的普通权益;(7)在 REMIC 中的任何普通权益。

(六)金融资产证券化投资信托(FASIT)税收法规的废除

FASIT 相对于 REMIC 的潜在优势是 FASIT 是一个更加灵活的载体。特别是在 FASIT 成立之日后,可以在任何时间获得资产,发行普通权益证券,因此,FASIT 是一个开放的并且不是固定资产池简单的清算载体;FASIT 在任何时间都可以替换其持有的债券,相比之下,REMIC 规则只允许发行日后 3 个月内自由替换,缺陷贷款要在发行日后的 2 年内替换;FASIT 的资产可以进行处置以减少过度担保,撤销某一类型的普通权益(即使该权益未偿数额非常大);FASIT 可以进行货币、利率以及其他某些类型的对冲;对于债券,FASIT 没有任何最低数量不动产担保的要求。①

但是,FASIT 也存在着一些不足。与其他结构相比,向 FASIT 出资(包括支持 FASIT 的资产)时的收益(而不是损失)确认;对不在成立的证券市场上交易的应收款的收益测算是建立在估算价值基础上的;所有者权益与高收益权益(包括仅利息型)由合格的公司持有的要求,以及由此产生的收入不能抵销非 FASIT 的损失;对于交易与发起行为的限制。②

除了 FASIT 在交易结构中存在的不足之外,也有人指出了 FASIT 立法

---

① James Peaslee, David Z. Nirenberg, *Federal Income Taxation of Securitization Transactions*, Frank J. Fabozzi Associates Publishers, New Hope, PA, 3rd Ed., 2001, pp. 907~908.

② James Peaslee, David Z. Nirenberg, *Federal Income Taxation of Securitization Transactions*, Frank J. Fabozzi Associates Publishers, New Hope, PA, 3rd Ed., 2001, p. 904.

中的不足。James M. Peaslee 与 David Z. Nirenberg 在 2001 年 6 月写给财政部长助理的信中指出，FASIT 立法的失败主要是因为两个原因：理解风险（interpretation risk）与法律强加的税收成本。FASIT 立法从技术角度看并不精致。许多人认为，在当前的形势中使用该法律规定而没有国内税务局更细致的引导的话，就会导致意想不到的结果，带来太多的风险。而且，FASIT 立法对许多的发起人所施加的税收与其他经济成本足以抵销其潜在优势。①

FASIT 税法规范实施几年后，国会发现 FASIT 并没有按其希望的方式得到广泛运用，而且实事上是很容易被滥用，并可能主要用于避税交易，安然公司在避税交易中也使用了 FASIT 形式。基于上述原因，国会废除了 FASIT 条款。②

三、设立人信托③

设立人信托（grantor trust）是由某个人而不是信托承担部分或所有所得税收责任的信托。美国《国内税法典》的第 673 条至第 677 条、第 679 条以及相关的规章，是判断一个信托是不是设立人信托的主要依据。开始，这些规则本来是要防止信托把所得转移给低档次的纳税人。以后的立法降低了税率并压缩了信托的税级，这使得设立人信托成为转移财产颇有吸引力的方式。一个适当构建的设立人信托可以使信托财产为后代增长，同时由设立人来承担所得税的负担。④

（一）复归权（reversionary interest）

1. 一般规则

根据《国内税法典》第 673 条的规定，在任何信托财产的起始时，设立人的复归权价值超过该部分财产价值的 5%，对信托的本金或所得都拥有复归权，设立人将被视为任何信托财产的所有人。

2. 复归权的生效

---

① James M. Peaslee, David Z. Nirenberg, Re: The Defenestration of FASITs, http://www.securitization.net/pdf/fasit_letter.pdf, visited on 2011-11-23.

② H. R. Rep. No. 548, 108th Cong., 2rd Sess., 2004, 291, 转引自：[美]塔玛·弗兰科：《证券化：美国结构融资的法律制度》，潘攀译，法律出版社 2009 年版，第 294 页。

③ 该节内容皆译自 Internal Revenue Code，来源条文不再一一注明。

④ Nathan Szerlip, Grantor Trusts and Tax Liability: Revenue Ruling 2004-64, http://www.nysscpa.org/cpajournal/2005/905/essentials/p60.htm, visited on 2011-10-1.

复归权在未成年直系后代受益人死亡时生效。如果任何受益人是设立人的直系后代,并且持有任何部分信托财产的所有当前权益,设立人不能单独被视为该部分财产的所有人,因为在该部分财产上的复归权在受益人年满 21 岁前死亡时才会生效。

3. 确定复归权价值的特别规则

设立人复归权价值的确定应当通过有利于设立人行使的最大自由裁量权计算。

4. 重取日期的拖延

复归权的占有或行使的重新取得日期的任何延迟都将视为信托的一项新转移,它始于迟延日期生效的时间并且终止于延迟所确定的日期。但是,因为前句话,任何阶段的收入不应计入设立人的收入,如果在没有延迟的情况下这种收入不能包括在内。

(二)控制受益权行使的权利

根据美国《国内税法典》第 674 条的规定,该项权力包括以下内容:

1. 一般规则

未经任何相对人(adverse party)的批准与同意,财产或所得的受益权行使受制于设立人或非相对方(nonadverse party),或双方行使的处分权,设立人将被视为任何信托财产的所有人。①

2. 某些权利的例外

上述规定不适用下列权利,而不管谁持有该项权利:

(1)将收入用以支持受供养人的权利。该权利是根据该法第 677 条第(b)项的规定产生的,设立人根据该条规定不必纳税。

(2)只有在事件发生后影响受益权行使的权利。该项权利的行使只会影响一个阶段的收入受益权行使,这一阶段始于事件的发生,如果权利是一项复归权,设立人就不会被视为第 673 条下的所有人;但是,在事件发生后,除非该项复归权利被放弃,设立人将被视为所有人。

(3)只通过遗嘱行使的权利。一项只通过遗嘱行使的权利,而不是未经任何相对方同意或批准由权利人通过遗嘱指定信托收入的权利,在信托中收入

---

① 相对方指在信托中有重要受益权的人,其在信托中权利的行使与不行使会对其有不同影响。在信托财产上有一般任命权的人被视为在信托中有受益权。非相对方是指不是相对方的人。

如此积累以使设立人或者非相对方或设立人与非相对方双方行使该权利。

(4)在慈善受益人之间进行分配的权利。这是一项决定财产与收入受益权行使的权利,如果财产或收入是为第 170 条第(c)项所确定的目的(与慈善捐款的定义相关)或与雇员股份计划[在第 4975 条第(e)项第(7)点限定的无偿转移]而应付且不可撤销。

(5)分配资产的权利。这是一种向受益人或一类受益人(不论其是否为收益受益人)分配财产的权利,只要该权利受到信托治理文件所规定的合理确定的标准所约束;或者向任何当前的收益受益人分配财产的权利,只要分配必须是来自信托持有的向受益人支付收益的相应部分财产,就如同该部分财产构成的一个独立信托。

如果一个人有权在有权获取收益或财产的指定受益人之外增加受益人,则不属于上述权利,向后出生或后认领的孩子追认为受益人除外。

(6)暂时持有收益的权利。这是一种向任何当前受益人分配收益或将收益用于任何当前受益人的权利,或为其累积收益,只要任何累积的收益必须最终向下列人员支付:其分配或应用于其利益的收益被持有的受益人,受益人的资产或受益人指定的人(或指定的在没有指定情况下来接收的人),只要该受益人拥有指定权,没有把受益人,受益人的财产,受益人的债权人,或受益人的财产的债权人之外的任何人排除在可能的被指定人之外;或者,在信托终止时,或连同因为累积的收益增加的财产分配时,向当前的受益人按信托治理文件中以不可撤销方式确定的份额向当前的收益受益人分配。

(7)在受益人无能力期间持有收益的权力。这种权力只在下列期间才能行使:任何当时收益受益人存在法定的无能力时,或任何收益受益人在年满 21 岁前的期间,为该受益人分配收益或将收益用于受益人,或将收益积累并增加到财产中。如果一个人有权向可以收取收益或财产的受益人或一类受益人增加财产,那么该权力则不属于前述权力,除非该行为向后出生或后认领的孩子作出。

(8)在财产与收益之间进行分配的权利。即使以更概括的语言表示,这种权力是指在财产与收益之间分配收入与支出。

3. 独立受托人某些权力的例外

复归权的一般规则是不适用于由受托人独自行使(不必取得任何人同意或批准)的权力,受托人中没有人是设立人,与设立人的意愿相关或者从属于设立人的意愿的从属方不超过受托人的半数:

(1)将收益向受益人或一类受益人分发、分配或进行累积；

(2)以财产向受益人或一类受益人进行支付(不论其是否为收益受益人)。

如果一个人有权向可以收取收益或财产的受益人或一类受益人增加财产,那么该权力则不属于前述权力,除非该行为向后出生或后认领的孩子作出。

4. 受限于一个标准时分配收益的权力

复归权的一般规则是不适用于由受托人独自行使(不必取得任何人同意或批准)的权力,受托人中没有人是设立人或与设立人生活的配偶,受托人将收益向受益人或一类受益人分发、分配或进行累积,而不管某些例外权力的第6项与第7项的条件是否得到满足,如果这一权力受到一个信托治理文件合理确定的外部标准的限制。如果任何一个人有权向可以收取收益或财产的受益人或一类受益人增加财产,那么该权力则不属于前述权力,除非该行为向后出生或后认领的孩子作出。

(三)管理权

根据美国《国内税法典》第675条的规定,就以下事项,设立人将被视为任何信托财产的所有人：

1. 不充足与不完全约因(less than adequate and full consideration)下进行交易的权力

这是一项由设立人或非相对方,或双方在未获得任何相对方批准或同意的情况下可行使的权力,该项权力使设立人或任何人在没有充足的金钱或金钱价值的约因时购买、交换或对财产或收益进行交易或处理。

2. 在没有充足利息或担保的情况下进行借贷的权力

这是一项由设立人或非相对方,或双方行使的权力,除了受托人(而不是设立人)被授予一般的、在不考虑利息或担保的情况下向任何人进行贷款的权力外,该项权力使设立人在没有充足的利息或担保的情况下直接或间接借入信托财产或收益。

3. 借入信托基金的权力

在一个纳税年度开始前,设立人已经直接或间接借入信托财产或收益并且没有完全偿还,包括利息。前述规定并适用于一种贷款：该贷款提供了充足的利息或担保,如果该贷款是由受托人而不是设立人或从属于设立人的相关或附属的受托人作出。

4. 一般管理权力

一项可由任何人在不取得任何忠信资格人(fiduciary capacity)批准或同意的情况下以非忠信资格方式实施的管理权。管理权是指以下一项或多项权力：

(1)从表决控制的角度来看，一项设立人与信托所持有的公司股票或其他证券是重要的表决权或指示表决的权力；

(2)从表决控制的角度来看，信托基金包含公司股票或证券，而设立人与信托所持有的公司股票或证券是重要的，一项控制信托基金投资的权力，不管是通过指令投资或再投资，还是通过否决提议的投资或再投资；

(3)通过其他等价的财产替换的方式重新获得信托财产的权力。

(四)撤销权

根据美国《国内税法典》第676条的规定，该项权力包括以下内容：

1. 一般规则

设立人将被视为任何部分信托财产的所有人，不管根据本部分其他规定他是否被视为这种所有人，在任何时间重新赋予受托人对这部分财产的所有权，这项权力可以由设立人或非相对方或双方共同行使。

2. 只有在事件发生后影响受益权行使的权力

上述一般规则不适用于这样一种权力，其行使只会影响某一事件发生后开始的一个阶段的收益受益权的行使，如果该项权力是复归权的话，设立人将不再被视为第673条的所有人。但是除非该项权力被放弃，设立人在事件发生后应被视为所有人。

(五)为设立人利益的收益

根据美国《国内税法典》第676条的规定，主要包括以下内容：

1. 一般规则

设立人将被视为任何部分信托财产的所有人，不管根据该法第674条的规定他是否被视为所有人，其收益可以未经任何相对方，或按设立人或非相对方的指示，或双方的指示，可以：

(1)向设立人或其配偶分配；

(2)为设立人或其配偶分配的将来分配持有或累积；

(3)用于支付设立人或其配偶人身保险费用。

上述一般规则不适用于这样一种权力，其行使只会影响某一事件发生后开始的一个阶段的收益受益权的行使，如果该项权力是复归权的话，设立人将不再被视为是第673条的所有人。但是除非该项权力被放弃，设立人在事件发生后应被视为所有人。

2. 支持义务

根据前述一般规则的规定或本章任何条款的规定,信托的收益不能仅因为该收益由另外一个人,受托人,或设立人作为受托人或作为共同受托人处理而被视为设立人的纳税义务,可以用于设立人有法定支持或扶养义务的受益人(而不是设立人的配偶)或向设立人有法定支持或扶养义务的受益人分配,只要收益是这样利用或分配的。如果如此利用或分配的金额是从信托财产中支付或从收益之外财产中支付,这一数额将被视为该法第661条第(a)项第(2)点含义上的支付或借贷并将按第662条的规定对设立人征税。

(六)设立人信托的应用

虽然因为联邦所得税目的,设立人信托规则可以把设立人视为信托所有人,但是这一做法并不影响在联邦赠与税、财产税与隔代转移(generation skipping transfer)税目的下的所有权确定。因此,可以构造这样一个信托:为联邦所得税目的,设立人被视为所有人;为联邦赠与税目的,向信托的财产转移是一个完全的赠与;为联邦财产税目的,实现财产从设立人财产的转移。正是联邦所得税与财产转移税规则间的不一致向设立人信托提供了重大的转移税利益。从联邦转移税的角度来看,使用设立人信托来转移财产获得了相当的转移税节减。①

一个恰当构造的信托为转移税负目的把设立人的财产转移到信托,但是就设立人信托财产所产生的收益却由设立人来缴纳所得税。例如,如果设立人信托有10万美元的一般收益,联邦与州的综合所得税率为40%,那么设立人就应当承担4万美元的所得税收责任。因为设立人缴纳所得税是在履行其责任,这样的支付就联邦赠与税目的来看,并不构成对信托的附加赠与。因此,设立人实际上是向信托作了一个4万美元的免税出资。只要设立人信托的地位存在,信托财产就可以在不承担所得税的情况下持续增加。设立人信托存在的时间越长,信托的财产就会增加得越多。

在资产证券化中,为了满足设立人信托资格,信托的受托人不允许购买新的应收款或替换应收款,受托人也没有权利对信托持有的货币资产进行再投

---

① Todd Steinberg,Jerome M. Hesch,Jennifer M. Smith. Grantor Trust:Supercharging Your Estate Plan, *Tax Management Estate,Gifts,and Trust Journal*,Vol. 32, No. 1,Nov. ,2007.

The Legal Regulation of Special
Purpose Trust

资,并且设立人信托一般只能发行一种受益证券。①

从税法的视角来看,设立人信托或许是最简单的证券化结构了。这首先表现在设立人的权益结构上。在设立人信托中,信托向资产转让人发行代表受益权益的证书以换取其资产。设立人信托也可以向投资人发行证书,以所得资金换取转让人的资产。② 在典型的结构中,发起人或出卖人将财产(或抵押贷款)转移给一个固定的投资信托,而换回证明所有者权益的证书。发起人然后把这些所有者证书出售给投资者以获得现金。证书会赋予每一个持有人在每个月确定的日期获得包括下列内容的支付:(1)对于证书上未支付的本金余额的确定利息;(2)从基础资产的债务人收取的资金进行的本金偿付中不可分割的利益。其次表现在设立人信托资产池的构成上。因为设立人信托不能改变它的投资组合,任何循环资产池的应收款,如贸易应收款或信用卡应收款等,其证券化并不适宜选择设立人信托。使用设立人信托的主要优势在于它不承担联邦所得税。③

另外,设立人信托要获得这一待遇,信托通常必须保持"消极",也就是所购买的应收款必须是自偿的(self-liquidating),并且受托人必须把固定基数上的现金收益支付给所有者权益的受益人。但是这一结构对较长期的应收款如汽车贷款是理想之选,但对于像信用卡或贸易应收款等短期应收款就不适合。如果是信用卡应收款,出卖人兼发起人信托在开始清算前在议定的时间内将收益再投资于一个循环的应收款资产池,为了购买人把有吸引力的投资项目打包。如果没有另外选择的办法,这种信托就不符合设立人信托,其净收益就会面临公司一样的税收。结果是,这些载体的发起人为了税法的目的,通常对相关交易进行构造,使应收款的转移被视为实质上的担保融资。例如,对于在固定基础上向发起人购买应收款的信用卡信托,当事方为了税收目的将融资界定为一个从信托所有权权益的购买人到相关应收款出卖人的担保贷款。信

---

① [美]斯蒂文·L. 西瓦兹著:《结构金融——资产证券化原理指南》,李传全等译,清华大学出版社 2003 年版,第 91 页。

② Patrick D. Dolan, C. VanLeer Davis, *Securitizations: Legal and Regulatory Issues*, ALM properties, Inc., law Journal Press, New York, 2006, pp. 2~8.

③ Patrick D. Dolan, C. VanLeer Davis, *Securitizations: Legal and Regulatory Issues*, ALM properties, Inc., Law Journal Press, New York, 2006, pp. 4~5.

托只是担保融资的方式,因此为税法目的它不会有任何收益。①

四、影响特定目的信托税法待遇的两个因素

美国联邦税法上的纳税实体有应税实体与管道实体(conduit entities)的划分。应税实体是承担纳税义务的实体,常见的纳税实体包括自然人、普通公司 C 公司、遗产或某些信托,应税实体应当为其所得缴纳所得税。管道实体是不负有纳税义务的实体,管道实体的税收属性通过实体被转移给管道实体的所有者。②

信托存在的目的通常是用于保存财产,而不是从事交易或经营,因此经营实体基本不会选择信托这种形式。基于联邦税收的目的,信托被视为独立的法律实体。信托与个人计算总收入的方式大体相同;一个重要的不同是,允许信托把向受益人进行的分配扣减。收益分配扣减决定了向受益人进行征税的任何分配数额。基于这个原因,信托有时被称为"转递"实体("pass-through" entity),由受益人而不是信托对分配给受益人的收益份额纳税。③

从税收的角度来看,信托是应税实体与管道实体的混合体。④ 信托的管道特征表现为向政府报告其经营成果,受益人要对其从信托获得受益纳税;其应税实体特征表现为:信托对其所取得的但没有向受益人进行分配的收益缴纳所得税。

对于特定目的信托而言,影响其税法待遇的主要有两个因素。

(一)信托的经济安排

一方面,根据联邦与各州的法律规定,信托通常被视为与自然人一样的独立纳税实体。同时信托的经济安排也是决定其税法待遇的一个重要因素。信托应纳税还是应在税法上被忽略,取决于信托的经济安排是否类似于已被《国

---

① Jason H. P. Kravitt, *Securitization of Financial Assets*, 2nd Edition, Aspen Publisher, 2004-2 Supplement, pp. 3~55.

② [美]凯文·E. 墨菲、马克·希金斯著:《美国联邦税制》,解学智等译,东北财经大学出版社 2001 年版,第 53 页。

③ IRS 2010 Instructions for Form 1041 and Schedules A, B, G, J, and K-1, U. S. Income Tax Return for Estate and Trusts, p. 2, http://www.irs.gov/pub/irs-pdf/f1041.pdf, visited on 2011-11-13.

④ [美]凯文·E. 墨菲、马克·希金斯著:《美国联邦税制》,解学智等译,东北财经大学出版社 2001 年版,第 53 页。

内税法典》第7701条纳入公司定义范围的社团（association）。①

另一方面，信托的经济结构也是决定某些实体税收待遇的因素之一。在美国，从税收的角度来看，公司可以分成三种：普通公司、S公司和其他形式的公司。其中S公司是一种满足《国内税法典》第1361条的规定设立的保持普通公司的法律特征又享有近似于合伙企业纳税待遇的公司。国会在S子章的基本目标就是在选择的基础上消除封闭型公司的双重纳税负担。此外，某些合伙税收的特征也适用于S公司，包括根据股东个人的报告直接声明公司损失的能力以及向股东分配不予征税等。② 税法规定，S公司的股东只能是个人、遗产、免税组织和某些信托。事实上，有研究指出只有三种信托可以作为S公司的股东：设立人信托、合格的S信托（Qualified Subchapter S Trust，QSST）与选择型小型商业信托（Electing Small Business Trust，ESBT）。③

（二）特定目的信托发行的证券种类

在联邦税法中，企业发行如股票等权益类证券，其红利不得在税前扣除，但是如果企业发行债权类证券，其债券利息是可以通过税收扣除的。因此，如果持有权益类证券，证券持有人要面临"双重征税"的税法待遇。特定目的信托要获得税法上的转递待遇，其发行的证券种类必须符合税法上的规定。

设立人信托在基础资产上发行单一的受益证券，为了避免承担税收责任，它把资产上产生的所有收益转递（pass through）给证券持有人。但是，设立人信托不允许发行多类型证券。④ 在设立人信托结构下的所有权是由过手证券来证明的。过手证券被视为信托的所有者，这种证券的持有人有权按比例获得本息的偿付。换句话说，过手架构下的投资者对资产池中组合资产所产生的利息享有所有权，并且偿付也依赖于资产池的本息。在设立人信托结构

---

① ［美］塔玛·弗兰科著：《证券化：美国结构融资的法律制度》，潘攀译，法律出版社2009年版，第273页。

② Glenn E. Coven and Amy Morris Hess，The Subchapter S Revision Act: an Analysis and Appraisal，50 *Tenn. L. Rev.* 569，Summer 1983，p. 571.

③ QSST是根据美国《国内税法典》第1361条第（d）项的规定设立的信托，QSST是根据《国内税法典》第1361条第（e）项的规定设立的信托，参见 Leonard Leader，David W. Kesner，*Estate & Probate Commentary*，Connecticur Bar Association，Feb. 2005.

④ Bank for International Settlement: Report on Special Purpose Entities，September 2009，p. 65，http://www.bis.org/publ/joint23.pdf，visited on 2011-6-13.

中基础资产池的组合不能随着时间的推移而改变,信托也不能再投资于资产池所产生的偿付。因此,作为设立人信托结构下合格的担保物一般应当限定于固定的抵押贷款池(对 MBS)或中期或长期债券(对 ABS)。①

因此,为回应行业能发行不同到期日与不同信托特征的证券而不招致税收责任的信托需求,美国国会在 1986 年制定了 REMIC 的规范。为避免税收责任,REMIC 只能持有一到四层的民居(one-to-four family dwellings)的这一单一的家庭住房抵押贷款,以符合 REMIC 的税收地位。②

如果是非抵押贷款资产,SPE 可以采取所有者信托的形式。只要发行了代表支付之后超额收益的权益证券后,所有者信托可以发行多类型的债券。权益证券持有人应当对所得收益纳税。③ 在所有人信托架构下的所有权是由单一或分期的证券来表征的,这些证券随后向购买证券的投资人发行。这些证券也叫支付型债券。在支付型架构下的投资者对基础资产池本身不拥有什么权利,而只是对可能独立于资产池运营的支付拥有契约上的权利。支付型架构的一个优势是可以对基础担保物的现金流进行重新安排以创制不同到期日和不同支付顺序的债券。因此,鉴于所发行证券的结构方面的灵活性,几乎所有证券化的资产都可以作为所有人信托结构下的担保物。④

最后,总投资信托公司是一种可以以一种信托形式发行一系列证券的信托,这种信托在英国用以抵押贷款的证券化。发行信托在美国经常被用以信用卡的证券化,因为这种结构允许发起人发行在市场条件有利的情况下可以

---

① April K. Rinne,An Analysis of the Treatment of Asset Securitization Under the Proposed Basel Ii Accord and the U. S. Banking Agencies' Advance Notice of Proposed Rulemaking,Master of Arts in Law and Diplomcy Thesis,pp. 8～9,http://repository01. lib. tufts. edu:8080/fedora/get/tufts:UA015. 012. DO. 00042/bdef:TuftsPDF/getPDF,visited on 2011-07-13.

② Bank for International Settlement:Report on Special Purpose Entities,September 2009,p. 65,http://www. bis. org/publ/joint23. pdf,visited on 2011-6-13.

③ Bank for International Settlement:Report on Special Purpose Entities,September 2009,p. 65,http://www. bis. org/publ/joint23. pdf,visited on 2011-6-13.

④ April K. Rinne,An Analysis of the Treatment of Asset Securitization Under the Proposed Badel iI Accord and the U. S. Banking Agencies'Advance Notice of Proposed Rulemaking, pp. 8～9, http://repository01. lib. tufts. edu:8080/fedora/get/tufts:UA015. 012. DO. 00042/bdef:TuftsPDF/getPDF,visited on 2011-07-13.

在不同的时间点发行不同种类的证券,而不是在同一时间发行所有证券。①

五、美国税制与特定目的信托的创新

从企业融资的角度来看,由于公司的股息要被课税,股权所得首先要在公司这一层面上缴纳公司所得税,公司完税后分配给股东个人的股息还要缴纳个人所得税。公司如果暂时不分配留存的利润,在超过一定比例后还要缴纳累积利润税。而企业以发行债券的方式进行融资所发生的利息支出可以计入成本,抵减应纳税所得额,可见,债券融资可降低企业综合融资成本,单从税负的角度看,利用债券融资要优于利用股票进行权益融资。税法对于股息与利息的区别对待,导致企业倾向于使用债务融资投入资本市场,但是企业债券的大量发行所导致的高资产负债率可能会增加整个市场的风险。② 按照美国1977年以前的税法,投资者的债券利息收入和股利收入都要按累进税率缴纳所得税,并且股息收入的个人所得税税率低于债券利息收入税税率。③ 对于企业股息的双重征税甚至是多重征税的税法规定无形中造成了企业发行债券的偏好;而股息收入的个人所得税税率低于债券利息收入税税率的税法规定又造成了投资者偏好股票的局面。

对于信托而言,在所得税方面与企业则完全不同。信托计算总收入的方式与个人大体相同;但是税法允许信托把向受益人进行的分配部分进行扣减。除此之外,在证券化的实践中,发起人为了避税的目的,有时对交易结构进行改造,使应收款的转移被视为实质上的担保融资,因此为避税目的它不会有任何收益。

税法作为一种对经济活动调整的规范,是根据经济生活的不断发展变化而进行不断修正的。美国联邦税法庞杂的体系也足以说明美国经济生活丰富多彩、日新月异的局面。然而,经济生活多数时候可以不讲逻辑、不顾体系,作为规范经济生活的税法如果也像经济生活一样不讲逻辑、不顾体系的话,就会给市场主体规避税收带来可乘之机。税法对上述企业融资与信托融资两种方

---

① Bank for International Settlement:Report on Special Purpose Entities,September 2009,pp. 65-66. http://www.bis.org/publ/joint23.pdf,visited on 2011-6-13.

② 财政部税收制度国际比较课题组:《美国税制》,中国财政经济出版社2000年版,第16页。

③ 王素荣:《资本结构与税收相关性分析》,载《税务研究》2005年第10期。

式的不同待遇即可以说明证券化中信托被用作特殊目的载体的原因。对于每种纳税主体所赋予的税收优惠并不具有普遍意义,只是给特定的群体带来税收上的优惠,从某种角度看,它并不符合税收公平原则的要求,另外,各种繁杂的税收优惠也为市场主体进行税收规划提供了前提条件。设立人信托在证券化中被用作特殊目的载体就是生动的一例。本是税法中一种不完善,却不经意间成就了特殊目的信托制度的诞生,因此,对于美国的税法制度的评价,不由让人想起中国的一句诗词来,"风物总宜放眼量"。

第三节 我国特定目的信托的税收法律规制

《关于信贷资产证券化有关税收政策问题的通知》(财税[2006]5号)(以下简称《税收政策问题的通知》)是直接规范我国信贷资产证券化税收问题的规范性文件。该文件就证券化过程中的印花税、营业税与所得税三个税种进行了明确的规范。

一、特定目的信托架构下的印花税政策

《税收政策问题的通知》规定,对信贷资产证券化过程中所产生的印花税暂时免征。总体来说,三种合同会获得印花税免征的待遇。第一种,发起人与受托人就信贷资产转让等事宜进行约定而签订的信托合同;第二种,受托人与贷款服务机构就信贷资产的管理所签订的委托管理合同;第三种,发起人、受托人与其他的证券化服务机构所签订的其他应税合同。

对于第一种与第二种合同,合同双方都免于缴纳印花税,而第三种合同仅仅发起人、受托人可获得暂免缴纳印花税的待遇,资金保管机构、证券登记托管机构以及其他中介服务机构仍需要缴纳相应的印花税。

另外,通知还对两种情况也规定暂不征收印花税。第一,受托人从事资产支持证券的销售活动免予缴纳印花税,投资者从事买、卖资产支持证券的交易活动免予缴纳印花税;第二,发起人、受托人专门为证券化业务设立的资金账簿免于缴纳印花税。

二、特定目的信托架构下的营业税政策

《税收政策问题的通知》对整个信贷资产证券化过程中四个方面的营业税

政策作了明确的规定。

首先,如果作为证券化资产的信贷资产取得贷款利息收入,受托人应当就全额利息收入缴纳营业税。

其次,在信贷资产证券化的过程中,各证券化服务机构应当就其所提供服务获得的报酬或收入缴纳营业税。

再次,如果投资者为金融机构,那么其买、卖资产支持证券获得的差价收入应按规定缴纳营业税;如果投资者为非金融机构投资者,那么其买、卖资产支持证券获得的差价收入则不必缴纳营业税。

在我国目前进行营业税改增值税试点的背景下,也应当对证券化的营业税政策进行重新分析与评估。营业税改征增值税会减少重复征税,从总体上降低纳税人的税负,这对证券化来说无疑是个利好消息。但是这一税制的改革对证券化影响依然存在着许多不确定因素:第一,这一改革还处于试点阶段,全国范围内的统一政策出台尚需时日;第二,假如统一的增值税征收政策出台,它减轻证券化税负的程度依然不能确定;第三,在税负减轻程度确定的前提下,它是否能真正降低证券化成本也不确定,因为证券化服务机构的报酬是通过合同确定的,是双方的合意行为,税负的减轻是否会必然带来服务报酬的降低并不确定。

三、特定目的信托架构下的所得税政策

与特定目的信托相关的所得税问题在以下几个方面进行了规范。

第一,发起人与受托人在证券化过程中发生的信贷资产转让、赎回或置换,应视同独立企业之间的业务往来,并在此基础上支付价款和费用。发起人把信贷资产转让给受托人如果取得收益则应当缴纳企业所得税;如果发生损失可按规定进行相应扣除。

第二,信托项目所产生收益的所得税规定。如果受托人在当年向资产支持证券持有人分配了收益,那么在信托层面上就不产生企业所得税;如果受托人在当年未向资产支持证券持有人分配收益或没有全部分配,那么就未分配的收益部分在信托层面上应当缴纳企业所得税;机构投资者获得的信托收益如果已在信托环节完税的,则比照取得税后收益的企业所得税规定处理。

第三,在信贷资产证券化的过程中,证券化服务机构取得的服务费或报酬,均应当按照企业所得税规定缴纳企业所得税。

第四,机构投资者从信托分配获得的收益、从信托清算中取得的收入,应

当按照规定缴纳企业所得税;买卖信贷资产支持证券获得的收益与所发生的损失按所得税规定进行缴纳与扣除。

第四节 就我国特定目的信托税制税收中性的评价

一、税法视野中的信托

实体层面的税收(entity-level taxation)是指 SPV 以其权利能力(right capacity)而不是以代表身份(representative capacity)被视为独立的纳税主体。如果 SPV 发行的债券在固定的日期支付并含有固定的收益(coupon),SPV 将被视为纳税实体。SPV 获得的任何收益或任何应由 SPV 获得的收益都被视为其收益,并且由 SPV 分配的任何收益则被视为 SPV 的费用与投资人的收益。发起人向 SPV 转移的任何收益将被视为 SPV 的收益。发起人将服务于权益(equity)的剩余收益将对 SPV 征税。[①]

在美国的税法中,信托并不当然是一个免税的实体,只有当它的形式与结构符合税法的规定,如设立人信托、REMIC 或 FASIT 等形式时,才能避免实体层面的税收,才能获得税收的管道实体的待遇。如果以税法规定以外的形式存在的信托依然是税法上的应税实体。从这一点来看,特殊目的载体选择信托的形式并没有比选择公司的形式具有更多的优势。因为在美国的税法中,S 公司也享有管道实体的税法待遇。

澳大利亚税法的规定要比美国简洁得多,但也同样明确信托并不是一个当然的免税实体。如果特殊目的载体选择信托的形式即 SPT 的话,若所有的信托收益均立即归证券持有人所有,信托没有对取得的收益自行处理的权利,那么该 SPT 就可以被认定为一个"过手"(pass through)的机构,不缴纳所得税。如果受托人有权决定对信托收入进行积累或对现金流进行再投资,那么信托就成为所得税的纳税主体,要按一般所得税规定缴纳所得税。在特定目的

---

① Vinod Kothari,*Securitization:the Financial Instrument of the Future*,John Wiley & Sons(Asia)Pte Ltd. ,2006,p. 744.

信托设立、债权转移等环节会产生印花税,均被澳大利亚的许多州政府免除。①

在我国的税法中纳税人应当是法律所认可的实体,信托作为一种法律实体至今未被理论与实务界承认,因此信托作为纳税实体也就没有法理支持。可以确定地说,信托不是我国税法中的纳税实体。但是信托没有纳税能力并没有在信托层面上被完全免除纳税义务。我国《信托法》第17条第3款规定,因信托财产本身所应负担的税款可以对信托财产强制执行。信托财产作为征税对象承担税负是正常的,但在税法中财产税的纳税主体通常是财产的所有人或支配人,财产本身是不能作为纳税人的。不管信托财产的纳税人是谁,税负都是由信托财产实际承担的。

作为资产证券化特殊目的载体的特殊目的信托,同样不是税法上的纳税主体,但是信托层面的税负同样是存在的。《税收政策问题的通知》规定,对当年未向机构投资者分配的信托项目收益部分,由受托机构按企业所得税规定缴纳企业所得税。在这一纳税环节上,存在着所得税的纳税人与税负承担者不一致的情况。作为纳税人的是受托机构,而实际承担税负的则是信托财产。另外,按照《税收政策问题的通知》的规定,受托机构从其受托管理的信贷资产信托项目中取得的贷款利息收入,须全额缴纳营业税。受托机构是纳税人,但实际税负也由信托财产承担。②

综合来看,不管特定目的信托是不是具有法律主体地位,在资产证券化环节中,信托层面的税负却是不同程度地存在着的。

二、税收中性原则下的特定目的信托税制

税收中性思想滥觞于古典经济学鼻祖亚当·斯密。税收中性是指一种税收不会改变生产要素流向的政府体制(government system)。换句话说,税收不影响企业的经营,尽管一部分资源转移到了政府,但税收没有次生影响。③税收中性探讨征税如何不构成对人们行为的扭曲,那些不会引起商品相对价格发生变化从而不会改变纳税人行为的税收被认为是中性的,其目的在于使

---

① 范阳、陈卫星:《澳大利亚资产证券化市场的发展及对中国的启示》,载《国际金融研究》2007年第2期。

② 刘燕:《我国资产证券化中SPV税收政策评析》,载《税务研究》2007年第4期。

③ David L. Scott, *The American Heritage Dictionary of Business Terms*, Houghton Mifflin Harcourt Publishing Company, 2010, p. 415.

纳税人的超额负担最小化。① 如果税收扭曲了市场价格就会影响纳税人的经济抉择，造成一定的效率损失。这种效率损失就是纳税人所承受的一种超额负担。但是，在合理抽象完全竞争的市场中与竞争、垄断并存的混合经济中都难以达成税收绝对中性，只能寻求额外损失最小的税收相对中性，实践中，世界各国因经济发展水平和主导经济理论不同，税收制度中体现出税收中性相对性的差异性。②

具体到资产市场，税收中性理论指的是税收不干预资本向最有效用途的自然流向的特征。③ 资产证券化是一种结构金融，它是一种债务的信用质量建立在有信誉的实体的直接担保或债务人资产的信用质量基础之上而不是建立在债务人自身金融力量之上的金融。④ 为了达到风险隔离、破产隔离的目的，资产证券化涉及了多个交易环节，包括基础资产的转让，资产支持证券的发行与资产支持证券的交易等。每个交易环节上所产生的税负是证券化的重要成本，税负的有无与轻重实际上决定着证券化的成与败。在美国的证券化实践中，有些证券化进行了精巧的设计，成功地实现了避税；有些证券化则是因为机构本身拥有政府背景而获得免税待遇；及至后来税法中创立出REMIC与FASIT等免税的证券化机构；这些情形都无疑表明了税收在证券化过程中的关键作用。根据税收中性原则，在基础资产贷款利率已定的前提下，存在于证券化之上的税负不应损害资产支持证券对投资人的吸引力。另外，从证券化交易设计的角度来看，也可以实现税收中性的目标。根据实体所选择的方式，税收中性的关键在于使其收益与费用相匹配，以中和其纳税能力。问题是如果SPV向投资者支付的金钱被视为分配或分红，那么它就不能被视为SPV的费用了，这还会导致双重征税的问题。⑤

---

① 刘溶沧、马珺：《税收中性：一个理论经济学的分析》，载《涉外税务》1999年第1期。

② 刘小平：《论税收中性的相对性》，载《财经研究》1997年第7期。

③ Gretchen Morgenson, Campbell R. Harvey, *The New York Times Dictionary of Money and Investing: The Essential A-to-Z Guide to the Language of the New Market*, Holt, Henry & Company, Inc. 2002, p. 312.

④ Standards & Poors' Securitization Definitions, http://www.securitization.net/pdf/sp_gloss_060103.pdf, visited on 2011-11-10.

⑤ Vinod Kothari, *Securitization: the Financial Instrument of the Future*, John Wiley & Sons(Asia)Pte Ltd., 2006, p. 745.

以下以我国的资产证券化《税收政策问题的通知》为例进行分析。假设发起人要以某一数量单位的贷款进行证券化，可以对该数量贷款在资产证券化前后所承担税负的差异进行比较，以判断资产证券化的税制是否符合税收中性的原则。某一单位数量的贷款在资产证券化前由发起人所承担的税负包括：印花税，发起人与借款人签订的贷款合同要缴纳的印花税与设立账簿要缴纳的印花税；营业税，一般只涉及信贷资产的利息收入应缴纳的营业税；所得税，一般只涉及信贷资产的利息收入应缴纳的所得税。按照《税收政策问题的通知》的规定，在以该数量的贷款为基础资产进行资产证券化的过程中，几乎暂免征收或不征收证券化过程中发起人与受托机构所承担的印花税，这与证券化前没有什么差异；在营业税方面，基础贷款的利息收入、证券化过程中服务机构所获得的服务报酬、金融机构买卖资产支持证券的差价收入应缴纳营业税，这比证券化之前的营业税要高得多；在所得税方面，发起人转让信贷资产的收益、信托项目总收益与证券化过程中各服务机构的服务报酬收入应缴纳所得税金，相比之下，所得税与证券化之前无多大差异。有观点认为，《税收政策问题的通知》总体上坚持了税收中性化原则。①

《税收政策问题的通知》所涉及的税收问题之外就适用税法的一般规定。但就发起人向特定目的信托转让信贷资产是否需要缴纳营业税的问题，就出现了两种不同的观点。

一种观点认为，根据《国家税务总局关于印发〈营业税税目注释〉（试行稿）的通知》（国税发[1993]149号）的规定，金融业务包括贷款、融资租赁、金融商品转让（指转让外汇、有价证券、非货物期货）、金融经纪业和其他金融业务属于应税项目，然而商业银行转让其贷款债权是否应当缴纳营业税却一直未予明确。根据《财政部国家税务总局关于奥伊尔投资管理有限责任公司从事金融资产处置业务有关营业税问题的通知》的规定，投资公司从事金融资产处置业务如出售、转让股权时不缴纳营业税；出售、转让债权或将其持有的债权转为股权也不缴纳营业税。若按此推论，对商业银行出售贷款似应不征收营业税。②

---

① 刘云：《信贷资产证券化的税收政策解读》，载《财会月刊》2007年第7期。
② 宋兴义：《信贷资产证券化中发起人的税收政策与会计处理》，载《税务研究》2007年第11期；另参见，刘云：《信贷资产证券化的税收政策解读》，载《财会月刊》2007年第7期。

另一种观点认为,如果发起人以真实销售方式转移资产,应当立即确认收入,缴纳营业税。根据《营业税暂行条例》的规定,无形资产的转让要缴纳5％的营业税,发起人应就信贷资产的转让缴纳营业税。① 因而,资产证券化会因为成本过高,给各关系人造成额外的负担,我国资产证券化的规定显然违背反了税收中性原则。②

结合我国信贷资产证券化的实践,第一种观点是成立的。在发起人把信贷资产转让给特定目的信托时,打包贷款的加权平均贷款利率一般为5％～6％,如果对转让的信贷资产征5％的营业税,信贷资产上的收益就所剩无几了,资产证券化就不可能得以进行了。以此判断,在发起人向特定目的信托转让信贷资产环节是免征了营业税的。我国台湾地区"金融资产证券化条例"规定,依条例规定申请核准或申报生效之资产信托证券化计划所为之资产移转而生之印花税、契税及营业税,除受托机构处分不动产时应缴纳之契税外,一律免征。

综上所述,《税收政策问题的通知》规定了证券化交易环节中印花税与营业税的各种优惠,减少了税收对证券化产品的价格扭曲,降低了纳税人的额外负担,可以说,我国信托型的资产证券化税收在一定程度上体现了税收中性的思想,但是证券化税制所体现出的税收中性在我国整个的税收体系中则不具有普遍意义,其作用仅局限于证券化这一有限领域之中。进而言之,仅在证券化领域中考察税收中性,也可以发现税收中性只能从相对意义上来理解。

就印花税而言,目前世界上有很多国家,如英国、美国、日本、新加坡等国已经取消了印花税,很多国家的税法也明确表明印花税的征税范围趋于缩小,③可以说,印花税的取消是证券交易发展的必然趋势,是抑制双重征税的有效手段。④ 相对于已经取消印花税的国家,我国在证券化领域中部分取消

---

① 党亚娥:《我国开展资产证券化的税务问题分析》,载《金融理论与实践》2007年9期;另参见,许多奇:《我国金融资产证券化的税收理念与税收制度》,载《法学评论》2007年第2期。

② 王斌:《对我国资产证券化中SPV税收制度的探讨》,载《涉外税务》2010年第8期。

③ [美]维克多·瑟仁伊著:《比较税法》,丁一译,北京大学出版社2006年版,第16页。

④ 王斌:《对我国资产证券化中SPV税收制度的探讨》,载《涉外税务》2010年第8期。

印花税当然不能用税收中性来评价。就证券化领域来看,《税收政策问题的通知》规定,对发起人、受托人在信贷资产证券化过程中,与证券化服务机构签订的应税合同,暂免征收发起人、受托人应缴纳的印花税,资金保管机构、证券登记托管机构以及其他中介服务机构仍需要缴纳相应的印花税。这种单方免征,只是充分体现了对 SPV 特殊性的关注,①并没有使资金保管机构、证券登记托管机构以及其他中介服务机构享受到税收中性所带给 SPV 的税收优惠。另外,就营业税来看,商业银行作为发起人出售贷款不征收营业税只是赋予发起银行的一种税收优惠,而其他的证券化服务机构如受托机构、贷款服务机构、资金保管机构等依然要对其服务报酬缴纳营业税。因此,证券化税收的优惠并不具有普遍意义,在证券领域中税收中性也没有得到一致的实现。

就我国的证券化税制中的单方税收免征来分析税收中性的话,可以说它所体现的税收中性是非常有限的,仅在证券化领域中也不具有普遍意义。而且,这与税收公平原则的要求明显不一致。税收公平原则被认为是税制设计的首要原则与当代税收的基本原则,②它要求税收必须普遍课征和平等课征。因此,仅在证券化领域,税收中性所带来的税负的减免也没有普遍惠及所有的证券化业者。因此,可以说,在确定资产证券化税制时未必确定采取了税收中性原则,只不过为了推动证券化的试点不得已进行了某些税种的免征,而这种在税收上的优惠恰恰在表面上符合了税收中性的判断。

本章小结

1. 资产证券化是一种结构金融,它涉及多个交易环节,每个交易环节上所产生的税负是证券化的重要成本,税负的有无与轻重实际上决定着证券化的成与败。资产证券化业者在交易模式的选择上会努力降低税负,立法对于证券化的认可也必须以税收上的减免为必然代价。

2. 美国的税收法制是世界上最复杂的。其复杂性主要是由于其立法程序、司法程序以及包括制定法、司法判决、行政法规、行政规则等多种税法渊源造成的。美国税法的复杂性同样体现在资产证券化领域,并且金融工具的税

---

① 刘燕:《我国资产证券化中 SPV 税收政策评析》,载《税务研究》2007 年第 4 期。
② 张守文:《税法原理》,北京大学出版社 1999 年版,第 32 页。

收规则开始变得日益复杂。① 证券化领域中的特殊目的信托有设立人信托、所有人信托、发行信托、REMIC 与 FASIT 等多种形式,信托的经济安排与其所发行的证券都会对其税收产生实质的影响。资产证券化作为一种重要的金融创新形式,其结构性安排与运行机理在很大程度上是税负最小化的结果。

3. 作为发展中国家与转型国家,我国税法相对简单,这在资产证券化领域中也有明显的表现。特殊目的载体只有信托一种形式,发行的证券也只有资产支持证券一种形式。为促进证券化的发展,在资产证券化税收方面规定了印花税、营业税与所得税的免征优惠政策,这些优惠政策是证券化得以成功实施的基础。证券化税收免征优惠的必要性使证券化税收政策在某种程度上体现出了税收中性的特征,但是这种税收中性的特征不仅在中国整个税收体系中,而且在资产证券化领域中也只能从相对意义上来理解。

4. 信托作为资产证券化的一种重要特殊目的载体,在不同国家具有不同的法律主体地位。在美国,特殊目的信托具有一定的法律主体地位,在中国,特殊目的信托没有任何的法律主体地位。特殊目的信托法律地位的有无在一定程度上关乎其作为纳税人的主体地位,但是这并不具有决定性意义。不管特殊目的信托是否具有法律主体地位,在中国、美国的税收实践中都不同程度的存在信托层面的税负。

---

① [美]维克多·瑟仁伊著:《比较税法》,丁一译,北京大学出版社 2006 年版,第 17~18 页。

The Legal Regulation of Special Purpose Trust

第六章
我国特定目的信托法律规制的完善

第一节 制度选择语境下的特定目的信托

我国的资产证券化试点选择了信托作为特殊目的载体的唯一形式,其中的主要原因有两个方面:一是信托本身所具有的法律特征,二是当时的法律环境。因此可以说,特定目的信托成为我国资产证券化唯一的特定目的载体是制度选择的产物。

一、特定目的信托降低交易成本的优势

资产证券化作为一种结构金融形式,主要是将缺乏流动性的债权资产转换为可以流通的金融工具以进行融资,在此过程中,涉及了多个交易环节,如贷款的打包出售、信用增级、资产支持证券的发行等,在每个交易环节都可能会产生相应的税费支出;除此之外,对贷款服务机构、资金保管机构、受托人等资产证券化服务机构提供的服务也要支付相应的报酬,所有这些都构成了资产证券化的成本。因此,在证券化过程中,应当尽可能地降低交易成本,以便于证券化得以顺利进行。

相对于公司、合伙等企业形式,信托的设立简易便捷。按我国《信托法》的规定,只要有合法目的、明确的信托财产以及采取了书面形式就可以设立信托。信托的设立无须字号,也不必登记;信托内部治理结构简单;成立后亦无年审、年检的要求;信托终止,信托财产有约定或法定的归属,无须清算。因此,将信托作为一种特殊目的载体用于资产证券化,可以充分利用信托在设立、存续、终止方面的法律规定,达到节约交易成本的目的。

二、特定目的信托保障破产隔离的功能

在资产证券化领域中,破产隔离主要是通过"真实销售"(true sale)的破产防护手段和特殊目的载体的构造手段来实现的。资产证券化实质上是围绕着破产隔离这一核心进行的交易设计,通过破产隔离而进行了风险与利益的重组。①

虽然信托本身并不是一个天然的破产隔离实体,但信托所具有的法律特征易于实现资产证券化所要求的破产隔离。虽然我国《信托法》没有确定信托财产所有权的归属,但是却规定了信托财产的独立性。信托财产独立于委托人、受托人与受益人的财产,信托财产亦独立于信托当事人的债权人。

当信托用作特殊目的载体时,资产转让环节也会保证"真实销售"的实现。而信托财产所具有的独立性则可以为资产证券化的破产隔离提供更多的一层法律保护。当发起人将基础资产转让给受托人时,信托财产就具有了独立于发起人、受托人与受益人及其债权人的法律属性。

有学者指出,把特定目的信托视为资产证券化一种当然的破产隔离方式,可能是我国当前对证券化的认识中一个最大的误区。② 当然,在存在破产法制的前提下,任何的破产隔离手段也只能从相对意义上去理解,而不能作一种绝对化的解释与建构。

三、特定目的信托是当时法律框架下的最佳选择

证券化特定目的载体通常采用公司、信托与合伙三种主要形式。我国在构建资产证券化制度框架时的法律环境决定了只能采用信托的形式。

我国的《公司法》只调整有限责任公司与股份有限公司两种公司形式。在2005年底公司法修改以前,设立有限责任公司需要的最低注册资本为10万元人民币,设立股份有限公司的最低注册资本为1000万元人民币,除此之外,公司设立时还有股东会、董事会与监事会等组织机构的要求。显然,公司法中的公司是一种动态的、积极的经营实体,它显然不能适合特定目的载体静态、

---

① 黄嵩、魏恩遒、刘勇:《资产证券化理论与案例》,中国发展出版社2007年版,第17页。

② 楼建波、刘燕:《信托型资产证券化中的破产隔离——真理还是幻象》,载《金融法苑》2005年总第70辑。

● The Legal Regulation of Special
  Purpose Trust

消极的交易实体的要求,注册资本与组织机构的要求都会无形中增加资产证券化的成本。

我国的《合伙企业法》在2006年修改以前只调整普通合伙企业,并不调整有限合伙企业。在美国的资产证券化实践中,作为特定目的载体的合伙多为有限合伙形式。另外,在2008年以前的合伙企业还是企业所得税的纳税人,从税收的角度来看,它并不能提供避免"双重征税"的机会。

第二节　当前我国特定目的信托法律规制存在的问题

一、信托法制不完备引发的特定目的信托法律规制缺陷

(一)信托财产所有权归属不明确

1. 信托财产所有权归属的学术争议

英美信托法中的受托人对信托财产享有普通法上的所有权,受益人对信托财产则享有衡平法上的所有权,存在于信托财产上的双重所有权是英美信托的一个重要法律特征和制度保障。然而英美信托法中的"双重所有权"却成了大陆法系移植信托制度时一个难以克服的理论难题。英国著名信托法专家大卫·海顿教授曾指出:在完全接受了罗马法系一元所有权概念的大陆法系国家,并不存在衡平法上的所有权概念,如果大陆法系国家要把英美法系的信托移植到大陆法的法律制度中,并且考虑在涉外信托案件中如何确定信托财产的单一所有权人时,就不得不面对如下的难题:是受托人、受益人、委托人还是拟人化的信托本身是信托财产的单一所有权人?①

就信托财产所有权归属的确定问题来看,它已成为引进信托法的大陆法系国家理论界一桩没有定论的公案。对于我国来说,产生理论争议的主要原因在于立法尽量在条文的言辞上回避有关信托财产所有权归属的直接意图。② 立法对信托财产所有权不直接确定归属,给学术研究留下了巨大的争

---

① [英]D.J.海顿著:《信托法》,周翼、王昊译,法律出版社2004年版,第14页。
② 盛学军:《中国信托立法缺陷及其对信托功能的消解》,载《现代法学》2003年第6期。

议空间。

在德、日、韩等国，对信托财产的归属基于物权说、债权说、物权债权并行说、财产机能区分说、法主体性说以及附解除条件的法律行为说等不同观点而有所不同。① 有观点认为，信托财产所有权由委托人享有，这是我国信托法的创造性规定，因为英美信托法与日本信托法中的相应规定均确认信托财产所有权由受托人享有；② 有研究指出，信托财产归属成了我国在信托法移植过程中最难解决的一个问题，信托财产归属不确定不利于对受益人、委托人以及他们的债权人的保护，应将信托财产的所有权赋予受益人；③ 有研究认为，为减少法律移植的难度，充分发挥信托制度的核心功能，我国应该在信托法中明确规定将信托财产的所有权赋予受托人；④ 有观点指出，鉴于在大陆法系制定信托法的多数国家与地区均确认信托财产所有权由受托人享有，且这一规定从立法的技术层面来看是值得肯定的，因此通过对大陆法系民法中的"所有权"概念的内涵作适当的修正，以使之能够适应或适用于由受托人享有的信托财产所有权，不仅非常必要，而且非进行不可。⑤ 除了在委托人、受托人与受益

---

① 物权说认为，信托财产的所有权应归属于以信托财产所有权人的身份享受信托利益的受益人，受托人受让信托财产只是为了信托人和受益人的利益而实施的一种代理行为，信托财产在实质上不归属于受托人；债权说认为，受托人对信托财产享有所有权，受益人对受托人享有债权，其有权要求受托人交付信托利益；物权债权并行说认为，受托人享有信托财产的所有权，有权对信托财产进行管理或处分，受益人对信托财产也享有包含撤销权和追及权在内的一定的物权性权利，受益人享有请求受托人支付信托利益的权利；财产权机能区分说认为，信托的实质在于对信托财产权的这种机能性区分，即受托人享有信托财产的管理权，管理和使用信托财产，受益人享有信托财产价值的支配权，可以支配由信托财产产生的实际利益；法主体性说强调信托财产的独立性，将信托财产本身视为独立的法主体，将受托人视为该主体的管理人；附解除条件法律行为说认为，信托财产的所有权是附解除条件地归属于受托人。在能够导致信托关系终止的各种事由之前，信托财产的所有权由受托人享有；在具备解除条件之后，信托财产的所有权复归于受益人。详见，李群星：《信托的法律性质与基本理念》，载《法学研究》2000年第3期。

② 张淳：《条款增补：我国信托法中的重要创造性规定的完善》，载《河北法学》2005年第12期。

③ 温世扬、冯兴俊：《论信托财产所有权——兼论我国相关立法的完善》，载《武汉大学学报》（哲学社会科学版）2005年第2期。

④ 于海涌：《论信托财产的所有权归属》，载《中山大学学报》（社会科学版）2010年第2期。

⑤ 张淳：《论由受托人享有的信托财产所有权》，载《江海学刊》2007年第5期。

人之间确定信托财产权的归属以外,还有其他观点,有学者认为,委托人、受托人、受益人均有所有权说;①类似观点认为,我国《信托法》中委托人、受托人和受益人的权利义务关系实质上是信托财产所有权权能的分割,是在借鉴英美信托财产所有权理论的基础上,对信托制度进行的诠释与创新;②与此相对,有学者认为,无论以信托制度理念还是以大陆法所有权理念来考察,委托人、受托人或受益人均无信托财产之所有权。③

2. 信托财产归属研究中存在的几个问题

(1)所有权在两大法系中的不同含义

所有权在英美法系中的含义与其在大陆法系中的含义相去甚远。"在英国法的专业性文献,即诸如法规和判例报告之类的官方文件中,'所有权'一词是不常用的。而且,在制定法中偶然使用的'所有人'一词已被赋予了若干不同的含义,有时甚至在不同的条款中对它的定义也是不同的。"④这显然与大陆法系以所有权为主体的物权与债权二元结构来构建财产权体系明显不同,在大陆法系中,只要是民法中的物,就会产生所有权问题。

在大陆法系中,根据"一物一权"原则,在"一物"上会产生一个所有权,并且通常这个所有权是在绝对意义上使用的。但是在英美法系中,"英国法中的绝对产权是相当少的,因此,当你在使用与产权有关的'所有权'一词而发现它纯粹是作为占有的对应词时,你大可不必惊讶。此时,其意义并不比产权包含更多的含义,或者至多它也不比产权强到哪里去"⑤。

因此,从法律术语对译的角度来看,在英语的词汇中根本找不到可以对应大陆法系中"所有权"的单词。

仔细考察英美法系受托人与受益人对信托财产拥有的双重所有权,会发现两项所有权存在着很大的不同。首先,双重所有权产生的法律基础是不同

---

① 郭玉萍:《信托财产的所有权归属》,载《湖南金融管理干部学院学报》2002年第5期。

② 胡光志、陈晴:《权能分割:论我国〈信托法〉之信托财产所有权》,载《郑州大学学报》(哲学社会科学版)2006年第6期。

③ 李勇:《信托财产所有权性质之再思考》,载《时代法学》2005年第5期。

④ [英]F.H.劳森、B.拉登著:《财产法》,施天涛等译,中国大百科全书出版社1999年版,第113页。

⑤ [英]F.H.劳森、B.拉登著:《财产法》,施天涛等译,中国大百科全书出版社1999年版,第114页。

的。受托人享有的所有权是基于普通法产生的;而受益人所享有的所有权是基于衡平法所产生的。其次,双重所有权的具体指向也是不同的。受托人享有的信托财产所有权,赋予了他对信托财产的管理、处分与占有的权能,他并不享有收益的资格;受益人所享有的衡平所有权只是赋予了他获取收益及对受托人一定的制衡权利。因此两个所有权所赖以产生的法律基础是不同的,虽然两个所有权都是基于信托财产而产生的,但是两个所有权的指向却并不重叠。不管是受托人还是受益人,他们所享有的信托财产所有权,并不完全等同于大陆法系上绝对意义上的所有权。有英国学者指出:"更准确地说,在严格的罗马法上的所有权意义上,二者都不对该财产拥有所有权,只不过各人对该财产享有不同的权益。相应地他们被分别称作为法律上的财产权和衡平法上的权益。"①

囿于大陆法系概念分析法学的传统与特征,学者习惯将财产置于所有权的分析范式中进行认知,在"一物一权"的原则下总要确定物的所有人。这与英美法系的传统也不尽相同,"至于物的利用,则很少会发生所有权的问题。基于物的所有权而派生出来的使用权和收益权是由诸多的分享的,因而,将所有权归诸任何人都是不合适的"②。

(2)信托财产所有权的含义

在法律观念中,所有权是指对于有体物的所有权,所有权的客体原则为有体物,如果所有权的客体包括如债权、专利权、商标权等无体物的话,那么不仅法律概念缺乏科学性,而且也会导致法律适用的错误。③ 而信托财产可以包括动产、不动产等有体物,也会包括债权、股权、商标权、专利权、著作权等权利,因此,在不作区分而使用"信托财产所有权"这一概念时,其客体包括有体物与无体物在内的广义上的财产,其外延与内涵比严格意义上作为民法物权的所有权要大得多。国内探讨信托财产所有权的文章大都没有区分有形财产与无形财产,而是在广义的财产所有权含义上使用的。

通过对信托财产权的客体的疏理,可以发现学界中所谓英美信托法中"双

---

① [英]F. H. 劳森、B. 拉登著:《财产法》,施天涛等译,中国大百科全书出版社1999年版,第100页。

② [英]F. H. 劳森、B. 拉登著:《财产法》,施天涛等译,中国大百科全书出版社1999年版,第114页。

③ 魏振瀛:《民法》,北京大学出版社、高等教育出版社2000年版,第226页。

重所有权"与大陆法系"一物一权"的绝对所有权观念的冲突并不完全成立。如果信托财产是动产或不动产等有形财产,英美信托法中受托人与受益人对信托财产的双重所有权的确与大陆法系的所有权观念存在对立;但如果信托财产是商标权、专利权、著作权等无形财产时,这种对立其实并不存在,无形财产不是民法上的物,也就不存在物权意义的所有权,只是广义上的财产权,而广义上的财产权由两个或两个以上的主体享有与大陆法系的"一物一权"所有权观念并不冲突。另外,以动产或不动产作为信托财产的情形多出现于民事信托中,而民事信托在中国几无发育,因为对信托制度进行移植的日、韩、中等大陆法传统国家,真正的兴趣似乎在于商事信托。① 结合民事信托在中国目前的发展现状来看,对有形财产作为信托财产的所有权归属研究的意义也仅限于理论层面。

即使说英美信托法中"双重所有权"与大陆法系中"一物一权"所有观念的冲突仅存在于理论研究领域,但是对于债权、商标权、专利权、著作权等无形财产作为信托财产时,权利人如何确定在法律上并不明确。

3. 特定目的信托财产所有权的归属

《信托法》不明确信托财产所有人的立法模式在我国的金融资产证券化的立法得到了延续。在《信托法》中委托人向受托人转移财产的行为采用了"委托给"的表述,《试点管理办法》把发起机构将信贷资产转移给受托机构这一行为以"信托给"的表述。从一般意义上理解,"委托给"并不会发生财产所有权的转移,而在证券化中又把信贷资产的转移以不会发生所有权转移的"信托给"来表述,显见立法对信托财产转移问题讳莫如深。这种刻意回避信贷资产所有权转移的做法在理论研究中着实给人留下了讨论与想象的足够空间,但在证券化实践中信贷资产所有权归属不明在我国大陆法系"一物一权"的传统下却并不可行,在证券化的实践中也不具有可操作性。

《试点管理办法》规定,信托财产是受托机构因承诺信托而取得的信贷资产,它独立于证券化服务机构的固有财产;在证券化服务机构因各种原因进行清算时,信托财产不属于其清算财产;证券化服务机构因特定目的信托财产而取得的财产和收益,应当计入信托财产。这些规定只是从几个方面确定了信托财产的独立性,但并没有说明信托财产权的归属。

---

① 施天涛、周勤:《商事信托:制度特性、功能实现与立法调整》,载《清华法学》2008年第2期。

从《试点管理办法》规定的证券化参与人的职责来分析,依然不能确定信托财产的所有人。按规定,受托人有管理信托财产的职责;在发起机构可以作为贷款服务机构的情况下,依照贷款服务合同的约定有权收取贷款本金和利息、管理贷款;资金保管机构依照资金保管合同安全保管信托财产资金。

然而,在原建设部发布的《关于个人住房抵押贷款证券化涉及的抵押权变更登记有关问题的试行通知》(以下简称《抵押权变更登记的试行通知》)规定,在我国的资产证券化实践中,作为信托财产的信贷资产的债权人在证券化的过程中要依法变更为受托人,受托人成为信托财产所有人。从该规定来看,在我国的资产证券化实践中,作为信托财产的信贷资产的债权人在证券化的过程中要依法变更为受托人,受托人成为作为信托财产的信贷资产的所有人。

4. 特定目的信托财产所有权确定引发的制度间不协调

虽然我国《信托法》与《试点管理办法》一直在回避信托财产的所有权归属,但是在证券化交易的实践中却需要确定信托财产的所有人,因此出现了由实践来解决理论问题的思路。尽管这种"实践倒逼"现象明确了特定目的信托财产的所有权人,学界不必在信托财产所有权归属上再费口舌,但是这一应急方案只是解决了证券化交易财产转移的需要,它并没有与整个特定目的信托的法律规制实现融合。

首先,受托人的信托财所有权与受益人受益权存在冲突。

在英美法系中,信托法将受托人视为信托财产普通法上的所有人,而将受益人视为衡平法上的所有人。受托人与受益人的具体权利是通过其对信托财产的所有权得到最终的逻辑解释的。但是大陆法系国家在引入信托制度时因为"一物一权"的传统所有权制度的制约,不接受英美法系的"双重所有权"制度,为了赋予受益人大体上相当于英美法系中受益人的权利,同时回避双重所有权,大陆法系国家引入了受益权的概念。① 然而,大陆法系的学者对受益权的性质却有着不同的认识,有人认为受益权是债权,有人认为受益权兼有物权与债权的性质,有人认为受益权是一种特殊的民事权利。②

比较来看,我国的资产证券持有人所享有的权利与英美法系国家中的受益人权利并无实质的区别,但是从理论上来看,在英美法中,受益人的具体权利是以其对信托财产的衡平所有权为基础的,是以其对信托财产的所有权得

---

① 汤淑梅:《信托受益权研究:理论与实践》,法律出版社2009年版,第36页。
② 陈向聪:《信托法律制度研究》,中国检察出版社2007年版,第254~255页。

到最终的逻辑解释的。在我国的信托型资产证券化中,受托人持有信托财产作为信托财产的所有人,资产支持证券持有人作为受益人享有受益权,两种权利表面看来并行不悖。然而,根据《试点管理办法》的规定,资产支持证券持有人享有分享信托收益权、剩余财产的分配权、证券转让权、表决权、查阅或者复制权、要求召开大会等权利;根据受益人所享有的权利实际上可以倒推出受益人实际上就是信托财产的所有人,但是事实上受益人不享有对信托财产的所有权,这与受托人作为信托财产所有人是存在冲突的。

其次,受托人作为信托财产所有人与相关规定的冲突。

受托人作为信托财产所有人,同时又是资产支持证券的发行人。《试点管理办法》规定,资产支持证券只是信托受益权相应份额的表彰,并不是发起人、受托人或任何其他服务机构的负债,证券持有人的追索权也仅限于信托财产,也就是证券持有人不能向作为信托财产的所有人主张相应的权利。这与受托人作为信托财产所有人的身份是存在冲突的。受托人是信托财产的所有人,以信托财产为基础发行资产支持证券,如果资产支持证券的权益不能实现,在信托财产不能成为法律责任主体的前提下,按一般法理,受托人作为财产所有人应当承担法律责任。如果受托人作为信托财产所有人不负偿还资产支持证券收益的义务,他还有什么必要作为信托财产的所有权人呢?

《监督管理办法》还规定,受托机构应当提示投资机构,受托机构向投资机构承担支付资产支持证券收益的义务是以信托财产为限的,受托机构对信贷资产证券化业务活动中可能产生的其他损失并不承担义务和责任。可以说该规定明确了受托人在证券化交易中享有的有限责任。受托人享有有限责任与其作为信托财产所有人的地位是相矛盾的。

再次,受托人作为信托财产所有人不利于受益人的权益保护。

如果出现了基础资产中借款人不清偿贷款,而受托人又怠于行使权利的情形,对投资者的救济就显得尤为不利。投资者尽管享有受益人的权利,但不是信托资产的所有人,他与基础贷款借款人之间不存在债权债务关系,他不能向借款人主张权利,贷款服务机构与基础贷款借款人之间也不存在债权债务关系,也不能向借款人主张权利,另外,投资者与贷款服务机构又不是受托人的债权人,也不可能行使合同法中的代位权。

综上所述,立法回避信托财产所有权的归属问题,而信托型的证券化则需要确定信托财产的所有人,当实践破解了立法留下的难题时,它却不能与其他的相关规定做到完全的协调,比较突出的一个问题就是受托人作为信托财产所有人与资产支持证券发行人的地位与其承担的有限责任并不相符。

(二)信托公示制度的不足

信托公示,亦称信托登记,是指通过一定方式与程序将特定财产上设立信托的事实向社会进行公示,以便交易第三方识别信托财产以保证交易安全。

从两大法系的经验来看,由于英美法系中存在归复信托与推定信托,信托法制并没有专门规定信托登记制度。在信托法中专门规定信托公示制度的多为大陆法国家,其实质是信托财产的登记。① 规定信托公示的原因,有文章指出,主要在于信托财产的独立性、有效设立的信托具有对抗第三人的效力以及受托人只负有限责任三个方面。② 然而,还有一个重要原因是在立法上为了求得与不动产转让交易"不登记不生效"制度的一致性。③

对于信托公示主要存在两种立法体例:一种是信托公示对抗主义,是日、韩以及我国台湾地区所采用的立法体例,它是指信托财产的权利关系发生纠纷时,如信托具备公示要件,则信托关系人对于第三人可以主张信托关系存在,否则,不得对第三人主张信托关系存在;④另一种是信托公示生效主义,目前只有我国大陆采用该种立法体例,它是以某些特殊类型的财产的信托登记作为信托生效的要件。与信托公示对抗主义仅影响信托与第三人的关系不同,信托公示生效主义则既影响信托与第三人的外部关系,也影响信托内部当事人之间的关系。也就是说,如果信托财产没有进行登记,对外则不能向第三人主张信托财产的独立性与受托人的有限责任;对内来说,委托人、受托人和受益人之间没有建立法律承认的信托关系。

1. 我国信托公示生效主义的弊端

我国《信托法》第 10 条确定了信托公示生效制度,也就是在设立信托时,如果法律法规规定应当进行登记的信托财产没有办理登记手续,那么信托则不产生效力。

立法之所以采取信托公示生效主义,本意是通过办理信托登记,确保交易安全,监督和促进受托人履行职责,但是它所具有的负面作用已为学界所共识。

---

① 何宝玉:《信托法原理研究》,中国政法大学出版社 2005 年版,第 83 页。
② 吕红:《论我国信托公示制度的完善》,载《社会科学》2004 年第 2 期。
③ 何宝玉:《信托法原理研究》,中国政法大学出版社 2005 年版,第 106 页。
④ 赖源河、王志诚:《现代信托法》,中国政法大学出版社 2002 年版,第 76 页。

首先,从登记生效的效果来看,它不仅不能对交易第三方提供法律保障,而且也不利于对受托人与受益人的利益保障。① 在这种立法体例下,只要应当登记的信托没有登记,信托就处于未生效状态,委托人随时可以以信托未生效为由撤销信托,取回信托财产,因此说,对内不利于受益人利益保障,对外不利于对交易第三人的保护。

其次,登记生效制度以强烈的公权挫败私人设立信托的意图,②已经明显地违背了"私法自治"这一民法基本原则。信托的设立是一种典型的民事法律行为,仅以信托财产登记可能会影响到交易安全为由而否定不会对交易安全产生影响的信托法律关系,则尽显立法无事生非之粗暴与武断。

2. 我国信托公示制度未建立

信托公示实质就是信托财产登记,即使在二重性公示方法③上理解信托公示,也是指在一般财产权的变动等的公示方法之外,再通过信托公示加重其公示的表征而已。信托公示制度包括信托财产登记的范围、登记的主体、登记的形式、登记的主要事项等内容。

虽然我国《信托法》采取了信托公示生效的规定,但相应的信托公示制度至今亦未曾建立。一方面规定了严格的公示生效制度,另一方面又不进行相应的配套制度建设,凸显了我国信托立法中的随意性。④

---

① 邹颐湘:《从中日信托法立法差异的比较看我国信托法的不足》,载《江西社会科学》2003 年第 3 期。

② 何宝玉:《信托法原理研究》,中国政法大学出版社 2005 年版,第 107 页。

③ 二重性公示方法系指于一般财产权的变动等的一般公示之外,再规定一套足以表明其为信托的特别公示,参见赖源河、王志诚:《现代信托法》,中国政法大学出版社 2002 年版,第 71 页。

④ 我国信托立法过程中"临阵换将"式的随意并不鲜见,例如,在 2000 年 4 月全国人大财经委提出的修改建议稿及其之前的立法草案对信托的定义是:"委托人基于对受托人的信任,将其财产权转移给受托人,由受托人按委托人的意愿以自己的名义,为受益人的利益或者特定目的,进行管理或者处分的行为。"而在最后通过的正式法律文本中却将"财产权转移给"替换为"财产权委托给"的表述。(参见盛学军:《中国信托立法缺陷及其对信托功能的消解》,载《现代法学》2003 年第 6 期。)又例如,《信托法》在 2000 年 4 月稿草案中曾经采行对抗主义,第 18 条规定:"委托人以法律规定应登记的财产进行信托的,应向有关登记机关办理信托登记。未登记的,信托不得对抗第三人。"(参见朱少平、葛毅:《中国信托法起草资料汇编》,中国检察出版社 2002 年版,第 206 页。)但后来正式颁布的《信托法》文本则又改采公示生效主义了。

3. 信托公示制度对特定目的信托的影响

(1)特定目的信托的效力问题

在我国的信贷资产证券化过程中,有很大一部分信托财产是居民住房抵押贷款,按照《担保法》的规定,房屋抵押应当办理登记,如果严格按照《信托法》第 10 条的规定来判断特定目的信托效力的话,因为没有办理抵押财产登记是处于无效状态的;而这种无效是因为立法没有提供配套的信托公示制度从而导致证券化业者无法办理登记形成的。可见立法过程中的随意把实践中的所有矛盾都集中到了立法身上。

虽然信托实践不会因为信托登记制度的不完善而停滞不前,[①]但是,在信托立法确定的信托公示生效主义与没有配套制度所形成的陷阱中,资产证券化实践中的特定目的信托只有在健全的信托法制才能走出"设立无效"的法律判断。

(2)信托财产的独立性问题

信托财产的独立性是指,信托一旦有效设立,信托财产就独立于委托人、受托人以及受益人的自有财产,同时亦独立于委托人、受托人与受益人的债权人。信托财产的独立性在资产证券化中居于非常重要的地位,它是构造破产隔离以达到风险隔离的关键环节。

信托财产的独立性不是通过公示制度确立的,但是它却通过公示制度得到了进一步的彰显。大陆法系国家之所以建立信托公示制度的主要原因在于信托财产具有很强的独立性,通过公示制度来保护交易安全。然而,信托公示制度的确立无疑也加强了信托财产的独立性,这对没有信托传统的大陆法系国家来说,意义尤为重大。

前文已指出,《试点管理办法》通过三个方面确定了信托财产的独立性,虽然信托财产的独立性不是通过信托公示确立的,但是没有公示制度其独立性却没有得到全面的彰显。

二、资产证券化过程中特定目的信托法律规制存在的缺陷

(一)没有建立以资产信用为中心的规制体系

在资产证券化过程中,企业在一定程度上对自身进行解构,把某些高度流

---

① 吕红:《论我国信托公示制度的完善》,载《社会科学》2004 年第 2 期。

动性资产与通常伴随企业共生的风险分离开,①然后以该资产为信用基础在资本市场上融资。② 可以说,资产证券化是一种以资产信用为基础的融资方式。③ 因此,相应的法律规制也应当以资产信用为中心进行设计,而不是沿用传统融资方式中以企业整体信用为中心的规制思路。

然而,反观我国目前的资产证券化法律文件,它并没有建立以资产信用为基础的规制体系。在《监督管理办法》中,规定作为发起人的金融机构应当具有良好的社会信誉、经营业绩、公司治理、风险管理体系和内部控制机制。证券化这一创新的融资方式不同于传统的股票、债券融资方式就在于,融资的基础不再是企业的整体信用,而是证券化资产的信用。可以说,在资产证券化中,企业整体信用良好但企业的非优质资产未必能进行证券化,而企业整体信用不佳但企业的优质资产一样可以实现证券化。

对于发起人整体信用的强调,一方面,会误导投资人过分关注于发起人的整体信用,会把发起人的整体信用作为资产支持证券的担保,这显然不符合证券化的交易构造;另一方面,会导致对基础资产监管的淡化,证券化中发起人基础资产是监管的核心,对发起人整体信用的强调会在一定程度上掩盖基础资产的品质不良。

(二)对信托机制的背离

《试点管理办法》把证券化界定为结构性融资活动,在这一过程中,首先由发起人把信贷资产信托给受托人,然后由受托人向投资人发行以资产支持证券为表现形式的受益证券,并以受让的信贷资产所产生的现金流支付资产支持证券的收益。在该定义中,使用了"信托"一词来描述发起人向受托人转移资产的行为。而在财政部发布的《信贷资产证券化试点会计处理规定》(以下简称《会计处理规定》)中规定,发起机构是通过设立特定目的信托转让信贷资产的金融机构。中国银监会 2008 年 2 月发布的《关于进一步加强信贷资产证券化业务管理工作的通知》(以下简称《通知》)要求,发起行要切实落实证券化资产的"出表"要求,做到真实出售,降低银行信贷风险。另外,在一些证券化

---

① Steven L. Schwarcz, The Universal Language of International Securitization, 12 *Duke J. Comp. & Int'l L.* 285, spring, 2002, p. 285.

② 斯蒂文·L. 西瓦兹著:《结构金融——资产证券化原理指南》,李传全等译,清华大学出版社 2003 年版,第 1 页。

③ 于凤坤:《资产证券化:理论与实务》,北京大学出版社 2002 年版,第 5 页。

实践中,发起人转让信贷资产时要求获得资产的转让对价。

《会计处理规定》与《通知》作为《试点管理办法》的下位规范性文件,分别使用了"转让"、"销售"来对应证券化定义中的"信托",再加上实践中的具体做法,令人感觉信托就是一种财产的转让或销售。虽然特定目的信托属于商事信托的范畴,委托人转移财产设立信托不再像传统信托一样,是无偿转移财产,而是以收取对价的方式来转移财产,商事信托已从传统信托的无偿设立走向了有偿设立;①但是,商事信托的有偿性特征也应当在传统信托的运行机制中得以实现。

在美国信托型资产证券化过程中,一种情形是采用自益信托的交易结构,发起人设立特定目的信托后即向信托转让证券化资产,由特定目的信托向发起人发行信托受益证券,发起人再向投资者转让受益证券;另一种情形是由贷款人向特定目的信托转让信贷资产,由特定目的信托以被转让资产为基础发行证券,证券发行完毕后,特定目的信托把发行收入交给信贷资产的转让人。可以说,商事信托的有偿性是在传统信托运行机制下得以实现的。

可见,在资产证券化的基本法律文件《试点管理办法》中缺少对特定目的信托运行机制的合理构建,导致了实践中对正常信托机制的背离。

(三)特定目的信托作为会计主体的困境

会计主体指的是会计核算反映和控制的空间范围,或会计为之服务的特定单位。② 我国的《会计法》规定,被统称为单位的国家机关、社会团体、公司、企业、事业单位和其他组织必须依照会计法办理会计事务。主体假设在会计学当中是财务会计基本假设的基础,财务报告的内容与边界实际上就是会计主体财务会计应处理的交易、事项的空间范围。主体假设表明,企业是财务会计与报告的边界,它直接提供了特定企业的微观经济信息。③

《会计处理规定》规定,特定目的信托以持续经营为前提,应当作为独立的会计主体,对资产证券化信贷资产进行独立核算。在经营过程中,特定目的信托应当单独记账、单独核算、单独编制财务会计报告;特定目的信托的会计要素包括信托资产、信托负债、信托权益、信托项目收入、信托项目费用、信托项目利润等项目。

---

① 于朝印:《论商业信托法律主体地位的确定》,载《现代法学》2011年第5期。
② 赵保卿:《企业会计制度解读》,中华工商联出版社2001年版,第10页。
③ 葛家澍:《关于财务会计基本假设的重新思考》,载《会计研究》2002年第1期。

然而,特定目的信托应当作为独立的会计主体的规定与特定目的信托在我国证券实践中没有法律主体地位的现状并不相符。按照我国资产证券化特定目的信托的实际运行来分析,特定目的信托根本不是一种法律存在,只是作为一种交易架构存在着,不存在以其名义进行的任何经济活动。

首先,证券化的真实销售交易结构是建立在发起人与受托人之间的交易关系基础上的,发起人向特定目的信托转让基础资产实质上是转让给了受托人;其次,特定目的信托并不能以其名义持有信托财产,根据原建设部发布的《抵押权变更登记的试行通知》的规定,在我国的资产证券化实践中,发起人把信贷资产转让给受托人后,权利人要依法变更为受托人,受托人成为信贷资产的债权人;再次,资产支持证券的发行人也不是特定目的信托而是受托人;复次,信托财产虽然具有独立性,但特定目的信托在法律上根本不能对信托财产主张任何权利。从这个角度来看,特定目的信托作为会计主体的规定与其在资产证券化中的实际存在并不相符。

另外,按照《监督管理办法》的规定,受托机构应当将信托财产单独记账、单独管理,以区别于其固有财产、其他信托财产。从而可以看出,该办法要求受托机构承担特定目的信托作为会计主体的职责。

综上所述,由于特定目的信托法律主体地位的缺失,它不可能作为真正的交易主体,也不可能成为信托财产所有权人。因此,把它规定为一个会计实体与其在证券化实践中的经济活动并不相符。

(四)特定目的信托作为纳税主体

按《税收政策问题的通知》进行解读,如果受托人把当年取得信托项目收益向资产支持证券持有人进行了分配,在信托环节就不必缴纳企业所得税;如果受托人未把当年取得信托项目收益向资产支持证券持有人进行分配,则由受托机构按企业所得税的政策规定申报缴纳企业所得税。

结合《会计处理规定》的规定分析,特定目的信托在会计上是作为独立的会计主体的,一般情况下,独立的会计主体应当是独立的纳税主体,这为特定目的信托作为纳税主体作了合理的铺垫。然而特定目的信托只是理论上存在的一个交易结构,并不是真正的会计主体与纳税主体。按《税收政策问题的通知》规定,在当年取得的收益中,对于未向投资者分配的部分,由受托机构在信托环节上按企业所得税的政策规定申报缴纳企业所得税,特定目的信托在理论上依然有承担纳税义务的可能性,这与特定目的信托在我国证券化实践中不是一种法律存在是相矛盾的,既然不是一个法律主体,如何成为一个会计主体与纳税主体?

在特定目的信托财产承担实际税负时,却规定受托机构申报缴纳企业所得税,则说明了特定目的信托税制中,特定目的信托法律主体地位缺失所造成的纳税人与税负实际承担之间的制度错配。

虽然特定目的信托在我国的资产证券化实践中基本上是作为一种交易架构存在的,不具有任何法律主体地位,却作为会计主体和特定情形下的税收主体存在于证券化的实践中,在不具备税法主体地位的情形下依然可能承担证券化的税负。这也说明了证券化的规范文件制定过程中存在着诸多的缺漏,没有建立在一个统一自洽的逻辑体系基础之上,《会计处理规定》与《税收政策问题的通知》两个规范性文件的制定并没有完全结合特定目的信托的实际情况。

(五)资产支持证券发行规制没有契合证券化的特征

证券化是一种结构金融形式,包括了多个交易环节,并且每个环节的主体亦不尽相同,因此与传统的信息披露有着明显的不同。但是目前整体的信息披露框架却依然延续了传统商业信用融资下的格局,未能有效地契合资产证券化的结构融资特色。①

首先,信息披露制度没有契合证券化的特征。特定目的信托受托机构有发行资产支持证券与持续披露信托财产和资产支持证券信息两项职责,然而这两项职责的履行基本上依靠其他机构。在发行资产支持证券时发行的《发行说明书》与《受托机构报告》中的信息披露基本来源于发起人、贷款服务机构和资金保管机构,在信息披露方面,它类似于一个新闻发言人,它所披露的信息都是其他机构提供的。

在这样的一种信息披露运行机制中,在其他机构把信息传递给受托机构进行发布之前,受托机构是否有义务对其他机构报送的信息进行实质审查,如不进行实质审查,可能会把不实的信息进行披露;若进行实质审查,受托机构是否具备这样的能力与精力让人生疑。再有一种可能是其他机构报送给受托机构的信息是真实的,受托机构可能因为某种原因而进行了改动,这样也会导致不实的信息披露。

其中至为关键的问题是在信息披露中若出现误导或者欺瞒等情形,谁应

---

① 洪艳蓉:《信贷资产证券化投资者保护机制探讨》,载《证券市场导报》2007年第6期。

The Legal Regulation of Special Purpose Trust

当对投资者承担责任？是受托机构还是提供信息的发起人、贷款服务机构和资金保管机构，还是他们承担连带责任？如果信息披露中出现误导或者欺瞒等情形而引发诉讼，却不能从专门的证券化规范中找到依据，而是依赖于他法或法理，这不能不说是资产证券化在信息披露制度中的一个重大缺漏。

其次，信息披露制度没有建立与之相应的法律责任制度。资产证券化适用的《信贷资产证券化试点管理办法》、《资产支持证券信息披露规则》中，对于披露者违反信息披露义务的情况均没有明确的罚则，使得信息披露缺乏有力的监管。

第三节　特定目的信托法律规制的完善

对于我国特定目的信托法律规制的完善，单纯地从特定目的信托自身这个角度去研究是不全面的，还应当考虑到运用特定目的信托的资产证券化所具有的金融混业的行业特征与结构性金融的交易特征。

一、健全金融混业经营背景下的金融监管

金融分业经营与金融混业经营是两种不同的金融经营体制。金融分业经营就是商业银行、商业保险和证券业的业务严格分开，禁止彼此的资金相互融通。金融分业经营是通过在货币市场与资本市场中间建一堵风险隔离的"防火墙"，以防止银行资金流入高风险的证券市场，确保银行业的安全与稳定，从而实现稳定一国金融的目的。[①] 混业经营是指一家金融机构可以同时经营商业银行、投资银行、证券、保险等金融业务的金融经营体制。金融混业经营的载体通常有全能银行、银行子公司和金融控股公司三种形式。

（一）金融创新与金融混业经营

经济学家约瑟夫·阿罗斯·熊彼特在其发表的《经济发展理论》一书中阐述了他的创新理论。所谓创新，就是建立一种新的函数，即企业家对生产要素和生产条件实行一种新的组合。熊彼特的创新理论有极强的解释力，后来学者对金融创新的界定都没有比他的理论走得更远，换句话说，后来的金融创新

---

① 何孝星：《金融混业经营的条件与必然性分析及对我国的启示》，载《经济学动态》2002年第4期。

定义都可以涵摄到熊彼特的创新理论中。1986年西方十国集团中央银行编写的《近年来国际银行业的创新》(Recent Innovation in International Banking)①研究报告中指出，金融创新从广义的角度来看，包括两种情况，一种是金融工具的创新，另一种是金融创新的三大趋势。金融创新的三大趋势是指金融领域的证券化趋势、资产表外业务与日俱增的趋势、金融市场日益全球一体化的趋势。在国内学者的论述中，一般也是从狭义和广义两个方面来理解金融创新，狭义的金融创新仅指金融工具的创新，广义的金融创新除了金融工具创新以外，还包括金融机构、金融市场、金融制度等方面的创新。

金融创新也是导致金融混业经营的一个重要原因。1929年世界经济危机后，美国在1933年制定了《格拉斯——斯蒂格尔法》，确立了商业银行与投资银行分业经营的格局，日、英及加拿大、瑞典等国采用了金融分业经营的模式；以法、德、意等为代表的国家依然采用"全能银行制度"的金融混业模式。20世纪70年代中后期开始，各国纷纷放松了金融管制，进行金融自由化改革。以1997年英国《金融改革法》和1999年美国《金融服务现代化法案》为标志，原来采用金融分业经营的美、英、日等国再次向金融混业经营模式回归。在这次回归中金融创新起到了重要的推动作用。

在当前我国银行、保险、证券分业经营的大背景下，我国金融的混业经营格局已经初现端倪：不仅有中信集团、光大集团等金融混业经营特例，而且在2005年，中国人民银行、证监会及银监会联合公布了《商业银行设立基金管理公司试点管理办法》，允许商业银行直接出资设立基金管理公司，更具广泛意义。②

我国的资产证券化这一金融创新实际上已打破了金融分业经营模式。以2005年第一期开元信贷资产支持证券发行为例。首先，国家开发银行不仅是发起人，同时还是基础资产的贷款服务机构与资产支持证券的发行安排人。作为发行安排人，有义务协助发行人取得本期证券的发行审批；协助发行人组建承销团；协助发行人完成本期证券的发行工作。虽然资产支持证券的发行人是中诚信托，但是，国家开发银行作为发行安排人已经实质地参与了资产支

---

① Recent Innovations in International Banking，http://www.bis.org/publ/ecsc01.htm，visited on 2009-12-23.

② 廖凡：《我国金融混业监管的模式选择与协调机制》，载《证券市场导报》2006年第11期。

持证券的发行。其次,资产支持证券的承销商包括数量众多的商业银行、农村信用社与农村合作银行,这也表明了银行已经参与到了证券承销业务中来。再次,资产支持证券在全国银行间债券市场发行交易,投资者是包括银行等金融机构在内的机构投资者,银行也已经参与到了资产支持证券的投资活动中。虽然发起银行并没有以全能银行、银行子公司和金融控股公司等金融混业的载体形式出现,但是可以说,在资产证券化中的银行也在从事证券业务,在资产证券化中金融分业模式下的银证分离已被打破。

对于作为受托人的信托公司,在目前中国也可以算得上是金融混业经营的载体。根据《关于信托投资公司开设信托专用证券账户和信托专用资金账户有关问题的通知》的规定,信托投资公司可以使用单独开设的信托专用证券账户和信托专用资金账户而运用信托资金进行证券投资。根据《信托投资公司管理办法》的规定,信托公司可以开展集合资金信托业务,即信托投资公司根据委托人的意愿,将两个以上(含两个)委托人交付的资金集中管理、运用和处分的资金信托业务。根据《试点管理办法》的规定,信托公司作为受托人有权发行资产支持证券和管理信托财产。综合来看,信托公司其实具备了融资、投资与发行证券的功能,应当属于典型的金融混业载体。

另外,从"功能观点"(functional perspective)来分析,实现金融基本功能的载体包括金融机构、金融市场和金融产品。从宏观的角度来看,金融业的行业划分是相对和动态的;从微观的角度来分析,金融机构的形式、金融产品的类别和界限是可变的,并非一成不变。

资产证券化同时具有了金融混业经营与金融创新两个方面的特征,因此金融安全与金融效率就成为我国信托型的资产证券化的监管中两个重要的命题。

在金融创新、金融自由化和全球化的背景下,金融机构间、地区与国家间的竞争日渐激烈,金融监管如果有碍于金融效率的提高,那么它就不符合金融业的发展趋势,但是时常发生的金融危机也表明金融安全也是不可忽视的重要问题。为平衡金融安全与金融效率的关系,各国在金融监管的方式及体制方面都进行了不同形式的改革和创新,以适应金融业发展的需要。与此同时,金融监管理论与学说也取得了很大的进展,适应了新形势下金融监管的理论需要,促进了监管理念与模式的转变,主要的金融监管理论有功能监管理论、监管激励理论、监管成本与监管收益理论、银行业稳健三支柱理论等。

(二)我国信托型资产证券化的法律监管

国际上金融混业监管主要有两种模式:即英国的单一监管模式和美国的多头功能性监管(functional regulation)模式。结合我国目前资产证券化的监管实践来看,它在一定程度上表现出了功能性监管的特点。

按《试点管理办法》的规定,有关金融机构实施的信贷资产证券化业务活动由中国银监会依法监督管理;在全国银行间债券市场上,资产支持证券的发行与交易活动的监督管理机关则是中国人民银行。

1. 银监会对资产证券化业务活动的监管

(1)市场准入管理

首先,《监督管理办法》具体规定了发起机构与受托机构应当具备的条件;其次,金融机构作为发起机构或者作为特定目的信托的受托机构从事信贷资产证券化业务活动的,在符合条件的前提下还要取得银监会的批准。

(2)业务规则与风险管理

《监督管理办法》具体规定了在信贷资产证券化过程中,各参与金融机构应当遵循的业务活动与风险管理规则。

(3)资本要求

从事信贷资产证券化业务的商业银行的资本充足率主要是结合证券化风险暴露来进行计算的。证券化风险暴露是商业银行因从事信贷资产证券化业务而形成的一种风险暴露,对于风险的衡量应依据交易的"经济实质",而不仅仅是"法律形式",从而准确判断资产证券化是否实现了风险的有效转移。如果商业银行因证券发起、信用增级、投资以及贷款服务等形成的证券化风险暴露都要计提资本。

(4)监督管理

金融机构作为受监管方,在证券化活动中应履行以下义务:第一,报送义务,参与信贷资产证券化业务活动的各金融机构应当向监管部门报送规定的财务会计报表、统计报表和其他报告;第二,报告义务,在信贷资产证券化业务中如果出现了重大风险和损失,有关金融机构应当及时向银监会报告;第三,披露义务,金融机构应当披露其从事信贷资产证券化业务活动的有关信息;第四,整改义务,金融机构违反审慎经营规则从事信贷资产证券化业务活动,或者未按照规定计提资本的,应当根据银监会提出的建议进行整改。

银监会作为监管机构,在证券化活动中享有下列权力:第一,检查权,银监会应当定期对金融机构信贷资产证券化业务的合规性和风险状况进行现场检查。第二，撤销权，银监会有权在特定目的信托受托机构出现特定情形下取消其担任特定目的信托受托机构的资格。

2. 中国人民银行对资产支持证券发行与交易活动的监管

(1)受托人发行资产支持证券应当向人民银行提交申请报告、信托合同、贷款服务合同和资金保管合同、发行说明书草案等十项法律文件。

(2)对于分期发行的资产支持，受托人应在每期证券发行的前5日内，将最终的发行说明书、评级报告等相关法律文件报人民银行备案。

(3)受托人应当在资产支持证券到发行结束后10日内，向人民银行和银监会报告资产支持证券的发行情况。

(4)按《全国银行间债券市场债券交易管理办法》的有关规定办理资产支持证券的登记、托管、交易、结算等事项。

(5)中国人民银行制定了《资产支持证券信息披露规则》，对特定目的信托受托机构、发起机构、贷款服务机构、资金保管机构等机构的信息披露进行具体的规范。

3. 我国资产证券化法律监管的特点

(1)从机构监管向功能监管的转变

机构性监管是按照不同的金融机构划分监管对象的监管方式。机构性监管虽然有它自身的优势，但是这种监管方式是与金融分业经营相适应的。在金融混业经营的背景下，随着金融创新以及全球化趋势的不断深入，金融机构的业务越来越多元化，金融机构之间的界限也日益模糊，机构性监管模式已不能适应金融发展的需要了。

功能性监管是按照业务种类来划分监管对象的监管模式。功能性监管关注的重点不再是金融机构，而是金融机构的业务活动及其所发挥的基本功能。功能性监管可以实施跨产品、跨机构、跨市场的协调，有利于克服多个监管机构所造成的重复和交叉管理。

对应于金融分业经营的现实，我国的金融监管实质上是一种机构监管。银行与信托机构传统的金融业务是由银监会来监管的。在资产证券化过程中，银行、信托公司扩大了业务范围。对于银行和信托机构来说，其参与的资产支持证券的发行、承销、投资和信息披露等活动已不在原来银监会的监管范围之内了，对于银行和信托机构在证券化过程中拓展的业务就由主管全国银行间债券市场的中国人民银行来监管。因此，由证券化所带来的银行与信托机构的金融混业也就相应地促成了原来金融分业经营下机构监管向功能监管的转变。

(2)从合规性监管到风险为本的监管转变

合规性监管就是通过行政手段,对银行执行相关法律法规等情况进行监管,以规范其经营行为,维护银行业的秩序。[①] 从合规性监管的实践来看,合规性监管本身所蕴含的道德风险,导致金融机构效率下降以及不能与金融创新保持同步等不足已经不符合金融创新背景下的金融监管需要。

风险为本的监管是 20 世纪 90 年代后期发展起来的,它是以识别与计量风险为基础的新型监管方式。该监管可分为内部监管与外部监管。内部监管主要是通过严密的组织结构体系、完善的会计控制手段以及有效的内部稽核检查制度等制度设计来实现的,以期调动金融机构在风险防范方面自主参与的积极性。外部监管则是指监管机构通过建立完善的监管法律体系,建立完善的银行评级制度、信息披露制度以及现场检查、非现场监管制度,以规范金融机构的经营行为。总的来说,以风险为本的监管是以风险为核心来设计的监管制度:第一,注重风险的识别、预警和控制;第二,通过对银行的风险识别、衡量、监测和控制能力和水平的考核,提升银行内部的风险控制能力和管理能力。

除了在《监督管理办法》中对证券化风险暴露的有关规定外,结合发生的金融危机背景,银监会还发布了《关于进一步加强信贷资产证券化业务管理工作的通知》,进一步强化了风险监管的规范。[②] 可见在资产证券化过程中,由于证券化结构性金融的混业经营特征所决定的多个交易环节以及数量众多的证券化业务的参与者,对其监管的重点已从传统的合规监管向风险监管转变。

二、构建结构金融背景下的系统监管

(一)结构金融的含义

对于结构金融来说,并没有一个统一的定义,学者与实务界是从不同的角度来理解或界定它的。有定义认为,结构金融就是把既存的产品与技术设计

---

① 刘鹏飞:《从"合规性监管"到"风险性监管"看我国银行业监管的转变》,载《统计与决策》2005 年第 10 期。

② 具体包括八项内容:强调资产质量;确保"真实出售",控制信贷风险;强调"经济实质",严格资本计提;加强风险管理和内部控制,防范操作风险;科学合理制定贷款服务考核机制,防范道德风险;规范债权转移相关工作,防范法律风险;严格信息披露,保护投资者利益;加强投资者教育工作。

成合适的产品或过程的一种灵活的金融工程工具。另有研究认为,结构金融体现为资产的现金流被设计成旨在分离其破产风险并赋予其相对于其原初状态更高可预测性的法律与金融结构的一种过程。①

一般意义上的资产证券化,如资产池可以为信用卡应收账款、现金卡应收账款、租赁租金、汽车贷款债权的传统资产证券化(Assets Backed Securitization,ABS)、住宅抵押贷款证券化(Residential Mortgage-Backed Securitization,RMBS)、商用不动产抵押贷款证券化(Commercial Mortgage-Backed Securitization,CMBS)担保债务凭证(Collateralized Debt Obligation,CDO)[CDO包括担保贷款凭证(Collateralised Loan Obligation,CLO)与担保债券凭证(Collateralised Bond Obligation,CBO),前者指的是信贷资产的证券化,后者指的是市场流通债券的再证券化],这些金融产品属于结构金融是存在共识的。② 但是证券化与结构金融并不是同一个概念,证券化具有结构金融的特征,而结构金融的很大一部分也涉及了证券化,但是结构金融还包括衍生工具市场与衍生证券,有研究指出,证券化以及SPV实体的运用是结构金融的子集,尽管是很大的一个子集。③

(二)结构金融中的证券化当事人

以吉利美(Ginnie Mae)的转递证券化为例。抵押贷款的贷款人如Wells Fargo向房屋的购买人作出进行抵押贷款融资(或再融资)的承诺。Wells Fargo随后要获取吉利美的担保。一旦房屋购买人确定并且贷款产生,Wells Fargo就把贷款置入类似贷款池并把贷款池转让给证券交易商。证券交易商再出售由吉利美向投资者作出担保的MBS,吉利美向投资者担保证券利息与本金的按时支付。之后证券的销售向吉利美报告,Wells Fargo继续作为抵押贷款的服务商,按月向借款人收取本金与利息,然后把所收款项提交给吉利美,吉利美再把资金转递给投资人。④

---

① Frnak J. Fabozzi,Henry A. Davis,Moorad Choudhry,*Introduction to Structured Finance*,John Wiley & Sons.,Inc.,Hoboken,New Jersey,2006,pp.1~5.

② Frnak J. Fabozzi,Henry A. Davis,Moorad Choudhry,*Introduction to Structured Finance*,John Wiley & Sons.,Inc.,Hoboken,New Jersey,2006,p.6.

③ Frnak J. Fabozzi,Henry A. Davis,Moorad Choudhry,*Introduction to Structured Finance*,John Wiley & Sons.,Inc.,Hoboken,New Jersey,2006,p.22.

④ Andrew Davidson et al.,*Securitization:Structuring and Investment Analysis*,John Wiley & Sons,Inc.,Hoboken,New Jersey,2003,p.80.

相比之下，虽然我国的抵押贷款的证券化没有像上例一样复杂，但是就证券化交易的当事人来说，数量却不少于上例，具体包括贷款的借款人、贷款人、由贷款人作为证券化发起人和证券化资产管理人、受托人、信用评级机构、资金保管人与投资人等诸多角色。

(三) 结构金融中的利益冲突[①]

信贷资产证券化是一个涉及许多不同参与人的复杂程序。在不同的参与人之间存在着一些重要的矛盾（friction），或者利益冲突。

第一个矛盾存在于借款人与发起人之间。借款人在金融方面的知识不足，如不清楚所有对他有效的金融选择，或不能在不同的金融选择中作出最有利于自己的明智选择。这一矛盾就导致了掠夺性贷款的可能性。防范掠夺性贷款的主要措施就是通过联邦、州或地方法律禁止某些借贷行为。

第二个矛盾存在于借款人与安排人之间。贷款池通常是由作为安排人或发行人的机构从发起人处购买的。在安排人与发起人之间就可能存在着信息不对称问题，特别是发起人在借款人质量方面有相对于安排人的信息优势。如果没有适当的防范，发起人在贷款申请时就有动机与借款人、串通进行重要误述。根据具体情形，可以是掠夺性贷款（贷款人说服借款人多借）或掠夺性借款（借款人说服贷款人多贷）。有几种措施来防范抵押贷款欺诈，如安排人的适当谨慎，以及发起人通常对借款人或承销程序作出的一些说明与担保（representation and warranties, R&w）。

第三个矛盾存在于安排人与第三方之间。就贷款的质量方面，在安排人与第三方之间存在严重的信息不对称。这会产生三种逆向选择[②]。

---

① Adam B. Ashcraft & Til Schuemann, Understanding the Securitization of Subprime Mortgage Credit, *Federal Reserve Bank of New York Staff Reports*, No. 318, March 2008, pp. 3~10.

② 逆向选择（Adverse Selection），是指根据平均疾病风险设定的费率情形下，因平均疾病风险大于低风险者，低风险者并不愿意投保，但此平均费率却会引来大批高风险者投保，使保险公司亏本退出市场。此问题主要是保险公司与消费者所拥有的信息不对称造成的，也就是保险公司无法区分谁是低风险者，谁是高风险者。参见：Dsavid L. Weimer, Aidan R. Vining, *Policy Analysis: Concepts and Practice*, Pearson: Prentice Hall, Fourth Edition, 2004 年 p. 120. "逆向选择"实质上指因为信息不对称所造成的市场资源配置扭曲的现象，如交易双方信息不对称和市场价格下降产生的劣质品驱逐优质品，进而出现市场交易产品平均质量下降的情形。

(1)逆向选择与仓储贷款人。如果安排人没有资金购买贷款,它就会向第三方贷款人借款。因为第三方贷款人不确定安排人要购买的贷款的价值,它必须采取措施防止对贷款作为担保物的过高估价,如对担保物进行削价(haircut finance)或进行信用分散(credit spread),比如它对以 10 万美元基础抵押贷款作为担保物只进行 9 万美元的贷款,强迫安排人承担出资的权益身份,安排人也承担 1 万美元的贷款并保留在自己负债表中,从而使得安排人成为贷款权益人。

(2)逆向选择与资产管理人。安排人将贷款池卖给一个向投资人发行债券的破产隔离信托。信托是信用风险转移的重要组成部分,它不仅保护投资者免于发起人或安排人的破产风险,而且向信托销售的贷款也保护发起人与安排人免于贷款的损失,只要没有违反发起人的说明与担保。安排人把有贷款担保的证券销售给作为最终投资者代理人的资产管理人。然而,安排人的信息优势就产生了一个标准的柠檬问题。该问题通常通过安排人的信誉来得以消解:安排人以其自有资金向证券提供信用增级。

(3)逆向选择与信用评级机构。信用评级机构易受到柠檬问题的伤害(安排人依然可能知道得更多),因为它们对安排人或发起人只能尽到有限的适当谨慎。

第四个矛盾存在于服务商与抵押人之间:道德风险。道德风险是指对应于风险重新分配的行为改变,如果被保险人不承担坏结局的全部后果,保险会诱发冒险行为。信托雇佣服务商负责贷款偿付的收取和汇款,向信托预付借款人没有支付的利息,负责本金与利息,联系违约的借款人等事务。如果抵押人有观察不到的会影响到它与服务商共管的现金流分配的高成本的努力,并且抵押人承担有限责任,就会出现问题。在管理违约贷款时,服务商就面对着抵押人的标准道德风险。抵押人没有激励去努力维护接近破产的财产。作为应对,标准的做法是要求抵押人为保险与财产税目的定期检查资金。

第五个矛盾存在于服务商与第三方之间的道德风险。这具体表现为服务商与资产管理人之间道德风险与服务商与信用评级机构之间的道德风险。

第六个矛盾存在于资产管理人与投资人之间。投资人提供了资产支持证券的资本。因为投资人通常在金融方面没有足够的经验与知识,因此引入了代理来说明投资策略、对潜在投资尽到适当谨慎等。鉴于投资者与资产管理人金融熟练程度的差异,他们之间存在着明显的信息问题。这一问题是通过使用投资指令、与类似的管理人表现评价来得以减少。

第七个矛盾存在于投资人与信用评级机构之间：类型错误。信用评级机构的评级是由安排人来支付而不是由投资人来支付的，这样会制造潜在的利益冲突。因为投资者根本不能判断评级机构的诚实错误与不诚实错误。诚实错误是快速发展的金融创新与复杂性的自然副产品。相反，不诚实错误可以是由安排人支付的费用单独引发（利益冲突）的。这一问题是通过两个方面最小化的：评级机构的名誉与评级与降低标准的公开披露。

各方当事人之间存在的矛盾如图所示：

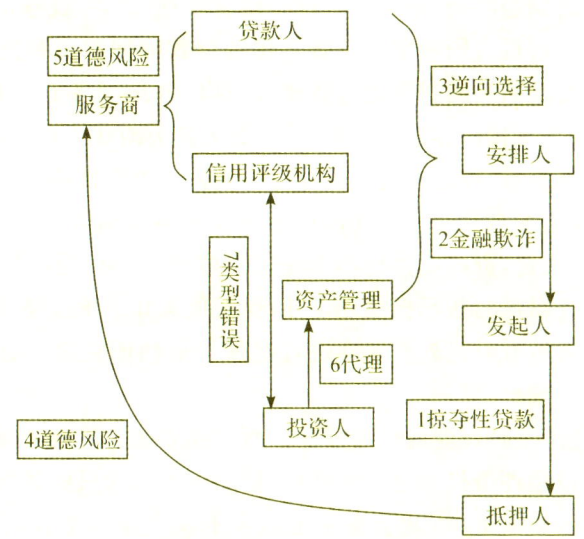

（四）结构金融背景下的系统监管

由于证券化所具有的结构金融的特征决定了交易结构的复杂，参与其中的当事人众多。但是对于证券化的基础资产，在各方当事人之间却存在信息分配不平衡的情况，也可以说存在信息不对称，由此造成了在各方当事人间潜在的各种矛盾。交易结构越复杂，参与的当事人越多，存在于证券化结构中的信息不对称就越多，潜在的矛盾就会越多。任何一个环节的矛盾如果得不到应有解决，都可能给整个证券化带来灭顶之灾。证券化当事人间错综复杂的关系向立法者表明，证券化的立法应当以整个证券化交易过程是一个完整的系统作为基本假设，相应地，对证券化的各种监管如资产支持证券的发行、交易、信息披露、会计、税收等也应当契合到证券化这个相对封闭的系统中。因此，对于证券化的监管，应当建立系统监管的理念。

1. 证券化当事人行为系统规制

以上述各方当事人之间存在的矛盾作为工具,具体分析我国目前的资产证券化中所存在的各种矛盾,并在此基础上提出相应的防范措施。

首先,我国的资产证券化结构相对简单,参与人相对较少,因此,存在于当事人之间的矛盾并不普遍。以抵押贷款的资产证券化为例,在发起人即抵押贷款的贷款人与借款人之间几乎不存在掠夺性贷款的可能。第一,由于证券化在我国处于试点阶段,规模有限,发起人发放贷款时并不存在以其进行证券化的计划,贷款的风险并不能转移,因此贷款人贷款时会充分考虑如何保护自己作为债权人的利益实现,不会进行掠夺性贷款;第二,在证券化过程中,受托人与发起人常会通过合同约定不符合规定的贷款的回购或替换,即发起人有义务对不符合要求的基础贷款进行替换或回购;第三,在资产支持证券的发行过程中,常把资产支持证券进行分级,由发起人持有对优先档证券进行担保的低档证券。综合来看,发起人进行掠夺性的贷款的可能性很小。

其次,在发起人与受托人之间即使存在信息不对称等问题,但是根据《试点管理办法》的规定,资产支持证券不是信贷资产证券化受托机构的负债,受托机构仅以信托财产为限承担偿还责任,受托机构并不承担证券的偿付义务,同时由于发起人持有对优先档证券进行担保的低档证券这一制约,也不会发生逆向选择的问题。

再次,在资产支持证券的信用评级方面存在着较为严重的问题。一方面,安排人拥有比信用评级机构更多的信息,信用评级机构只能尽到适当的谨慎,在信息不对称的情况下,可能会在一定程度上发生逆向选择的可能;另一方面,信用评级机构是由安排人来选择并支付相关的费用的,在金融危机发生后,这被学者诟病为"花钱买评级",是一种被普遍质疑的现象,在评级费用的诱惑下,评级机构可能会作出并不真实可靠的评级结果,以致损害投资者的利益。目前在我国的资产证券化过程中,对此现象并没有现实可行的法律应对。

复次,还应当重点关注证券化活动中同一主体多重身份的情况。在证券化过程中,信贷资产的贷款人同时又是证券化的发起人、信贷资产的转让人、资产支持证券的安排人、贷款服务机构,发起人身兼数职的情况也正说明了证券化这一金融创新主要服务于发起人转让信贷资产以进行融资与风险转移的目的。至于引进以特殊目的载体为平台的证券化交易结构,从形式上来看,主要能实现一种双赢目标:对于发起人来说以转移风险的手段实现融资目的;对于投资人来说,在破产隔离机制的保护下实现投资的收益。但是,经过次贷危机的检验,这种结构中却存在着重大的缺陷,贷款人通过证券化交易结构把信贷资产转移后也实现了风险的转移，贷款人对借款人的信用、还款能力不作审慎的审查，甚至把贷款贷给无固定工作、无固定财产、无固定收益的"三无"人员，这无疑是造成掠夺性贷款的重要原因，在房价下跌时，由于借款人无力清偿借款，导致整个证券化资金链的断裂，引发次贷危机。因此，对于发起人而言，不应当使其通过证券化的风险隔离设计游离于其造成的潜在或现实的风险之外，而应当建立利益制衡机制从而约束发起人在整个证券化过程中相关的行为。目前我国《试行管理办法》规定，发起人对不符合规定的信贷资产有回购或置换的义务，发起人有应当持有次级证券对优先证券予以担保的义务，这两项措施已经可以在很大程度上对发起人的行为进行有效制约了。

综上所述，在构建以特定目的信托为平台的证券化法律架构时，应充分考虑到证券化这一结构金融所具有的风险转移的特点以及在各方当事人之间所存在的逆向选择或道德风险问题，通过合理的利益制衡机制使各方当事人都能尽到合理的谨慎，防止证券化成为任何一方转嫁风险、游离于法律责任之外的平台。但是应当指出的是，目前的逆向选择与道德风险产生的可能性较小与我国目前的证券化规模是密切相关的，如果证券化成为一种金融创新的普遍形式，逆向选择与道德风险产生的可能性肯定会增加，所以从整个证券化交易流程为参照来设计各参与当事人的权利义务是至关重要的。

2. 证券化交易结构的系统规制

证券化涉及了多个环节，包括信贷资产转让、资产支持证券发行、交易、信息披露、资产证券化会计、资产证券化税收等诸多问题。对于任何一个环节的规制都应当把该环节置于一个众多环节组成的一个系统中进行设计，如果离开这一前提，就可能出现对于不同环节规制不协调或冲突的现象。

如前文已经指出的那样，特定目的信托不是一种法律存在，没有法律主体资格，在相关的文件中却要求它作为会计主体与特定情形下的纳税主体。之所以出现这种现象，主要是两个方面的原因：一是对证券化实践进行规范的机构众多，包括中国人民银行、银监会、建设部、财政部、国家税务总局等多个部门，各部门主要以自己主管的业务作为出发点对证券化进行监管，缺少必要的协调；二是各部门在对证券化进行分别规制时依然沿用了传统的规制理念，没有在证券化各个环节所组成的相互联系、相互衔接的系统的背景下进行制度设计，因此，我国证券化法律规制应当把证券化看作一个相对完整的系统，并以此为基础进行相应的法律规制，这无疑需要各规制部门间的相互协调与配合，使证券化的法律规制既符合证券化实践的需要，又符合法学理论所要求的规范间的协调与统一。

三、以特定目的信托作为法律主体的监管

前文已指出,民事领域中,即使在英美法系中也不会讨论信托的法律主体地位问题,然而信托在美国商事领域中的广泛运用体现出了有偿性、组织性与财产独立性的特征,去传统化的商事信托已经更多地体现了它作为一种商事组织的倾向,这一原因推动了美国为数众多的州通过立法认可了其法律主体地位。当然,基于税收等原因,在美国证券化中用于特定目的载体的信托不会采取具有法律主体地位的成文法商业信托形式,然而美国的成文法商业信托或许还是为我国的特定目的信托法律规制的完善提供了某些助益。

(一)确定特定目的信托法律主体地位的理论依据

从制度经济学的角度来看,特定目的信托具备包括企业在内的经济组织的特征。制度经济学认为,组织是存续期不同的计划安排,其作用是聚合生产资源以追求一个或数个共同的目标。[①] 就此来分析,组织的第一个重要特征就表现为资源的聚合。只有当经济主体将他们的某些资源聚合在一起,放弃其独立运用这些资源的部分权利时,他们才形成了一个组织。[②] 在以特定目的信托为架构的交易结构中,发起人把信贷资产转让给受托机构进行融资,如果发起人是两个以上,就会出现信贷资产的聚合;投资者因认购资产支持证券而实现了现金资产的聚合。这两种资产的聚合融资是这一经济活动目的实现的必要组成部分。组织的第二个重要特征是目标性。在以特定目的信托为架构的交易结构中,发起人通过信贷资产的转让以实现融资的目标,投资人通过购买资产支持证券以实现营利的目标。因此,特定目的信托具备组织的两个主要经济特征。

从法律主体发展的历史维度来看,特定目的信托获得法律主体地位符合主体的历史发展规律。有研究指出,从历史纵向维度分析,法律主体的类型、范围具有开放性,主体类型摆脱属人定势、主体资格摆脱行为能力的限制,并

[①] [德]柯武刚、史漫飞著:《制度经济学:社会秩序与公共政策》,韩朝华译,商务印书馆2008年版,第315页。

[②] Coleman, J. S., *Foundation of Social Theory*, Cambridge, MA: Belknap Press of Haverd University Press, 1990, p. 253. 转引自[德]柯武刚、史漫飞著:《制度经济学:社会秩序与公共政策》,韩朝华译,商务印书馆2008年版,第316页。

认为主体范围的延伸首先表现为价值问题。① 前文已指出,商业信托完全具备了商事组织的主要法律特征。如同有的学者所指出的,信托获得法律人格,是一个法律政策和价值判断问题,只要法律认可,没有不可突破的理论障碍。②

特定目的信托具备商法意义上企业的法律特征。从商法意义上看,企业是连续稳定地从事经济活动的营利性的社会组织,社会组织的形式、经济活动的内容和营利性的目的是企业的三个基本特征。③ 结合证券化实践中的特定目的信托运用的实践,特定目的信托具备了企业的三个基本法律特征。就社会组织性来看,特定目的信托包括了委托人(发起人)、受托人、受益人(投资者)等众多主体,具有人的集合性特点;就经济活动的内容看,发起人转让基础资产、受托人发行资产支持证券、投资者买卖资产支持证券的活动无疑是经济活动;就营利性来看,特定目的信托虽然不像公司一样是个积极的经营实体,通过积极的经营活动以实现投资者的资产增值,但是在特定目的信托架构下的投资者的投资活动也是以营利为目的的。

(二)以特定目的信托作为法律主体进行监管的实践意义

1. 特定目的信托法律主体地位的确定有利于信托财产所有权归属的确定

信托财产所有权问题是任何移植信托制度的大陆法系国家都要面对的问题。英美法系信托财产双重所有权这种精致的制度设计在大陆法系中因受物权法"一物一权"绝对所有权观念的制约已黯然失色。包括中国在内的很多大陆法国家的信托法在对信托财产所有权的归属问题上显得有些顾左而言其他,没有明确确定信托财产的所有权人。因为信托在我国民事领域中几乎没有得到发育,因而对信托财产所有权的归属的探讨也只具有理论意义。

但是对于信托在资产证券化实践中的运用则另当别论,从操作层面来看,必须在实践中解决信托财产所有权的归属问题,否则,资产证券化的实践则会因信托财产的归属不明而无法进行。具体到资产证券化等商事交易中,因为财产转移与管理需要,就必须确定信托财产的所有人,然而因为双重所有权不能适用,适用绝对所有权又不尽合理,相应规范一直没有明确其态度,而是交

---

① 李萱:《法律主体资格的开放性》,载《政法论坛》2008 年第 5 期。
② 谢永江:《论商事信托的法律主体地位》,载《江西社会科学》2007 年第 4 期。
③ 赵旭东:《企业法律形态论》,中国方正出版社 1996 年版,第 13 页。

给了实践去解决。

在《试点管理办法》中虽然没有明确信托财产的所有权归属问题,但是按照《抵押权变更登记的试行通知》的规定,在我国的资产证券化实践中,作为信托财产的信贷资产的债权人在证券化的过程中要依法变更为受托人,受托人是作为信托财产的信贷资产名义上的债权人,也就是信托财产的名义所有权人。虽然把信托财产名义的所有权归于受托人名下,但这与证券化的交易实质并不相符。发起人向受托人转让信贷资产是有偿转让,受托人支付的信贷资产的对价实际上来源于投资人认购资产支持证券所支付的对价,受托人向投资人发行资产支持证券所依赖的信贷资产实际上是用投资人所支付的对价而取得的,换句话说,受托人取得信托财产的所有权仅仅是因为证券化实践的便利,它并不对应证券化交易的实质。从证券化的交易实质角度来分析,赋予投资人(受益人)信托财产所有权则更为合理,但是从证券化操作的实践来看,这并不可行。

赋予特定目的信托法律主体地位,能较为合理地解决信托财产的所有权问题。由特定目的信托作为一个法律实体享有信托财产所有权,受托人根据信托文件享有信托财产的经营管理权,受益人享有受益权。结合公司的财产制度来分配信托架构下受托人与受益人权利,从而解决信托财产的所有权问题。

2. 特定目的信托的法律主体地位的确定是受托人享有有限责任的基础

特定目的信托的法律主体地位的确定为受托人、受益人的有限责任提供了制度保障。商事组织成员的有限责任是通过企业法人制度得以确立的。在传统信托中,如马萨诸塞州最高法院在 1935 年的 Dolben v. Gleason 案的判决中指出的那样,"信托是以可证明的信托宣言创立的,它不能自己行事……受托人不能作为信托的代理人,只能作为信托的具体表现,这样缔结的合同是他的个人合同,并且负有个人责任,除非特别约定他不承担个人责任"①。虽然受托人的个人责任可以通过特别约定排除,但是并不是法定排除。受托人、受益人的有限责任最终是通过成文法商业信托法律主体地位的确立才得以法律上的确认的。如明尼苏达州《1961 年商业信托法》明确规定:"受益权益股份所有人、受益人、股东,或受托人对此前此后组建的商业信托的债务,不承担

---

① Dolben v. Gleason,292,Mass.511. 转引自刘正峰:《美国商业信托法研究》,中国政法大学出版社 2009 年版,第 64 页。

个人责任。"《特拉华州法定信托法》也规定:"除非信托文件另有规定,受托人对以该身份行事的行为对法定信托和受益人以外的任何人不承担个人责任。"

反观我国大陆地区《信托法》,受托人的有限责任是以信托财产进行了隐性担保,受托人因处理信托事务所支出的费用、对第三人所负之债务,以信托财产承担;台湾地区的"信托法"第 39 条也作了大致相同的规定,受托人就信托财产或处理信托事务所支付之税捐、费用或负担之债务,得以信托财产充之。以信托财产作为受托人有限责任的根据是没有多少合理性的。第一,信托财产并不是被法律所认可的法人,不是一个独立的法律主体和责任主体,受托人在此情形下承担有限责任并没有法理依据;第二,受托人以信托财产为限承担有限责任不利于相对人的债权保护,有违交易公平原则。

因此,如果确立了特定目的信托的法律主体地位和责任主体地位,特定目的信托享有信托财产的所有权,同时又是资产支持证券的发行人,在这一前提下,受托人、受益人承担有限责任才会获得合理的逻辑前提。

3. 确定特定目的信托的法律主体地位有助于解决其作为会计主体的难题

特定目的信托作为独立的会计主体是通过《会计处理规定》明确规定的。但是,一般而言,会计主体应是从事经济活动的特定单位,就特定目的信托而言,它根本不具有任何法律主体地位,不构成一种法律存在,只是作为一种交易架构存在着。

实践中也不将其视为一个经济组织或单位,不存在以其名义进行的任何经济活动,发起人向特定目的信托转让基础资产实质上是转让给了受托人,作为信托财产的信贷资产的债权人在证券化的过程中要变更为受托人,受托人是作为信托财产的信贷资产名义上的债权人;资产支持证券的发行人也不是特定目的信托而是受托人;信托财产虽然具有独立性,但特定目的信托根本没有对信托财产的任何权利。从这个角度来看,特定目的信托作为会计主体的规定与其在资产证券化中的实际存在并不相符。银监会发布的《监督管理办法》规定,受托机构应当将作为信托财产的信贷资产与其固有财产和其他信托财产分别记账,分别管理。从而可以看出,该办法要求受托机构承担特定目的信托作为会计主体的职责。

综合来看,现行的证券化制度中的特定目的信托根本不能满足会计主体的假设。

赋予特定目的信托法律主体地位,使其成为一种法律存在,那么它作为会计主体的前提自然就会满足,它作为会计主体也就名正言顺了。

4. 确立特定目的信托的法律主体地位有利于确定其税法主体地位

虽然特定目的信托不是一种法律存在,但它并没有完全游离于税法的规制之外,在不具备税法主体地位的情形下依然可能承担证券化的税负。《税收政策问题的通知》规定,在取得当年未向机构投机者分配的部分,在信托环节由受托机构按企业所得税的政策规定申报缴纳企业所得税。

在特定目的信托财产承担实际税负时,却因为其无法律主体地位而规定受托机构申报缴纳企业所得税,这也说明了在特定目的信托税制中,特定目的信托法律主体地位缺失所造成的纳税人与税负实际承担之间的制度错配。

赋予特定目的信托法律主体地位,它就可以作为独立的纳税主体承担其本应承担的税法义务。

(三)特定目的信托法律地位的取得与特定目的公司

特定目的信托仅作为交易结构而不是法律主体运用于证券化之中,虽然具有信托设立、存续、终止简易便捷、利于降低交易成本等优势,但是相对于特定目的信托没有法律主体地位所带来的理论与实践问题,这种优势在整个证券化过程中并不明显。

赋予特定目的信托法律主体地位,它就会像特定目的公司一样成为独立的法律主体,在此情形下可能会产生的疑问是,既然赋予特定目的信托法律主体地位取得的结果如同特定目的公司,不如直接采用特定目的公司形式了?全面比较,取得法律主体地位的特定目的信托与特定目的公司存在着几个方面的差异。

1. 组织形式与治理结构不同

作为法律主体的特定目的信托依然采用委托人(发起人)、受托人、受益人(投资者)的三方架构,与一般信托并没有差异。美国成文法商业信托一般的设立包括信托证书、受益人的出资、信托的名称等三个主要条件,其中有实质影响的是受益人的出资。在信托型资产证券化的实践中,受益人地位的获得都是通过有偿方式取得的,如果赋予特定目的信托法律主体地位,受益人(投资人)有偿取得受益权的行为只需在制度上转换成出资即可,因此,从总体上看,赋予特定目的信托法律主体地位基本上维持了信托结构的优势,并没有引起形式与治理结构的实质变化。

以台湾地区"金融资产证券化条例"为例,特定目的公司按规定应采取一人股份有限公司形式,并应当分别设置一至三人的董事与监察人,在组织形式与治理结构上与一般公司基本相同。

2. 两者发行的证券形式有所差异

在美国,特定目的公司如果发行股权型的证券,因为公司的股息要被课税,公司完税后分配给股东个人的股息还要缴纳个人所得税,即双重征税;但是特定目的公司的债务筹资发生的利息支出可以计入成本,抵减应纳税所得额,企业利用债券融资可降低其综合资本成本。因此,从税负角度看,利用债券融资要优于利用股票进行权益融资。所以特定目的公司如果要避免双重征税就必须发行债券类资产支持证券。

台湾地区"金融资产证券化条例"规定,特殊目的信托发行受益证券,以表彰受益人享有该信托财产本金或其所生利益、孳息及其他收益之受益权持有之权利凭证或证书;特殊目的公司发行资产基础证券,以表彰持有人对该受让资产所享权利之权利凭证或证书。

3. 两者在税法上的纳税义务不同

在美国的资产证券化实践中,特定目的载体之所以会在公司或信托等形式之间进行选择的主要原因是两者在税法上存在不同的纳税义务。公司是联邦所得税的纳税主体,而信托则不是。发起人通过采用设立人信托或所有人信托等形式以避免联邦所得税,当然在美国资产证券化中应用的信托很多是不具有法律主体地位的。

如果赋予特定目的信托法律主体地位,可能会产生的一个疑问是:它既然是一个独立的法律主体,那么它是否也会成为像公司一样的纳税主体呢?这实际上是一个立法政策与价值的选择问题。首先,特定目的信托不像公司一样是一个有营利目的的动态经营实体,它只是一个为实现证券化破产隔离与风险隔离目的的静态实体,从这一点上看,它并不具备公司承担税法义务的基础;其次,具有法律主体地位只是承担税法义务的必要条件,这并不意味着具有法律主体地位必须要承担税法义务,如在美国联邦税法中的S公司就是不承担联邦所得税的一类公司。

综上所述,赋予特定目的信托法律主体地位有助于解决信托型资产证券化过程的理论难题,也符合我国资产证券化的实际需要,特定目的信托法律主体地位的获得会大大拓展证券化的法律制度空间。

四、强化资产信用为中心的监管

资产证券化作为一种金融创新形式,它通过破产隔离技术的使用,不仅为整体信用良好的企业，而且为整体信用一般甚至整体信用不良但拥有优质资产的企业提供了融资的渠道。换句话说，资产证券化是建立在资产的信用基础上，而不是建立在企业整体信用基础上的。整体信用差的企业的优质资产可以成为证券化资产，但是整体信用强的企业的非优质资产却未必能成为证券化资产。

信贷资产证券化业务已经实现了从传统融资方式下的企业整体信用转向了证券化资产的信用，因此，要求发起人具备良好信誉与经营业绩是传统融资监管思维的延续，并没有真正体现资产证券化监管的重心。

建立以资产信用为中心的监管制度应当着重建立借贷资产的保障与评价体系。证券化的基础是信贷资产，因此对于发起人发放的贷款首先应当建立严格的监管体系，包括贷款程序、贷款审查与贷款担保等制度；其次，建立贷款的评价体系，包括贷款的违约率、借款人的信用纪录、借款人的还款能力等制度。

参考文献

中文文献

中文著作及译著：

1. 盛学军：《证券公开规制研究》，法律出版社2004年版。
2. 施天涛、余文然：《信托法》，人民法院出版社1999年版。
3. 田中实、山田昭：《信托法》，学阳书房1989年版。
4. 刘正峰：《美国商业信托法研究》，中国政法大学出版社2009年版。
5. 美国法律研究院著：《公司治理原则：分析与建议》，楼建波、陈炜恒等译，法律出版社2006年版。
6. 《新帕尔格雷夫经济学大辞典》（第4卷中译本），经济科学出版社1996年版。
7. [英]安东尼·奥格斯著：《规制：法律形式与经济学理论》，骆梅英译，中国人民大学出版社2008年版。
8. [日]金泽良雄著：《经济法概论》，满达人译，中国法制出版社2005年版。
9. 王泽鉴：《民法总则》，中国政法大学出版社2001年版。
10. 张泽平：《资产证券化法律制度的比较与借鉴》，法律出版社2008年版。
11. 杨志华：《证券法律制度研究》，中国政法大学出版社1995年版。
12. 卞耀武：《中华人民共和国信托法释义》，法律出版社2002年版。
13. 孙经纬：《企业的经济性质》，上海财经大学出版社2000年版。
14. 彭冰：《资产证券化的法律解释》，北京大学出版社2001年版。
15. 胡鹏翔：《资产证券化投资者利益保护机制研究》，法律出版社2007年版。
16. 何宝玉：《信托法原理研究》，中国政法大学出版社2005年版。
17. [英]D.J.海顿著：《信托法》，周翼、王昊译，法律出版社2004年版。

18. 熊进光、亚文勇：《金融资产证券化法律制度研究》，江西人民出版社 2006 年版。

19. 董安生等：《证券发行与交易》，中国人民大学出版社 1998 年版。

20. 高如星、王敏祥：《美国证券法》，法律出版社 2000 年版。

21. 叶林：《证券法》，中国人民大学出版社 2000 年版。

22. [美] 塔玛·弗兰科著：《证券化：美国结构融资的法律制度》，潘攀译，法律出版社 2009 年版。

23. 张超英、翟祥辉：《资产证券化：原理·实务·实例》，经济科学出版社 1998 年版。

24. 于凤坤：《资产证券化：理论与实务》，北京大学出版社 2002 年版。

25. 李曜：《资产证券化：基本理论与案例分析》，上海财经大学出版社 2001 年版。

26. 王志诚：《金融资产证券化——立法原理与比较法制》，北京大学出版社 2005 年版。

27. [美] 路易斯·罗思、乔尔·赛里格曼著：《美国证券监管法基础》，张路等译，法律出版社 2008 年版。

28. 汤淑梅：《信托受益权研究：理论与实践》，法律出版社 2009 年版。

29. 陈向聪：《信托法律制度研究》，中国检察出版社 2007 年版。

30. 赖源河、王志诚：《现代信托法》，中国政法大学出版社 2002 年版。

31. 谭立：《证券信息披露法理论研究》，中国检察出版社 2009 年版。

32. [德] 柯武刚、史漫飞著：《制度经济学：社会秩序与公共政策》，韩朝华译，商务印书馆 2008 年版。

33. [美] 斯蒂文·L. 西瓦兹著：《结构金融——资产证券化原理指南》，李传全等译，清华大学出版社 2003 年版。

34. [美] 凯文·E. 墨菲、马克·希金斯著：《美国联邦税制》，解学智、夏琛舸、张津等译，东北财经大学出版社 2001 年版。

35. 财政部税收制度国际比较课题组：《美国税制》，中国财政经济出版社 2000 年版。

36. 维克多·瑟仁伊著：《比较税法》，丁一译，北京大学出版社 2006 年版。

37. 黄嵩、魏恩道、刘勇：《资产证券化理论与案例》，中国发展出版社 2007 年版。

38. 张守文：《税法原理》，北京大学出版社1999年版。

39. [英]F. H. 劳森、B. 拉登著：《财产法》，施天涛等译，中国大百科全书出版社1999年版。

40. 魏振瀛：《民法》，北京大学出版社、高等教育出版社，2000年版。

41. 赵保卿：《企业会计制度解读》，中华工商联出版社，2001年版。

42. 赵旭东：《企业法律形态论》，中国方正出版社，1996年版。

中文论文类：

1. 盛学军：《中国信托立法缺陷及其对信托功能的消解》，载《现代法学》2003年第6期。

2. 施天涛、李旭：《从"选择披露"到"公平披露"——对美国证券监管新规则的评介与思考》，载《环球法律评论》2001年冬季号。

3. 谢永江：《论商事信托的法律主体地位》，载《江西社会科学》2007年第4期。

4. 王文宇：《台湾地区资产证券化法制与案例评析》，载《金融法范》2006年总第70期。

5. 伍治良：《论特定目的信托的性质及设立原则——兼评"建元2005—1个人住房抵押贷款证券化方案"之缺陷》，载《法商研究》2006年第5期。

6. 伍治良：《我国信托型资产证券化理论和实践之两大误区——兼评我国信贷资产证券化试点》，载《现代法学》2007年第3期。

7. 伍治良：《论受益证券的法律性质》，载《金融法律评论》（第1卷）2010年。

8. 李公科：《论资产证券化的法学定义》，载《天府新论》2005年第11期。

9. 李公科：《资产证券化的安全价值和投资风险防范》，载《西华师范大学学报（哲社版）》2005年第6期。

10. 张卫新、俞以平：《资产证券化信托模式的法律障碍与对策》，载《西南金融》2008年第5期。

11. 陈微：《资产证券化信托模式的探索》，载《经济论坛》2006年第12期。

12. 何孝元：《信托法之研究》，载《中兴法学》（第10卷）。

13. 周晓刚：《美国证券发行注册豁免制度研究》，载《证券市场导报》2004年第4期。

14. 洪艳蓉：《美国证券法对资产证券化的规范与借鉴》，载《证券市场导报》2002年第11期。

15. 洪艳蓉：《信贷资产证券化投资者保护机制探讨》，载《证券市场导报》2007年第6期。

16. 秦建文、梁珍：《汲取美国金融危机的教训稳健推进中国金融创新》，载《国际金融研究》2009年第7期。

17. 韩良：《资产支持证券的流通性法律问题研究》，载《天津师范大学学报》（社会科学版）2010年第2期。

18. 秦洪军、刘忠燕：《美国场外交易市场的监管及其启示》，载《金融与经济》2010年第8期。

19. 庄传礼：《美国场外交易市场评介》，载《银行家》2008年第5期。

20. 楼建波、刘燕：《论信托型资产证券化的基本法律逻辑》，载《北京大学学报》（哲学社会科学版）2006年第4期。

21. 楼建波、刘燕：《信托型资产证券化中的破产隔离——真理还是幻象》，载《金融法苑》2006年总第70期。

22. 李宝伟：《美国的金融自由化与经济虚拟化》，载《开放导报》2010年第1期。

23. 廖凡：《钢丝上的平衡：美国证券信息披露体制的演变（上）》，载《金融法苑》2003年第1期。

24. 周勤业、王啸：《美国内部控制信息披露的发展及其借鉴》，载《会计研究》2005年第2期。

25. 亚瑟·莱维特著：《基金信息披露应简洁明了》，李为、水东流译，载《证券市场导报》2001年第3期。

26. 黄勇：《资产证券化信息披露"纵主横辅"特性之研究》，载《时代法学》2006年第3期。

27. 许多奇：《信息监管：我国信贷资产证券化监管之最优选择》，载《法学家》2011年第1期。

28. 许多奇：《我国金融资产证券化的税收理念与税收制度》，载《法学评论》2007年第2期。

29. 邢苗、吕君：《个人住房抵押贷款证券化信息披露的问题与对策》，载《山东科技大学学报》（社会科学版）2007年第3期。

30. 何小峰、宋芳秀：《对资产证券化税收制度安排的博弈论分析》，载《经济科学》2001年第6期。

31. 王领：《美国有关资产证券化的税收处理》，载《金融法苑》2006年总第

73期。

32. 喻强:《资产证券化特殊目的载体(SPV)税负问题国际经验与我国的选择》,载《金融与经济》2004年第3期。

33. 王友光:《论我国SPV的设立模式》,载《国际金融研究》2001年第12期。

34. 尹音频、阮兵:《公平与效率:资产证券化的税收政策取向》,载《财经科学》2007年第6期。

35. 范阳、陈卫星:《澳大利亚资产证券化市场的发展及对中国的启示》,载《国际金融研究》2007年第2期。

36. 刘燕:《我国资产证券化中SPV税收政策评析》,载《税务研究》2007年第4期。

37. 王素荣:《资本结构与税收相关性分析》,载《税务研究》2005年第10期。

38. 刘溶沧、马珺:《税收中性:一个理论经济学的分析》,载《涉外税务》1999年第1期。

39. 刘小平:《论税收中性的相对性》,载《财经研究》1997年第7期。

40. 刘云:《信贷资产证券化的税收政策解读》,载《财会月刊》2007年第7期。

41. 宋兴义:《信贷资产证券化中发起人的税收政策与会计处理》,载《税务研究》2007年第11期。

42. 党亚娥:《我国开展资产证券化的税务问题分析》,载《金融理论与实践》2007年第9期。

43. 王斌:《对我国资产证券化中SPV税收制度的探讨》,载《涉外税务》2010年第8期。

44. 李群星:《信托的法律性质与基本理念》,载《法学研究》2000年第3期。

45. 廖凡:《我国金融混业监管的模式选择与协调机制》,载《证券市场导报》2006年第11期。

46. 刘鹏飞:《从"合规性监管"到"风险性监管"看我国银行业监管的转变》,载《统计与决策》2005年第10期。

47. 张淳:《论由受托人享有的信托财产所有权》,载《江海学刊》2007年第5期。

48. 张淳:《条款增补:我国信托法中的重要创造性规定的完善》,载《河北法学》2005年第12期。

49. 温世扬、冯兴俊:《论信托财产所有权——兼论我国相关立法的完善》,载《武汉大学学报》(哲学社会科学版)2005年第2期。

50. 于海涌:《论信托财产的所有权归属》,载《中山大学学报》(社会科学版)2010年第2期。

51. 郭玉萍:《信托财产的所有权归属》,载《湖南金融管理干部学院学报》2002年第5期。

52. 胡光志、陈晴:《权能分割:论我国〈信托法〉之信托财产所有权》,载《郑州大学学报》(哲学社会科学版)2006年第6期。

53. 李勇:《信托财产所有权性质之再思考》,载《时代法学》2005年第5期。

54. 于朝印:《论商业信托法律主体地位的确定》,载《现代法学》2011年第5期。

55. 葛家澍:《关于财务会计基本假设的重新思考》,载《会计研究》2002年第1期。

56. 何孝星:《金融混业经营的条件与必然性分析及对我国的启示》,载《经济学动态》2002年第4期。

57. 李萱:《法律主体资格的开放性》,载《政法论坛》2008年第5期。

58. 施天涛、周勤:《商事信托:制度特性、功能实现与立法调整》,载《清华法学》2008年第2期。

59. 于朝印:《金融危机后的资产证券化法律监管》,载《金融发展研究》2011年第9期。

60. 于明印、王媛:《我国信托型资产证券化的理论与实践问题及其完善》,载《金融发展研究》2010年第9期。

61. 陈徽:《资产证券化信托模式的探索》,载《经济论坛》2006年第12期。

62. 邹颐湘:《从中日信托法立法差异的比较看我国信托法的不足》,载《江西社会科学》2003年第3期。

63. 雷凌:《论受托人营业化与商事信托》,载《中国社会科学院研究生院学报》2009年第2期。

64. 何正荣:《现代商事信托的组织法基础》,载《政法论坛》(中国政法大学学报)2006年第2期。

65. 彭插三:《商业信托的法律特征及规制》,载《中国商法年刊》2008年。

66. 沈四宝:《商事信托制度的现代发展》,载《甘肃政法学院学报》(总第81期)2005年7月。

67. 陈雪萍:《论我国商事信托之制度创新》,载《法商研究》2006年第3期。

68. 陈雪萍:《商事信托之商主体地位研究》,载《法商研究》2010年第6期。

英文文献

英文著作类

1. Adam B. Ashcraft & Til Schuemann, *Understanding the Securitization of Subprime Mortgage Credit*, Federal Reserve Bank of New York Staff Reports, No. 318, March 2008.

2. Andrew Davidson et al., *Securitization: Structuring and Investment Analysis*, John Wiley & Sons, Inc., Hoboken, New Jersey, 2003.

3. *Asset-Backed Securities*, Final Rule, Federal Register, Vol. 70, No. 5, 1506, Jan. 7, 2005.

4. April K. Rinne, *An Analys of the Treatment of Asset Securitization Under the Proposed Basel Ii Accord and the U.S. Banking Agencies' Advance Notice of Proposed Rulemaking* 2004.

5. Bank for International Settlement: *Report on Special Purpose Entities*, September 2009.

6. Baxter Dunaway, *Law of Distressed Real estate*, 2002.

7. Coleman, J. S., *Foundation of Social Theory*, Cambridge, MA: Belknap Press of Haverd University Press, 1990.

8. Dsavid L. Weimer, Aidan R. Vining, *Policy Analysis: Concepts and Practice*, Pearson: Prentice Hall, 4th ed. 2010.

9. David L. Scott, *Wall Street Words: An A to Z Guide to Investment Terms for Today's Investor*, Houghton Mifflin Company, 2003.

10. David L. Scott, *The American Heritage Dictionary of Business Terms*, Houghton Mifflin Harcourt Publishing Company, 2010.

11. D. J. Hayton, *The Law of Trust*(4th ed), Sweet & Maxwell Ltd.,

London, Farlex Financial Dictionary, Farlex, Inc. ,2009.

12. Financial Stability Board, *The Financial Crisis and Information Gaps: Progress Report Action Plans and Timetables*, 2010.

13. Frnak J. Fabozzi, Henry A. Davis, Moorad Choudhry, *Introduction to Structured Finance*, John Wiley & Sons. , Inc. , Hoboken, New Jersey, 2006.

14. Frank J. Fabozzi, Vinod Kothari, *Introduction to Securitization*, John Wiley & Sons, Inc. , Hoboken, New Jersey, 2008.

15. George E. Osborne, *Handbook on the Law of Mortgages*, West 2nd ed. , 1970.

16. George Gleason Bogert et al. , *The Law of Trust and Trustee*, St. Paul, Minn. , West Pub. Co. , 2nd ed. , rev. 1984.

17. Gretchen Morgenson, Campbell R. Harvey, *Money and Investing: The Essential A-to-Z Guide to the Language of the New Market*, Holt, Henry & Company, Inc. , 2002.

18. International Monetary Fund, *Global Financial Stability Report: Navigating the Financial Challenge Ahead*, Oct. 2009.

19. Tenative Draft No. 1, April 5, 1996.

20. Viktor Tielmann, *Finanzkrise—Analysis and Reasons for the Subprime Crisis*, Grin Verlag, 2009.

21. IRS 2010 *Instructions for Form 1041 and Schedules A, B, G, J, and K-1, U. S. Income Tax Return for Estate and Trusts*, 2010.

22. James Peaslee, David Z. Nirenberg, *Federal Income Taxation of Securitization Transactions*, Frank J. Fabozzi Associates Publishers, New Hope, PA, 3rd ed. , 2001.

23. Jason H. P. Kravitt, *Securitization of Financial Assets*, 2nd Edition, Aspen Publisher, 2004.

24. John Downes and Jordan Elliot Goodman, *Barron's Finance & Investment Handbook*, 6th ed. , Barron's Educational Series, Inc. , 2003.

24. Leonard Leader, David W. Kesner, *Estate & Probate Commentary*, Connecticur Bar Association, Feb. 2005.

25. Peaslee, James M. & David Z. Nirenberg, *Federal Income Taxation*

of Securitization Transactions and Related Topics, Frank J. Fabozzi Associates, 2011.

26. Richard Edwards & Nigel Stockwell, *Trust and Equity*, 5th ed, Pearson Education Limited, 2002.

27. Robert W. Hamilton, *The Law of Corporations*, 4th ed., West Publishing Co., 1996.

28. S. L. Schwarcz, *Securitization, Structured Finance and Capital Markets*, LexisNexis, 2004.

29. Technical Committee of The International Organization of Securities Commission, *Transparency of Structured Financial Product Final Report* 2009.

30. Jennifer L. Berger & Carol A. Jones, *Fletcher Cyclopedla of the Law of Private Corporations*, rev. ed., 2003.

31. Vinod Kothari, *Securitization: the Financial Instrument of the Future*, John Wiley & Sons(Asia)Pte Ltd., 2006.

32. Frederic William Maitland, Selected Essays, ed. by H. D. Hazeltine, G. Lapsley and P. H. Winfield, 1936.

英文论文类：

1. April K. Rinne, *An Analys of the Treatment of Asset Securitization Under the Proposed Basel Ii Accord and the U. S. Banking Agencies' Advance Notice of Proposed Rulemaking* 2004.

2. C. Porter Vaughan, III et al., Corporate and Business Law, 37 *U. Rich. L. Rev.* 1, 2002.

3. Christopher L. Peterson, Predatory Structured Finance, 28 *Cardozo L. Rev.* 2185, 2007.

4. Frode Jensen, III, The Attractions of the U. S. Securities Markets to Foreign Issuers and the Alternative Methods of Accessing the U. S. Markets: From a Legal Perspective, 17 *Fordham Int'l L. J.*, 1994.

5. Glenn E. Coven & Amy Morris Hess, The Subchapter'S Revision Act: An Analysis and Appraisal, 50 *Tenn. L. Rev.* 569, SUMMER 1983.

6. Greg Zipes, *Securitization*: Challenges in the Age of LTV Steel Company, Inc., 2002 *Ann. Surv. Banker. Law*, 2002.

7. H. R. Rep. No. 548,108th Cong. ,2nd Sess. 291,2004.

8. Jeffrey N. Gordon & Lewis A. Kornhauser,Efficient Markets,Costly Information,and Securities Research,60 *N. Y. U. L. Rev.* 761,(November, 1985.

9. J. Stephen Gilbert,Substantive Consolidation in Bankruptcy:A Primer,43 *Vand. L. Rev.* 207,1990.

10. John H. Langbein,The Secret Life of the Trust:The Trust as an Instrument of Commerce,107 *Yale L. J.* 165,October,1997.

11. John H. Langbein,The Contractarian Basis of the Law of Trusts, 105 *Yale L. J.* 625,1995.

12. Joseph C. Shenker & Anthony J. Colletta,Asset Securitization:Evolution,Current Issues and New Frontier,69 *Tex. L. Rev.* 1369,1991.

13. Ken Gregory & Steve Savage,Why We Prefer Funds,*Kiplinger'S Pers. Fin. Mag.* , Aug. 2002.

14. Kenneth N. Klee & Brendt C. Butler,Asset-backed Securitizaiton, Special Purpose Vehicles and Other Securitization Issues,*UCC Law Journal*,Vol. 35, No. 2,fall,2002.

15. Kenneth M. Ayotte,Stav Gaon,*Asset-Backed Securities:Costs and Benefits of "Bankruptcy Remoteness"*,2010.

16. Kenneth C. Kettering:True Sale of Receivables:a Purposive Analysis,16 *Am. Bankr. Inst. L. Rev.* 511,2008.

17. Lynn A. Soukup,When Assets Becomes Securities:the ABC's of Asset Securitization, *DEC Bus. L. Today*,1996.

18. Patrick D. Dolan,C. VanLeer Davis,Securitizations:Legal and Regulatory Issues,ALM properties,Inc. , *law Journal Press*,New York,2006.

19. Peter V. Pnataleo et al. ,Rethinking the Role of Recourse in the Sale of Financial Assets,52 *Bus. Law.* 159,1996.

20. Robert H. Sitkoff, Trust as Uncorporation: A Reasearch Agenda, *University of Illinois Law Review*,Vol. 2005.

21. Ryan E. Scharar, The Limits of Securitization: Why Bankruptcy Courts Should Substantively Consolidate Predatory Sub-Prime Mortgage Originators and Their Special Purpose Entities, 2008 *Mich. ST. L. Rev.* 913,

2008.

22. Steven L. Schwarcz,Commercial Trust as Business Organizationsa: an Invitation to Comparatists,*Duke Journal of Comparative & International Law*,Vol 13:321,Special Issue 2003.

23. Steven L. Schwarcz,Commercial Trusts as Business Organizations: Unraveling the Mystery,58 *Bus. Law.* 559,February,2003.

24. Steven L. Schwarcz,The Universal Language of International Securitization,12 *Duke J. Comp. & Int'l L.* 285,Spring,2002.

25. Sheldon A. Jones,Laura M. Moret,James M. Storey,The Massachusetts Business Trust and Registered Investment Companies,13 *Del. J. Corp. L.* 421, 1988.

26. Tamar Frankel,The Delaware Business Trust Act Failure as the New Corporate Law,23 *Cardozo L. Rev.* 325, November,2001.

27. Tamar Frankel,Cross-Border Securitization:WIthout Law,But Not Lawless,8 *Duke J. Comp. & Int'l L.* 255, Spring,1998.

28. Todd Steinberg, Jerome M. Hesch, Jennifer M. Smith, Grantor Trust:Supercharging Your Estate Plan,*Tax Management Estate ,Gifts and Trust Journal*,Vol. 32,No. 1, Nov. 2007.

29. Thomas E. Plank,The Bankruptcy Trust as a Legal Person,*Wake Forest Law Review*,Volume 35,2000.

30. Thomas S. Harman,Emerging Alternatives to Mutual Funds:Unit Investment Trusts and Other Fixed Portfolio Investment Vehicles,*Duke L. J.* 1045,1987

31. Thomas J. Gordon,Securitization of Executory Future Flows as Bankruptcy-Remote True Sales, 67 *U. Chi. L. Rev.* 1317,2000.

32. Tom C. W. Lin, A Behavioral Framework for Securities Risk. 34 *Seattle Univ. L. R.* 325,Winter,2011.

33. Troy A. Paredes,Blinded by the Light:Information Overload and Its Consequences for Securities Regulation,81 *Wash. U. L. Q.* 417,2003.

34. Yuliya A. Dvorak,Trnasplanting Asset Securitization:is the Ggass Green Enough on the Other Side? 38 *Huston Law Review*,541, 2001.

35. William Levy,Mayer,Brown & Platt,*Financial Asset Securitization*

Investment Trusts: An Overview with Implications for Securitization Transactions, May 16, 1997.

36. Winnshurst T. D. and C. R. Frost, Corporate Environmental Reporting: A Test of Legitimacy Theory, *Accounting Auditing and Accountability Journal*, 2000.

37. Zigas, Experts Believe Remic Will Expand Market for Mortgage Securities, *Am. Banker*, col. 1. 1996,.

英文案例类

1. Ayliffe v. Murray 2Atk 58, 1740.
2. Creswell-Keith, Inc. v. Willingham, 264 F. 2nd 76, 81, 8th Cir. 1959.
3. Dolben v. Gleason, 292, Mass. 511, 1935.
4. Hecht v. Malley, 265 U. S. 144, 146-47, 1924.
5. Nickless v. Avnet, Inc. , 310 B. R. 485, 490, 2004.
6. Sec. & Exch. Comm'n v. Capital Gains Research Bureau, Inc. , 375 U. S. 180, 186, 1963.
7. State Street Trust Company & Others v. John L. Hall & Others 311 Mass. 299; 1942 Mass.
8. 616 N. E. 2d 92, 94, Mass 1993.

网络文献:

1. Global Financial Stability Report, Oct. 2009, http://www.imf.org/external/pubs/ft/gfsr/2009/02/pdf/text.pdf.
2. Holden Lewis: *"Moral Hazard" Helps Shape Mortgage Mess*, http://www.bankrate.com/brm/news/mortgages/20070418_subprime_mortgage_morality_a1.asp?caret=3c
3. National Conference of Commissioners on Uniform State Laws, Uniform Statutory Trust Entity Code, Prefatory note, http://www.law.upenn.edu/bll/archives/ulc/ubta/2009final.htm
4. Nouriel Roubini, Warning: More Doom Ahead, http://www.foreignpolicy.com/articles/2009/01/05/warning_more_doom_ahead.
5. IOSCO/MR/17/2009 Madrid, 4 September 2009, IOSCO Issues Final Regulatory Recommendations on Securitization and CDS Market.
6. IOSCO/MS/02/2010 Madrid, 08 April 2010, Disclosure Principles for

Public Offerings and Listings of Asset Backed Securities(ABS).

7. Transparency of Structured financial Product Final Report (IOSCO2010/07).

8. Ross S. Barr & Mark G. Douglas, When is it Too Late for Substantive Consolidation? http://www.jonesday.com/pubs_detail.aspx?pubID=S3756.

9. TITLE 12 Decedents' Estates and Fiduciary Relations, Chapter 38. Treatment of Delaware Statutory Trusts,3801. Definitions,http://delcode.delaware.gov/title12/c038/sc01/index.shtml,

10. Sec V. Howey Co.,328 U.S. 293(1946),http://supreme.justia.com/us/328/293/case.html .

11. SEC Proposes Significant Revisions to Regulation AB and Other Rules Regarding Asset Backed Securities,

12. http://www.financialcrisisrecovery.com/?p=1101.

13. http://www.allbusiness.com/glossaries/pay-through-security/4946262-1.html,

14. Bank for International Settlement:Report on Special Purpose Entities,September 2009,65.

15. http://business.yourdictionary.com/grantor-trust.

16. Financial reform law:What's In It and How Does It Work? http://www.csmonitor.com/USA/Politics/2010/0721/Financial-reform-law-Whats-in-it-and-how-does-it-work.

17. Asset-Backed Securities,Final Rule,Federal Register ,Vol. 70,No. 5,Jan. 7,2005,http://sec.gov/rules/final/33-8518fr.pdf

18. http://www.taxalmanac.org/index.php/Internal_Revenue_Code.

19. http://www.msrb.org/msrb1/glossary/view_def.asp?param=Market Discount Bond.

20. http://www.securitization.net/pdf/fasit_letter.pdf.

21. Nathan Szerlip,Grantor Trusts and Tax Liability:Revenue Ruling 2004-64,http://www.nysscpa.org/cpajournal/2005/905/essentials/p60.htm.

22. Standards & Poors' Securitization Definitions,http://www.securitization.net/pdf/sp_gloss_060103.pdf.

23. Trust Law, http://en.wikipedia.org/wiki/Trust_(law).

24. Recent Innovations in International Banking

25. http://www.bis.org/publ/ecsc01.htm.

26.《中华人民共和国信托法释义》,http://www.npc.gov.cn/npc/flsyywd/jingji/2003-11/14/content_324176.htm

27. Yidimoon:《为受益证券正名》,http://yidimoon.ycool.com/post.746156.html.

28. Asset Backed Securities, http://www.egx.com.eg/pdf/Asset_Backed_Securities.pdf.

29. Collateralized Mortgage Obligations, Real Estate Mortgage Investment Conduits, http://thismatter.com/money/bonds/types/collateralized-mortgage-obligations.htm.

30. An Investor's Guide To Pass-Through And Collateralized Mortgage Securities, http://www.freddiemac.com/mbs/docs/about_MBS.pdf.

31. IRS 2010 *Instructions for Form* 1041 *and Schedules A , B , G , J , and K-1, U.S. Income Tax Return for Estate and Trusts*, p.2, http://www.irs.gov/pub/irs-pdf/f1041.pdf, down load on 2011-11-13.

后 记

2009年秋,我来到歌乐山下,走进心仪已久的西政校园,开始攻读我的最后一个学位。

时光如白驹过隙,在西政求学的三年时光转瞬成了人生的珍贵记忆。西政的学术氛围是得到学界公认的,校园里浓厚的学术气息多少年来一直为一届届的学子所薪火相传;西政校园里尊师爱生的气息如同四季的花香弥漫在校园的各个角落。在西政的校园里为自己的求学生涯画上句号,是件堪称圆满的事。虽然自己在学术上未获多少建树,但是些许的成长与进步还是有的,而这些都应当感谢许多帮助与提携过我的人。

感谢李昌麒教授,李老师为了西政的经济法学科乃至经济法学的发展呕心沥血,他所打造的西政经济法学团队华丽而厚重,使西政的经济法学成为国家级重点学科,为我等求学创造了良好的环境;感谢岳彩申教授,岳老师是我读博的领路人,考博前与岳老师素未谋面,备考前怀着忐忑的心情给岳老师发了封邮件,表达了考博深造的意愿,没想到岳老师当天就给我回复了,邮件中给我讲了备考中应注意的问题,使我深受鼓舞,在后来的学习生活中,我始终折服于他豁达大度的气质与睿智的思想;感谢卢代富教授,作为师长,卢老师以他兄长般的和善与亲切对我等关爱有加,有几次他让我们参加卢门的聚餐,想起来总让人心里感到温暖;感谢张怡教授,张老师治学严谨,在她的课堂上我受益良多,后来因本书出版事宜与张老师联系,她几次打电话给我说明相关事项,让我感受到她把学生的事视同自己的事那样对待的责任心与爱心;感谢读博期间给我们授课的岳彩申教授、张怡教授和李树教授,或学术讨论,或课题论证,所有一切都成为我宝贵的学术经历与珍贵的课堂记忆;感谢在论文开题、论文预答辩时给予热情指导的李昌麒教授、卢代富教授、许明月教授、胡光志教授、江帆教授、邓钢教授、曾文革教授、岳彩申教授、刘俊教授、李树教授,是各位老师的宝贵指点,才使我的博士论文逐步得以完善。

感谢袁光灿、谭贵华、刘如翔、杨珊、孙黎波、陈红国、唐峻、王力理、王艳阳、王旭坤、谭志哲、张晓东、于冠魁、陈刚、马洪超、朱小平等各位同学,课堂上与课堂外的交流总让我感动于同窗的情谊，尤其感谢袁师兄，我们在重庆的那段时间里，他对我们关心呵护有加；也感谢马东、杨春然、王金堂、邵栋豪、朱明月等诸位好友，在歌乐山上谈天说地的乐趣成为我人生的美好记忆；刘志伟同学为我的论文写作收集了不少的英文材料，也感谢他的热情帮助。

　　读博及在原山东财经大学工作期间，梁如霞教授、宋琰教授、冀怀栋教授、王春婕教授、王建敏教授、赵信会教授、黄娟教授、徐凤真教授、王维芳教授、章彦英教授、官玉静副教授、办公室的于忠翔老师与赵静老师，以及其他原山东经济学院法学院的各位领导与同事，都以各种形式给予我关心与帮助，在此也向他们表示深深的谢意。

　　当然最应当感谢的是我的导师盛学军教授。作为导师，盛老师对于我的指导不限于学位论文，读博期间我发表的多篇论文都经过他的指点，有时仅文章的提纲就要经过三四个来回，就在这些点滴的交流中，我学到了很多；作为导师，盛老师对于我的指导也不限于在西政读书的三年时光，毕业后，从事学术研究、参加学术会议以及课题申报等大大小小的事项他一直在指导着我，关心着我的进步。2011年秋季学期开始，盛老师担任了西政经济法学院的院长职务，行政事务繁杂，眼见他脸庞日渐消瘦，因为个人的事确实不忍心去麻烦他，但是有时候碰到一些困难，想到的第一个人、想找的第一个人还是他，因为他是无私关心与帮助我的导师。盛老师严谨的治学态度与厚重的学术造诣成为我学术前行的榜样；盛老师做人与人为善、做事尽善尽美的人生态度是我人生修为的方向。

　　最后，感谢我的家人，是家人多年来的关爱使我即便在拮据的生活中依然感到富裕与满足；是家人一如既往的鼓励与支持才使我一直前行，才使我在前行的道路上不畏艰难与困苦。

记于泉城燕山脚下
2013年7月

图书在版编目(CIP)数据

特定目的信托法律规制研究/于朝印著. —厦门:厦门大学出版社,2013.11
(西南政法大学经济法学系列)
ISBN 978-7-5615-4838-7

Ⅰ.①特… Ⅱ.①于… Ⅲ.①信托法-研究-中国 Ⅳ.①D922.282.4

中国版本图书馆 CIP 数据核字(2013)第 269414 号

厦门大学出版社出版发行
(地址:厦门市软件园二期望海路 39 号 邮编:361008)
http://www.xmupress.com
xmup@xmupress.com
三明市华光印务有限公司印刷
2013 年 11 月第 1 版 2013 年 11 月第 1 次印刷
开本:720×970 1/16 印张:16.75 插页:2
字数:291 千字 印数:1~1 200 册
定价:36.00 元
如有印装质量问题请与承印厂调换